シリーズ
転換期の国際政治 15

国際関係論の
アポリア

思考の射程

市川ひろみ
松田　哲
初瀬龍平
編著

晃洋書房

第Ⅱ部　事例からのアプローチ

国際関係論とアポリア
——アポリア的思考の可能性——

初 瀬 龍 平

はじめに

　本書の中心概念は「アポリア」である．補論「古代ギリシア哲学とアポリア」（上野友也）によれば，アポリアとは「行き詰まり」のことである．そこには，物理的・心理的に行き詰ったときの「困難・困惑・混乱」，経済的・物質的に行き詰らせる「欠乏・貧困」，行き詰まりの原因となる「問題・難問」といった意味が含まれている．それは，ギリシア哲学における問答・対話法におけるアポリア，政治や法律におけるアポリア，あるいは形而上学におけるアポリアである．このうち「行き詰まり」は「行き詰まらせる」ことに関連するので，「打開の追究」が必要となる．

　すでに高橋良輔・大庭弘継の編著『国際政治のモラル・アポリア——戦争／平和と揺らぐ倫理——』は，国際政治のモラル・アポリアを論じて，アンチノミー（二律背反：相反する二つの道義の並立），ジレンマ・トリレンマ（異なる複数の選択がどれも受け入れがたい），アイロニー（困惑：私たちの世界観・価値観を揺るがす），パラドックス（逆説：当初の思惑とはまったく逆に意図せざる結果が生じてしまう）を指摘する [高橋・大庭 2014: 6]．ここではパラドックスに，論理の逆転が含まれていることに，注目しておこう．

　一般にアポリアとは，「両立困難な二つの結論を導くような，互いに同等の効力を有すると思われる推論が存在すること」[渡辺 1999: 33] によってもたらされる困惑，行き詰まりのことを指す．本書では，そこからさらに一歩進み，ただ単に惑うだけでなく，そのような行き詰まりを突破するための，「現実を精確に理解するための思考力の鍛錬を要求する難題」を提起するものとして，

アポリアを捉えたい．それは，「知への接近の態度」の厳正な見直しを求めるものであり，解決困難な問題に立ち向かうことを要求するものである．ここでは，解決出来ないとすることは，推奨されない．

　私たちは，解決困難な難問に直面したとき，正面から取り組んだり，逃げ出したり，あるいは時間稼ぎをして，状況の好転を待ったりする．正面から取り組んだとき，概念の深掘りをすることもあれば，浅堀りで状況を少し違って理解することもある．これは認識論でも，実践論でも同じである．アポリアへの対処方法や使い方には，弾力的な対応も考えられるが，本書の事例研究の中心となるのは，正面からの取りくみである．弾力的対応については，本書の後半で少し取り上げておこう．

　本書では，国際関係論の視点をもって，アポリア問題を考察してみたい．そこには，理論的思索と事例研究がある．

1　国際関係論のアポリア認識

　本書の議論の背景となっているのは，「国際関係の構造（アナーキー性）」，「国際関係の歴史」，「対外政策と正義」，「民主主義と公正」のアポリア認識である（**表1** 13頁参照）．

1）　国際関係の構造（アナーキー性）に絡む問題

　国際関係のなかで，人々は，自分の生存を確実にするために，自国の軍事力・経済力・文化力，あるいは世界の経済・文化に期待する．これで，うまく行くことは多いが，逆境に追い込まれることも，少なくない．国際関係の基盤は，アナーキーである．人々の生存は，個人としても，集団（国民，民族，移民，難民，外国人）としても，あるいは人類としても，国際関係のアナーキー性にふりまわされる．権力と生存のアポリアは多岐的である．そこの認識論では，政治哲学や倫理学（精神史）の助けが必要である．正義論やリアリズムの問題が関係してくる．

　たとえば，安全保障のジレンマ（一国の軍事力拡大による安全保障の増加と，二国以上の軍事力相互拡大によって相殺されることにともなう安全保障効果の減衰［悪循環］），原爆被害の強調と核抑止戦略のアイロニー，国家安全保障と国民の保護のアンチノミー，集団的安全保障と人間の安全保障のアンチノミーがある．

2）　国際関係の歴史に絡む問題

今日では，世界中の人々の生存，生活，信念，宗教などが，国際関係の歴史認識のなかで重要な争点の要素となっている．歴史認識の問題もある．

たとえば，非西洋社会と近代世界のアポリア，過去の植民地支配についての歴史認識にからむアポリア，ヒロシマ・ナガサキの普遍化とその相対化のアイロニーがある．

3）　対外政策と個人の生存の問題

個人の生存を対外関係のなかで，どのように確立していくかは，深刻な問題である．

たとえば，人道支援にからむアポリア（紛争における国家と人間の対立），平和構築にからむアポリア（民主化支援の軍事介入と対象国家の崩壊），難民保護にからむアポリア（難民の安全保障化によるパラドックス，他国の人々の安全と自国民の生活保障，難民認定と外交関係の配慮，移民受入と国益論）がある．

4）　民主主義と公正の問題

民主主義には，ミクロ（個人）の関心とマクロ（社会・国家・国際関係）の関心のジレンマがある．それは公正の問題となる．

たとえば，平和構築（平和構築と民主化支援，人々への軍事力による安全供与と正義），兵役拒否（政策遂行と国民の権利保障），市場経済にかかわるアポリア（自由競争と公正，市場の万能性肯定論と否定論），戦時性暴力にからむアポリア（家父長制社会の価値観と軍事戦略［戦時性暴力]）がある．

▍2　本書におけるアポリア概念

本書所載の論文は，国際関係を論ずる際の特定のアポリアを議論の前提，もしくは対象においている．本書の前半は国際関係の理論，思想からアポリアに関連する論題を取り上げ，後半は国際関係の事例研究からアポリア概念を使っての議論をみていく．あらかじめ，断っておくと，論文ごとに，アポリア概念の使い方は微妙に明確に異なっている．本書の冒頭にあるのは，補論「古代ギリシャ哲学とアポリア」（上野友也）であるが，これは，本書のアポリア概念の共通認識と言えよう．

以下，本書の各章で議論されているアポリアの主要概念と論点をみていく．ここでの短い紹介は，本書全体の議論を鳥瞰するためのものであるので，細かい精確な議論は，本書の各論文をお読み頂きたい．

第I部　理論・思想からのアプローチ
第1章「国際政治哲学はいかなる「理想」を語りうるか」（松元雅和）

　国際社会の規範的考察において，解決困難なアポリアが頻出する．例えば，移民や難民の境遇に配慮することは，領土保全や国家主権の原理と矛盾する．国際政治哲学では，何かを求めれば，別の何かが失われる．そこで，最善よりも，次善あるいは次悪の探求となる．

　国際政治哲学が直面する理論的困難は，「理想理論」と「非理想理論」に分けられる．グローバル正義論は概して，望ましい政治社会とは何かを描き出す理想理論の延長線上にある．しかし，国際社会では何らかの条件により理想の実現が構造的に阻まれており，その規範的考察においても，国際社会を取り巻く不利な条件を真剣に捉える必要がある．とすれば，国内社会と国際社会の構造的差異を踏まえたうえで，国際政治哲学はいかなる「理想」を語りうるのか．その例が，正戦論とリアリズムである．

　国際関係の現実においてしばしば発見されるアポリアは，その規範的解決に取り組む国際政治哲学にとっても避けては通れない．本章では，アポリアが生じる要因の一端として，国際社会における非理想状態を明らかにし，加えてそれに取り組むための方法論的区別を提示した．私たちはアポリアに直面して，それを理想状態を描き出すうえでの単なる障害物，あるいは，ただ解けない謎として運命論的に受け入れるのでもない，重層的な理論的取り組みを必要とする．

第2章「国際政治における「アポリア」の起源──精神史的序説──」
　　　　　（池田丈佑）

　「アポリア」は，思想の問題であり，「アポリア」を引き受ける個人の「精神」に関わる問題である．「アポリア」の根幹には「善の貫徹に失敗すること」がある．国際政治の文脈でも，「アポリア」が起こりうる「起源」は，「精神史としての国際政治思想史」で説明される．それは「善の屈服」「善の自壊」と呼ばれる．人間の多様な経験のなかから，「いかに考えてきたのか」を取り出

し，それを史的文脈に即して示す「思想史」の発想は，政治をめぐる実践が何に支えられて登場し，発展したかを過去に遡って学ぶ有用な方法である．しかも，「アポリア」という実践における行き詰まりを考える上では，欠かせない作業である．

　「アポリア」の起源に遡ると，出発点はふたたび「精神の発見」である．「発見」の結果，「真知」が望ましい．注意すべきは，「真知」と「アポリア」の関係である．踏み込んでいえば，「真知」と「アポリア」の起こりうる領域，すなわち「善」との関係である．「アポリア」は「善」をめざすなかで起こる．「アポリア」を引き起こしうる状況は，大きく2種にわけて理解できる．第1は「善が力に屈服する」ことであり，第2は「善自身のもつ論理が破綻して内的に自壊する」ことである．両者は，「善」が貫徹できないという点で共通する．「善」が強いとき，「善」はその強さゆえに自らを実現できなくなることがある（「善の自壊」）．これが「アポリア」として，最も力点を置きたい箇所である．「アポリア」は，単に善の貫徹に失敗したというよりは，それを貫徹しようとして真逆の結果がもたらされた状況をいう．

　本章は，精神史的視点を導入して，「アポリア」の起源を明らかにする．ここで，善の貫徹によって起こり，当の善が貫徹されずに終わることを「アポリア」の中核とみる．その上で，それが「善」に関する価値のハイアラーキーと，その原則化から生じうるものと考える

第3章「京都学派哲学者の第二世代の言説における多元主義的アポリア ——関係性論・時間論から見る非西洋主義——」(清水耕介)

　本章で取り上げられるのは，1940年代の日本における京都学派第二世代の思考，思想にからむアポリアである．これを通じて現代の「非西洋的な」国際関係理論のアポリアが明らかにされる．西田幾多郎（第一世代）は第二次世界大戦中に日本帝国政府への協力に消極的であったが，第二世代は，帝国海軍と積極的に組み，日本帝国政府の政策に積極的に関与した．第二世代はアメリカや中国との戦争だけでなく，アジアの他の地域に対する日本の領土拡大を正当化した．1941年12月8日の対米開戦は，日本知識人の対アジア罪悪感を忘れる契機となった．

　第一世代は，仏教的な刹那的な関係性に焦点を当てるのに対して，第二世代は儒教的な，ヒエラルキーに埋め込まれた関係性を前提とする．第一世代は，

偶然性を前提にするのに対して，第二世代は決定論的世界観をもっていた．

彼らが「近代の超克」や「世界史的立場」を語るとき，近代性は，「超克」されるべき，と考えられる．この超克のプロセスの「先」がまだ実現されていないという意味で，それはユートピア的な性格を持つ．このユートピアは普遍的であり，この普遍性は他者に対する暴力の源となる．これが「世界史的哲学」に内在する「普遍性と特殊性のアポリア」である．

いかなる多元主義的ユートピアであっても，それを一元的に達成しようとすれば，必ず多元性を否定することとなる．もし多元性をユートピアと措定するのであれば，それは一元的には，すなわち特定のアクターのみによって達成されるものではない．京都学派第二世代は，この多元主義的ユートピアのアポリアに直面した時，結局は日本を本質化した．これこそが第二世代の戦争関与を可能にした．これは京都学派第二世代のアポリア（「地域的価値観にもとづく普遍性」）であり，非西洋主義のアポリアである．

第4章「新自由主義的経済学における市場万能論のアポリア──ソクラテス的対話の必要性──」(松田　哲)

新自由主義的な経済政策は，公的経済主体（政府）による市場への介入・規制を否定し，私的経済主体（個人・私企業）による自由な市場における経済活動を重視する．その典型は，福祉政策（政府介入にもとづく公助）の否定，および個人による自助の尊重である．個人による自助が最大限に活かされるのは，市場メカニズムが自由に機能するときである．自由な市場における経済活動を活性化することによって，失業や貧困の解消，ひいては不況の克服が実現される．市場メカニズムの自由な働きが，経済問題を解決する万能薬である，とされる．しかし，失業，貧困は，依然として市場によって，解決されていない．新自由主義が世界に広まって以降，世界的規模での貧困の悪化，格差の拡大が顕著となり，市場の万能性を信奉する新自由主義の経済政策こそが，問題の原因であるとみなされるようになっている．

本章が対象とするのは，新自由主義における市場万能論のアポリアである．このアポリアは，市場の万能性に関する肯定論と否定論が併存し，両者間に対話が欠如している状況によって，もたらされる．本章では，肯定論のフリードマン，ハイエク，社会主義経済計算論争，否定論のカップ，外部性（社会的費用）が検討される．肯定論と否定論には，市場の機能を補完し，より良い制度

にしていくためのヒントも含まれている．それを活かすための両者の対話こそが，アポリア的状況を抜け出す方法になる．アポリアを解消するのに必要なのは，ソクラテス的対話（誰かと何かを徹底的に語り尽くすこと）である．

市場万能論のアポリアを激化させる役割を果たしかねない新自由主義のための政治について，その変革を求める際に重視すべきことは，「自生的秩序（市場）」を重視する新自由主義的経済学と，本来的に「設計主義」的である政治との違いを認識すること，「経済学」と「政治学」の知見を総合すること，市場万能論に苦しめられている人々の「声」を聴き政策に反映させることである．

第5章「戦時性暴力撲滅はアポリアか？──思索と事例の狭間で──」
（戸田真紀子）

本章では，アポリアとは「それぞれの命題は理に適っているが，全体として見れば両立できない」状態を意味する．そこでは，複数の命題のうちいずれかを否定できれば，アポリアを回避（解決）できる．本章では，戦争に勝つための戦術としての「戦時性暴力」に対して，同時には成立しない4つの命題を設定し，このアポリアの問題を分析，検討する．結論では，戦時性暴力を撲滅する方策として，家父長制社会の価値観からの解放が有効であると，論じられる．

本章では，「アポリアという論理」を積極的に導入することによって，戦時性暴力の撲滅を，家父長制社会の価値観の変革の必要に結びつけている．

第Ⅱ部 事例からのアプローチ
第6章「歴史認識をめぐるアポリア問題と歴史和解──日韓「歴史問題」をめぐる論点を中心に──」（菅 英輝）

1965年の日韓基本条約・請求権協定（「65年体制」）は，その後，内外環境の変化のなかで，1990年代に歴史認識問題として顕在化した．本章は，この日韓「歴史問題」について，「歴史認識をめぐるアポリア問題」として，分析している．日韓両政府の見解の変化が，日韓請求権問題でアポリア状況を生み出した．このアポリア問題（アンチノミー）の根源となったのは，植民地支配をめぐる双方の立場の違いである．

韓国側で「65年体制」の部分的見直しを開始したのは，盧武鉉政権である．同政権による見直しが，韓国裁判所による新たな判決という，予期せぬ結果（パラドックス）を招くことになった．2011年に，韓国憲法裁判所は，慰安婦問

題に関連して違憲判決を下した．この判決によれば，請求権協定の解釈に異議
が生じた際，同協定第三条の規定に基づいて，韓国政府は日本政府と協議すべ
きであったのに，それをしなかったのは，憲法違反である．この違憲判決を受
けて，韓国政府はとくに慰安婦問題で，日本政府に問題の解決を強く迫るよう
になった．韓国政府は二度にわたり，請求権協定第三条第一項による両者協議
を日本に要請したが，日本側は応じなかった．

　2012 年に韓国大法院（日本の最高裁判所に相当）は，「徴用工」に関する差し戻
し判決を下した．同年の大法院判決は日本の植民地支配は不法だと断言し，元
徴用工に対する慰謝料請求を日本企業に命じる判決を下した．大法院が植民地
不法論の立場にたってこのような判決を下したことで，日韓関係は歴史認識問
題をめぐって法的アポリア状況に陥った．日本側は，植民地支配の違法性を受
け入れることは，出来なかった．歴史認識の司法化によって，韓国内では，政
府と裁判所が法的アンチノミー状況に陥った．日韓関係は歴史認識問題をめ
ぐって法的アポリア状況に陥った．

　大法院が植民地支配の違法性を問うたことは，日韓双方で法的アポリア状況
を生み出し，問題の解決をさらに遠のかせ，被害者救済の視点が失われること
になった．現状はある種のアポリア隠し（似非アポリア）の状況にある．このア
ポリア状況から脱却するには，道義的な責任という観点から，被害者中心の問
題解決を政治的に図ることが現実的ではないか，と思われる．

第 7 章「平和とデモクラシーの間のジレンマの検証――「神話」は崩壊した
　　のか？――」（杉浦功一）

　冷戦後の平和構築において，デモクラシーの実現（＝民主化）が主要目標の
一つとして掲げられた．その根拠として，国際レベルで民主国家間の平和論と，
国内レベルで民主政治による統一・安定という論理があった．しかし，21 世
紀に入ると，イラク戦争，アラブの春などで，民主化途上の国家で，紛争に巻
き込まれることが多い．そこで，最近では，デモクラシーが，平和をもたらす
のかについて懐疑的な見方が広がり，平和とデモクラシーの間で「ジレンマ」
が生じつつあるように思える．このジレンマが正しい場合，平和を取るかデモ
クラシー（あるいは民主化）を取るかという選択に迫られる．

　本章では，本当に解決できないアポリアなのか，単なる「偽の」アポリアか，
あるいはジレンマと思われる問題が実は「解決」可能かを精査していく．そこ

では，誰（当該国，国際アクター）にとってのジレンマか，何がジレンマなのか，何（平和）と何（デモクラシー）が対立するかが，問われる．

　平和とデモクラシーの間に生じるとされるジレンマについて，ジレンマの構造を分解して検証してみると，ジレンマとして挙げられるものの大半は，解決可能な「偽ジレンマ」であるか，代替案の模索による解消がありうるものである．このような結論は，本当に解決できないのかを徹底して検証しようとする「アポリアの視座」を持つことによって初めて導かれる．

第8章「人道支援のアポリア——人道支援の行動規範に対する擁護と反発の観点から——」（上野友也）

　冷戦終結後，紛争被災者に対するグローバルな人道支援（ルワンダ，ソマリア，ボスニア，アフガニスタンなど）が行われきたが，人道支援が武力紛争の争点の一つとなり，武力紛争を激化・長期化させるのでないかと，疑問が提起された．人道支援をすればするほど，紛争被災者に対する否定的な効果が生まれる．「人道支援のアポリア」である．

　人道支援の行動原則は，人道，公平，中立である．このうち，公平原則は無差別原則と比例原則であり，この2原則は現実には両立しない．人道支援が紛争を激化，長期化させ，人道支援のアポリアが生じる．

　人道支援のアポリアは，その解決方法をめぐって，人道支援機関の間の路線対立を生み出し，一部の人道支援機関が，そのアポリアを解決するための「新しい人道主義」を提唱した．しかし，これは，人道コミュニティを分断させて，紛争被災者に否定的な効果を生み出している（「新しい人道支援のアポリア」）．これらは，人道支援の行動規範を尊重しない現地の紛争当事者や，紛争地域への介入を進める欧米諸国の行動に起因している．欧米諸国による対テロリズム戦争と人道支援機関の援助政策，あるいは国連平和維持活動と人道支援活動との統合が，人道支援の中立性を損なうこともある．国連の統合アプローチには，人道コミュニティを分断させる懸念がある．新しい人道主義に基づいた人道支援は，政治と人道支援の統合を目指したが，人道コミュニティの分断をもたらし，紛争被災者に対する人道支援に対して否定的な効果をもたらすかもしれない（「新しい人道支援のアポリア」）．

第9章 「難民保護のアポリア？──ノン・ルフールマン原則と国家安全保障──」(杉木明子)

　本章は，難民保護の文脈におけるアポリアとして，国家が果たすべき難民保護の義務と国家安全保障の関係性を検討する．国際難民レジームは難民の急増に対して，機能不全に陥る．それを象徴するのが，ノン・ルフールマン原則の違反である．現実には多くの国で，庇護希望者の入国・入域を阻止し，庇護申請者や難民を強制的に送還する，ルフールマンが行なわれている．その背景にあるのは，難民の受入れを安全保障上の脅威とみなす，「難民の安全保障化」である．本章では，ケニアの事例について，難民の強制的帰還に焦点をあてて，アポリアに関連する実体を検証する．ケニアは世界有数の難民受入国（主にソマリ人）である．

　今日の世界において，難民の保護を担う第一義的主体は国家である．誰を入国させ，追放するか，誰を難民として認定し，どのような保護や支援を提供するかは受け入れ国家の裁量に委ねられている．国際難民保護の文脈で表出するのが，難民保護という国家の義務と国家安全保障の対立・相克（アポリア）である．国家安全保障上の理由からノン・ルフルールマン原則に違反する難民の強制的な帰還等の施策は正当化されてきた．

　ケニアの事例では，難民と安全保障の因果関係は希薄であるにもかかわらず，難民の「安全保障化」が進み，安全保障のパラドクスが生み出されている．その点で，これまで提起されてきた難民対安全保障という構図が，誤った認識として成り立ち，「偽」アポリアが語られてきた．安全保障のパラドックスを解消するには，正しい事実認識の上で，難民を「非安全保障化」し，受入国の社会に包摂するのが，最も憂慮されている対テロ対策に有効であろう．

　国際難民保護には，解決や代替策を見出すことが難しい．そこに「真」のアポリアが内包されているかもしれない．それは，今日の国際難民レジームにおいて難民保護を担う第一義的主体は国家であり，難民の権利を保護するのも，侵害するのも主権国家であるからである．ノン・フルールマン原則に違反した国家を処罰したり，同原則の違反を賠償させたりする法的拘束力は国際的に存在していない．領域性とメンバーシップを前提とする国民国家にもとづく主権国家体系が国際関係として続く限り，難民保護の根源的なアポリアは存続するであろう．

第10章 「核兵器の非人道性をめぐるアポリアの再検討」（佐藤史郎）

「核兵器の非人道性をめぐるアポリア」とは，被爆者が核兵器の非人道性を語ることで，核禁忌が醸成・強化される一方で，核武装論や核抑止論が正当化されるという逆説である．ここで，被爆者は，核兵器による惨劇は人類共通の克服すべき課題であるという普遍主義に基づいて，ヒロシマ・ナガサキという核兵器の非人道性を訴える．しかし，その声が国家というフィルターを通ると，ヒロシマ・ナガサキの普遍主義が相対化されるアポリアに直面する．

核兵器の非人道性をめぐる真のアポリアは，主権国家システムとそれに基づく国家安全保障概念そのものに見出せる．すなわち，被爆者が語る核兵器の非人道性は，核禁忌を通じて核兵器が使用されない状況を作り出す反面，主権国家に基づく安全保障の考えがあるかぎりにおいて，核武装論や核抑止論を正当化させてしまうのではないか，というアポリアである．

被爆者が語る核兵器の非人道性が，核禁忌を通じて核兵器の道義的抑止をもたらす反面，主権国家に基づく安全保障の考えがあるかぎり，核武装論や核抑止論を正当化させてしまうのではないか，というのが，新たなアポリアである．

第11章 「兵役拒否をめぐるアポリア──アポリアの認定・無視・粉飾と回避・緩和・解決──」（市川ひろみ）

本章では，良心的兵役拒否をめぐるアポリアについて，幅広く議論が展開される．ここでのアポリアは，個人と国家のレベルでのジレンマ，アンチノミーである．兵役拒否をめぐって，個人と国家の双方にとって複数のアポリアがある．しかし，そのすべてがアポリアと認識されている訳ではない．アポリアだとされるものは，なんらかの意図によってアポリアとして選定・認定されたものである．アポリアではないものが，アポリアとして設定されることもある（似非アポリア）．誰がアポリアを認定／無視／粉飾しているのか，現実には誰にとってのアポリアなのか，現実のアポリアは回避／緩和／解決できるのかという視点が，重要である．本章では，歴史的展開を含めて，考察していく．

徴兵制の下で，自らの良心（信仰・信条）のために，兵役を拒否しようとする人は，強大な権力の国家に一人で対峙しなければならない．アポリアに陥った個人は，全くの無力のように見える．しかし，歴史的には，兵役拒否の良心に従った決断が，制度を変える契機となってきた．そこでは，個人の内面の自由（良心）と国家の追求する価値とが原理的にアンチノミー（アポリア）であった．

そのため，国家も兵役拒否者の良心を否定できなかった．アポリアに身をすくめるのでなく，そのアポリアと向き合い，解こうとした個人の行動が社会を動かしてきた．

「似非アポリア」の場合，その作為性に気づくことでアポリア状況にあると思い込んでいた当事者は，その呪縛から解放される．誰が似非アポリアを作っているのか，その意図は何かを発見することで，問題の本質にたどり着くことができる．ジレンマ，アンチノミーにあっては，どちらか一方が正しいと決めることはできないが，個人としてはどちらかに「決断」することでアポリアを「克服」することは可能である．社会としては，どちらか一つを選択することはできないので，根本的なジレンマはそのままに残しつつ，妥協したり，現実のアポリアの対立を別のレベルにずらしたり，そのアポリアをもたらしている状況から離れたり，対立しているレベルからより大きな枠組みで捉えたりすることで，アポリアを回避・緩和・解消する．

徴兵制のもとでの兵役拒否の例には，兵役免除型，代替役務型，民間役務型がある．兵役拒否ではないが，軍隊内での命令拒否もあり，抗命権・抗命義務の問題がある．これらを議論するには，徴兵制に内在するアポリア，軍隊に内在するアポリア，戦場での抗命義務に内在するアポリア，民営化された軍隊に内在するアポリアという視点が，重要となる．

歴史的には，兵役拒否は古代ローマ時代に遡るが，社会問題として顕在化したのは，二つの世界大戦時である．欧米諸国において何万人もの人々が武器を手にすることを拒否して，投獄，処刑，あるいは重労働を課された．第二次世界大戦後，兵役拒否は，世界人権宣言や国際人権規約等に基づく権利として尊重されるべきと考えられるようになった．さらに，すでに軍務に就いている個々の軍人・兵士についても，違法／非人道的な命令を拒否する国際法上の権利および義務があるとされるに至っている．

ここに，これまでの議論の全体的構成を示す（**表1**）．

表1　取り扱うテーマによるアポリアの分類

	アポリア	該当する章
1) 国際関係の構造に絡む問題	国際政治哲学のアポリア	第1章　非理想論
	精神史としての国際政治思想にあるアポリア	第2章　精神史
	原爆被害の強調と核抑止戦略のアイロニー	第10章　核兵器の非人道性
	国家安全保障と国民の保護のアンチノミー	第11章　兵役拒否
	集団的安全保障と人間の安全保障のアンチノミー	第11章　兵役拒否
2) 国際関係の歴史に絡む問題	非西洋社会と近代世界のアポリア	第3章　京都学派
	植民地支配の歴史認識に起因するアンチノミー	第6章　日韓歴史認識問題
	ヒロシマ・ナガサキの普遍化とその相対化のアイロニー	第10章　核兵器の非人道性
3) 対外政策と個人の生存の問題	民主化支援が国内平和を脅かすパラドックス	第7章　平和構築
	紛争における国家や人間の対立のジレンマ	第8章　人道支援
	難民の安全保障化によるパラドックス	第9章　難民保護
	他国の人々の安全と自国民の生活保障のジレンマ	第9章　難民保護
	難民認定と外交関係の配慮のジレンマ	第9章　難民保護
	移民受入と国益論のジレンマ	第9章　難民保護
4) 民主主義と公正の問題	市場経済（自由競争）と公正のジレンマ	第4章　新自由主義
	市場万能論のアポリア	第4章　新自由主義
	軍事戦略のジレンマ	第5章　戦時性暴力
	民主化と政治的安定のジレンマ	第7章　平和構築
	人道的軍事介入と付随被害のジレンマ	第7章　平和構築
		第11章　兵役拒否
	政策遂行と国民の権利保障のジレンマ	第11章　兵役拒否

出所）筆者作成

3　「アポリア」の発展的応用

　ここでは，視点を変えて，本書のアポリア議論とは，直接に関係ないアポリア関連の議論をみておこう．そこには，やや逸脱的な例も含まれる．いずれも，アポリア概念を重視する試みである．

1）正面からの取り組み：人口問題のアポリア

　経済学者の竹内啓によると，人間は，口（消費者），手（働く者），心（生きがいや幸福を感じる）をもつ．人間は主体的な存在であると同時に，また絶対的に自然と社会に規定されている．そこに基本的な「矛盾」がある．これは人間にとって本来解決し得ない矛盾である．しかし，その中で，人間は一人一人の人間としてもまた人類全体としても，よりよく生きるために努力しなければならない．人口問題は，まさにこの矛盾を人々につきつける難問（アポリア）である．しかし，それがおそらく最終的な解決を得ることができない難問であることを認識することが，人口問題を考える場合に最も大切な点である［竹内 1996: 2, 7］．

2）発想の転換：「近代の超克」論議

　思想史家竹内好によると，日本近代史におけるアポリア（難関）は，復古と維新，尊皇と攘夷，鎖国と開国，国粋と文明開化，東洋と西洋という伝統の基本軸における対抗関係に凝縮されていた．総力戦の段階で永久戦争の理念の解釈の問題として一挙に爆発したのが，「近代の超克」論議であった．しかし，戦争の二重の性格（総力戦と永久戦争）が腑分けされていなかった．アポリアがアポリアとして認識の対象となっていなかった．そのため，アポリアはアポリアとして雲散霧消し，議論は公の戦争思想の解説版になった［河上・竹内ほか 1979: 338］．

3）「解決策」：非アポリア化

　アポリアの解決策として，正面から理論的に問題に取り組むことは正しい．本書での議論は，すべて正面から論じられている．しかし，現実の世界では，「解決策」としては，しばしば非アポリア化が試みられている．このことは，見落とせない．「解決策」としての非アポリア化には，経験知で，いろいろと方策がある．ここで，非アポリア化についての視点を箇条書きしてみる．

　　① 不作為：自然治癒（時間の経過による状況の変化，時間が解決してくれることに
　　　　期待する），やり過ごす，放っておく．
　　　　例：外交交渉における「棚上げ」．
　　② アポリア無視（アポリア隠し）：無いように見せかける（目をつぶる，見逃

す，知らないふりをする），切り捨てる（アポリアによる犠牲をスケープ・ゴートとして扱う），自家撞着（自己矛盾）の肯定．

例：「散華」を選ぶ特攻隊員．

③ 発想の転換：パラドックスの選択，弁証法（正 – 反 – 合）の採用，マルクス主義．

例：階級闘争論．

④ 西洋的発想からの転換：イスラーム，仏教思想の選択．

例：歎異抄「善人もて往生す，況んや悪人をや．」

⑤ 経験的知恵の活用：三人寄れば文殊の知恵，急がば廻れ，負けるが勝ち，嘘から出た真．

例：日常的に多くみられるので省略．

⑥ 敢えて，二兎を追う：「二兎を追う者は一兎も得ず」であるが，そこで一つを諦めるのではなく，二兎を追ってバランスを取ることにこだわる．

例：一つを諦めるのが「本当は兵役拒否したかった人」で，バランスを取るのが代替・民間役務を選ぶ人．

⑦ 両論併記と不決断：二者択一的な解決策の模索を放棄し，曖昧な結論で納得する．決断を回避し，優柔不断さを肯定する．

例：解決の出口はないかも．

おわりに

　本書は，国際関係論でのアポリアを根底において，論者各人の問題意識に基づいて，個別の事例研究，あるいは政治哲学，倫理学の精神史を分析し，議論を展開している．今後とも，事例研究の発展のためには，事例の歴史的背景・時代的背景，および事例を議論するヨリ大きな視点・思想（特定事例を包み込む），現代的意義に議論が発展していくことが期待される．本書の事例研究は，いずれもアポリアの分析に重点がおかれ，やや堅苦しい議論になっている．そこで，序論の最後で，非アポリア化の視点にも，目を配ることにした．くどいようであるが，それは決してアポリア概念を捨てようとするものではない．脱アポリア化は，アポリアを尊重するがゆえの試みである．

◆**参考文献**◆

河上徹太郎・竹内好ほか［1979］『近代の超克』冨山房.

高橋良輔・大庭弘継編［2014］『国際政治のモラル・アポリア──戦争／平和と揺らぐ倫理──』ナカニシヤ出版.

竹内啓［1996］『人口問題のアポリア』岩波書店.

渡辺邦夫［1999］「アポリア」廣松渉他編『岩波哲学・思想事典』岩波書店.

——補　論　古代ギリシア哲学とアポリア——

上野友也

はじめに

　アポリアという言葉は，学術書や論文において見かけることがあるが，その意味を追究したものは少ない．この補論では，古典ギリシア語におけるアポリアの語義，古代ギリシア哲学のプラトンとアリストテレスの著作を紐解いて，アポリアの意味を考えたい［赤井 2004: 9-16; 赤井 2005: 9-16; 田中 2006］．

（1）古典ギリシア語におけるアポリアの意味

　アポリアの基本的な意味は「行き詰まり」である．このアポリアにおける「行き詰まり」は，通行できないといった物理的な「行き詰まり」という意味に限られない．これには，心理的に行き詰ったときの「困難・困惑・混乱」，経済的・物質的に行き詰らせる「欠乏・貧困」，行き詰まりの原因となる「問題・難問」といった意味が含まれている［Liddel 1968: 215］．

（2）古代ギリシア哲学におけるアポリアの意味

　このようにアポリアは多義的であるが，古代ギリシア哲学においてアポリアという語は特別な意味をもつ．アポリアには，少なくとも二つの意味がある．それは，哲学的意味と実践的意味である．哲学的意味のアポリアとして，ソクラテス，プラトンの対話篇におけるアポリア（対話法におけるアポリア）と，アリストテレスの著書『形而上学』におけるアポリア（定立と反定立のアポリア）の二つを取り上げたい．実践的意味のアポリアとしては，アリストテレスの著書『政治学』におけるアポリアについて考える．

a.　対話法におけるアポリア

　ソクラテスは，対話を通じてアポリアを発見する対話法（ディアクレティケー）を実践した．ソクラテスの対話者は，アポリアを認識していないが，ソクラテスとの問答を繰り返すことによってアポリアが認識され，それを解くことが困

難であることを理解する．たとえば，「徳とは何か」という問いに対して，それが何であるのかを解くことが困難であると気づく［プラトン: 邦訳 42-45］．そのため，アポリアは，無知の知を経たあとに現れるものである．アポリア的発見は，自明視されていることが実際にはそうではないことに気がつくことにある．問題はすでにあるのではなく，見つけるものである．

b. 定立と反定立におけるアポリア

　アリストテレスは『形而上学』のなかで，身近なことから世界や宇宙にいたることまで，アポリアを感じることによって，自分が無知であることを自覚し，知への探究を始めることができると論じた［アリストテレス（形而上学）: 邦訳 28］．疑問を感じることができない者は，知を探究することができない．つまり，アポリアは，知の探究の出発点となるものである．これは，ソクラテスの対話法におけるアポリアの発見に通ずるものであろう．

　それでは，どのようにして難問とされるアポリアを探究すればよいのであろうか．アリストテレスは，定立と反定立の往復による思考を通じて，アポリアを認識し，知のさらなる探究につなげようとした．たとえば，「あらゆる原因のすべての種類を研究することは，一つの学問によって達成できるのか」というアポリアに対して，「一つの学問によって達成できる」という立場と「複数の学問によって達成できる」という立場を想定し，いずれの立場についても綿密に検証することで，アポリアに対する理解をいっそう深めようとする［アリストテレス（形而上学）: 邦訳 83］．そのような探究を通じてアポリアを解決しようとした．

　さらに，アリストテレスはアポリアを探究するために，そのアポリアをめぐる多様な見解や見逃されている見解を調べつくして，それらの見解にあるもつれを解く必要があると述べる．多様な見解や立場を知ることによって，公平な判断を下すことができる．つまり，アポリアの解明のためには，アポリアをめぐるすでに存在する議論と，存在しうる議論の両方を視野に入れて，議論を整理して判断することが求められる［アリストテレス（形而上学）: 邦訳 79］．

c. 実践的な意味におけるアポリア

　このようにアリストテレスは，アポリアに特別な哲学上の意味を込めたのであるが，現実の世界におけるアポリアについても論じている．アリストテレス

は『政治学』のなかで，社会に分断をもたらすいくつかのアポリアを提起している．たとえば，国家において誰が統治するべきなのかといったアポリアである．このアポリアは，少数の富裕者が統治するべきなのか，それとも大衆によって統治するべきなのかといった見解の相違に起因する［アリストテレス（政治学): 邦訳 156-157]．アリストテレスは，少数者の支配による弊害を指摘する一方，多数者の支配による恩恵を取り上げて，このアポリアに対する解答を示している．このようにアリストテレスは，現実の世界にあるアポリアを提起し，そのアポリアをもたらす見解の相違に対して，いずれの立場が妥当であるのかを具体的な事実や見解を示しながら結論を導き，アポリアを解消しようとした．

結　論

　それでは，このような古代ギリシア哲学におけるアポリアから，どのような含意を導き出せるであろうか．アポリアは，疑問を抱くことから始まる．疑問を持たなければ，アポリアは認識されないからである．私たちを取り巻く自然や社会に対する疑いが，アポリアの原点となる．

　とくに政治学において重要なことは，アリストテレスが『政治学』で論じたように，現実の世界におけるアポリアの探究である．現実の世界にはどのようなアポリアがあり，そのアポリアはどのように解決するべきなのか．そのようなアポリアの実践的な探究が出発点となる．これを探究するためには，アポリアの思索的な探究が不可欠である．現実の世界におけるアポリアは，どのような意味においてアポリアなのか，そのアポリアについてはどのような議論が存在し，その議論にはどのような対立があるのかを見極める必要がある．ソクラテスやプラトン，アリストテレスが実践したように，自己や他者との対話と批判的な精神を通じて，アポリアを発見し，アポリアを探究し，アポリアの解決策を見出すことが重要である．

◆参考文献◆
＜邦文献＞
赤井清晃［2004］「アリストテレスにおける推論の必然性とアポリア──予備的考察──」
　　『比較論理学研究』第2号，9-16頁．
──────［2005］「アリストテレスにおける問答法と難問の方法」『比較論理学研究』第3
　　号，9-16頁．
田中伸司［2006］『対話とアポリア──ソクラテスの探求の論理──』知泉書簡．

アリストテレス（出隆訳）［1959］『形而上学』上巻，岩波書店.

アリストテレス（山本光雄訳）［1961］『政治学』，岩波書店.

プラトン（藤沢令夫訳）［1994］『メノン――徳について――』，岩波書店.

＜欧文献＞

Liddel, Henry Gorge and Robert Scott ［1968］*A Greek-English Lexicon*, 9th edition, Oxford: Clarendon Press.

第 I 部

理論・思想からのアプローチ

第 1 章

国際政治哲学はいかなる「理想」を語りうるか

松 元 雅 和

はじめに

　国際政治学者のM・ワイト（M. Wight）はかつて，西洋政治思想史を彩るような政治哲学の伝統が，なぜ国際社会については存在しないのかと問うた [Wight 1966]．彼によると，その手がかりは，第1に近代の発展とともに主権国家体制が普及したこと，第2に国際政治が進歩よりも循環と反復の領域であったことに求められる．その結果，政治理論一般の関心が「善き生」にあるのに対して，国際理論の関心は「生存」に縮減されざるをえない．こうして，社会の理想像を描き出すという規範的関心のなかで，国際社会への関心は長らく副業的・断片的に留まっていた．

　その後の政治哲学の進展を踏まえれば，ワイトの問いは杞憂であったかのように見える．J・ロールズ（J. Rawls）『正義論』（1971年）の刊行以来，それを国際社会に拡大適用することで始まったグローバル正義論は，研究領域と研究者数を著しく拡大させている [Brooks 2020]．取り上げるテーマも，国際紛争や南北問題といった古典的問題から始まり，移民問題，領土問題，貿易問題，気候変動問題など多岐に渡っている．今や，政治哲学研究者の考察対象として，国内社会と国際社会の優先順位が入れ替わっているかのような印象すら受ける．

　にもかかわらず，ワイトの懸念が根本的に払拭されたとは思われない．問題は，国際社会の規範的考察において，しばしば解決困難なアポリアが頻出することである．たとえば，移民や難民の境遇に配慮することは，領土保全や国家主権の原理と矛盾する．国家と国民を守るはずの自衛戦争により，多くの生命と財産が失われる．要するに，国際社会においては，何らかの理想的な社会状

態を描き出し，それを実現することが構造的に阻まれているのだ．そこでは何かを求めれば，別の何かが失われる．その意味で，国際政治哲学は最善よりも，次善〔セカンドベスト〕あるいは次悪〔レッサーイーヴル〕の探求に留まらざるをえない場合が多い．

　本章では，国際政治哲学が直面する理論的困難を，理想理論と非理想理論の区別に求める．グローバル正義論は概して，望ましい政治社会とは何かを描き出す理想理論の延長線上で論じられてきた．その一方で，国際社会では何らかの条件により理想の実現が構造的に阻まれており，その規範的考察においても，国際社会を取り巻く不利な条件を真剣にとらえる必要がある．そこで本章では，国内社会と国際社会の構造的差異を踏まえたうえで，国際政治哲学はいかなる「理想」を語りうるのか，という問いに取り組もう．

　本章の構成は以下のとおりである．はじめに，国際政治哲学を含む政治哲学一般の理論的特徴を理想理論と非理想理論の２つに大別し，同じ規範研究に属しながらも，両者のあいだでいかなる差異が生じるかを概観する（第１節）．次に，国際社会の理想像を描き出すにあたり桎梏となる，国内社会とは異なる構造的特徴を分析する（第２節）．最後に，こうした桎梏のなかで国際社会の「あるべき」姿を描き出す理論的試みとして，正戦論とリアリズムを取り上げ，国際政治哲学として両者のあいだに一定の共通点が見出せることを指摘する（第３節）．

▌ 1　理想理論と非理想理論

　本章では，政治哲学を規範研究の一種として，すなわち「今ある」社会の実像を実証的に描き出すよりも，「あるべき」社会の理想像を観念的に描き出す試みとして位置づける．こうした規範的考察は，プラトン（Plato），アリストテレス（Aristotle）に始まり，J・ロック（J. Locke），J=J・ルソー（J.-J. Rousseau），J・S・ミル（J.S. Mill）など，幾多の政治思想の古典的著作のなかで繰り返し示されてきた．問題は，ワイトが指摘するように，国際社会について，なぜ同じように理想像を語ることが副業的・断片的に留まっていたのかということである．本節ではその基本的視座として，規範研究における理想理論と非理想理論の区別を導入する．

(1) 政治哲学の2側面

　政治哲学者のロールズによると，規範研究は大別して，理想状態における正義原理を案出する試みと，非理想状態における正義原理を案出する試みに分けられる［Rawls 1971: Sec. 2; 1999: Sec. 13.1］．第1の試みは，現実世界の到達目標となるような，完全に正しい社会の輪郭を描き，またなぜそれが正義に適っているのかを説明することである（終局状態の理論）．第2の試みは，現実世界に存在する不正に対処するための方策を提示することである（過渡期の理論）．これらをそれぞれ，彼に倣って「理想理論」「非理想理論」と呼んでおこう．

　ロールズは，はじめに理想理論に取りかかり，次いで非理想理論に進むという手順を踏む．なぜなら，非理想理論が対象とする現今社会の不正は，はじめに理想理論における完全に正しい社会の輪郭が示されないかぎり，正確にとらえることができないからである．「理想理論からはじめる理由とは，その理論がより喫緊の諸問題を体系的に把握するための唯一の基盤を（私見によれば）提供してくれるからというものである．……理想理論からはじめる以外のやり方だと，より深い理解を得ることはできない」［Rawls 1971: 邦訳13］．それゆえ，政治哲学者は現今社会の不正からいったん離れて，自由に正しい社会の設計を目指すべきなのだ．

　とはいえ，「理想状態を設定すれば理論はうまくいくに違いない」と現実を突き放してしまうだけでは，規範研究の実践性という点で不満が残る．なぜなら，現実は必ずしも理想どおりに進まないからである．理想の次元では，人種問題も，貧困問題も，紛争問題も，解決されるべきであることはほとんど自明である．にもかかわらず，現実世界でこれらの理想は繰り返し挫折してきたし，現在も完全には実現していない．どこかの時点で，この不都合な真実に向き合おうとすれば，規範研究者はただ理想の次元に留まっていることはできず，非理想的現実に再び目を向ける必要があるのだ．

　次のように考えると分かりやすいかもしれない——他の事情が等しければ，○○が存在することは，存在しないことよりも世界をより理想的なものにするであろうか．たとえば，努力や実績のような功績に基づいて取り分が左右される世界は，責任の観念を重視する人にとっては，そうでない世界よりも一層望ましいかもしれない．その一方で，干ばつによって飢饉が生じたり，犯罪によって死傷者が生じたりする世界を，そうでない世界よりも一層望ましいと判断する人はまずいないであろう．○○を積極的な理想として描くか，それとも

消極的な現実として描くかによって，理想理論と非理想理論が取り扱う問題は異なってくる．

　用語法上の理由で誤解を招きやすいのだが，非理想理論は現実の理想化を含まないということではない．私達にとって「理論」とは，一定の仕方で現実世界を切り取るための道具である．それは現実をモデル化することによって，私達の世界観から複雑性を取り除き，代わりに体系性を付け加える．理論が現実のモデル化を目指す以上，いずれにしても一般化のために個々の現実の一部は不可避的に捨象される．理想理論と非理想理論の違いは，理想化の程度というよりも，理論化の役割（終局状態の記述か，過渡期の記述か）に関わる——それは結果的に，理想化の程度に影響を与えるけれども．

(2)　非理想理論の問い

　それでは，理想理論と非理想理論は，具体的に何がどう異なるのか．ロールズは，非理想理論の副次的区分として，第1に自然本性的限界および社会経済的偶然性に対応するための原理，第2に不正義に対処するための原理を挙げている［Rawls 1971: Sec. 39］．理想的正義が現実世界で完全に実現されない理由は，第1に何らかの条件の不備により，遵守したくてもできないからであり，第2に意識的にそれを破るからである．ここではそれぞれ，「不利な条件」の問題ならびに「部分的遵守」の問題と呼んでおこう．

　非理想理論が念頭に置く不利な条件とは，理想的条件下で導出された正義原理が，何らかの理由で十分に実現されない状況を指す．第1に，未発達な子どもや障がいをもった市民の存在など，人間の暮らしの自然本性的限界として，理想的正義が十分に実現されないことがある．たとえば，自由かつ平等な人格として他者の意思決定を尊重するという理想は，後見人制度が示すように，すべての人間に対して貫徹できるとは限らない．完全に自律的で合理的な個人によって構成される社会という前提は，現実にはひとつの仮定でしかないわけだ．

　第2に，社会経済的偶然性により，当座の社会状況として理想的正義が十分に実現されないことがある．たとえば戦後世界では，開発途上国が急速な経済発展を進めるために，少なくとも一時的に強権的で反民主主義的な統治を採用する必要があるという開発独裁が各国で見られた．社会状況は地域によっても時代によっても千差万別であり，各々の事情に応じて，自由主義や民主主義のような大文字の理想が遍く通用するとは限らない．こうした不利な条件下で，

理想的正義にどのような修正が加えられるべきかを考察するのが非理想理論の役割である.

　非理想理論の第2の状況は，社会的制度編成あるいは個人の振る舞いのなかにすでに実在している不正義，すなわち部分的遵守の事態である．ロールズによれば，理想理論における理想化の要点は，人々が正義原理を遵守する姿勢をもっていることである．理想状態とは彼が言うところの「秩序だった社会」であり，そこでは「全員が正義に則った振る舞いをなし，正義にかなった諸制度を維持する上での役割を果たすものと推定されている」[Rawls 1971: 邦訳 13].それゆえ，人々はいったん正義原理が案出されるなら，それを自発的に受け入れ，維持するであろう (厳格な遵守の条件).

　逆に非理想理論の問いとは，人々のあいだで正義原理の厳格な遵守が期待できない非理想状態下で，正しい社会を目指してどのような矯正的措置をとることができるかということである．私達が住む社会の構成員は，実際には聖人君子ばかりではないため，同意されたはずの正義原理がしばしば破られる．それゆえ，こうした事態に対処するための2次的規範が，正義論の副次的部分として必要になる．前述の不利な条件とは異なり，ここで念頭に置かれるのは，人為的・意識的に引き起こされた不遵守の事態である (部分的遵守の条件).

　国際社会においても，いったん確立されたはずの正義原理が十分に尊重されないという事態が生じる [Rawls 1999: Pt. 3]．第1の不利な条件の例として，開発や経済成長の遅れにより，基本的人権の尊重や民主主義の実現といった理想に追いつけない負荷に苦しむ社会があるかもしれない．第2の部分的遵守の例として，国内社会の犯罪者のように，正義原理を公然と無視する無法国家があるかもしれない．不利な条件が改善されれば自ずと解消される前者の問題よりも，後者の問題の方が構造的にはより根深いであろう.

　まとめると，規範研究はその目的に応じて，理想理論の構築と非理想理論の構築に区別される．規範研究者はその関心や役割に応じて，——ロールズのように，どちらにも携わる場合もあるが——各々理想理論に携わったり，非理想理論に携わったりしている．時代的趨勢から言えば，ロールズ自身がそうであったように，従来は理想理論を展開する方に重心が置かれていた．ただし最近では，明示的に非理想理論を掲げる者も増えている [松元 2021]．次節では，こうした区別を念頭に，国際政治哲学がどのような固有の課題を背負っているかを指摘する.

2　非理想状態としての国際社会

　前節では，行為主体が正義原理を遵守する度合いに応じて，規範研究が2種類に区別されることを指摘した．政治哲学者はこれまで，理想理論として国際社会の理想像を描き出してきた．たとえばそれは，国境が万人に開放され [Carens 1987]，富裕国の富が貧困国に分配され [Singer 1972]，排出国が温室効果ガスの規制に率先して取り組む [Shue 1993] ような社会であるかもしれない．他方で現実世界は，ワイトの問題提起から半世紀を経た現在も，「生存」に汲々とせざるをえないような非理想状態下にある．相応の政治的意思さえあれば十分に実現可能な目標が，なぜ現状では理想的どころか空想的次元に留まってしまっているのか．本節ではその理由を，強制力の不在，連帯心の不在，価値多元性の3点から手短かに分析する．

(1)　強制力の不在

　第1に，国際社会においては正義原理を遵守させる強制力が不在である [Gilabert 2008: 422-26]．国内社会と国際社会を隔てる最大の構造的差異とは，後者が無政府状態であるということだ．この点で，国際社会の国家が置かれた条件は，国内社会の個人が置かれた条件とは決定的に異なる．私達が国内社会で身の安全を保証された暮らしを送ることができるのは，暴漢に対して警察を呼び，司法の裁きを下すことができるという政府の後ろ盾があるからだ．それとは対照的に，国際社会に世界政府は存在しないし，その見込みもない．

　今日の国際社会において，国内政府に類するような強制力が存在しないというのは本当であろうか．たとえば，国連やその関連機関，軍事同盟も含めた地域機構，制裁制度を備えた WTO，国際司法裁判所など，各国を正義原理に服さしめるような実効的国際機関がないとは言えない．実際，国内社会と国際社会を隔てる強制力の存否については，政治哲学者のあいだでも評価が割れている [Nagel 2005; Valentini 2011]．ともあれ，正義原理の実効性という点で，現段階の国際社会が国内社会よりも幾分あるいは大分不利であることは否めない．

(2)　連帯心の不在

　第2に，国際社会においては行為主体間の連帯心が希薄であるか，そもそも

不在である [Gilabert 2008: 426-31]．国際社会は諸国家から成る社会であり，安全保障，雇用や福祉，家族や教育など，私達の社会的紐帯は特定の国家に紐づけされている．こうした連帯心は上述の制度的強制力と並んで，正義原理を遵守させるソフトな強制力として機能する．ところが，共同体意識や一体感に欠ける国際社会ではこうした機能が乏しい．その結果，国内の社会関係では抑制されがちな正義原理の不遵守が生じやすい．たとえ他国からの批判に晒されたところで，連帯心が欠けていれば気を咎める必要もないのである．

　国際社会における連帯心の希薄性は，国内社会における連帯心の濃密さと表裏一体である．個人であれ集団であれ，他者に対して同時に示しうる配慮の資源（時間や金銭）は有限なのだから，複数の社会関係に属する私達は，どうしてもそのあいだで優劣を付けざるをえない．通常，家族や友人といった身近な存在から始まり，次いで自国民，最後に他国民と，配慮の射程が遠ざかるにつれて配慮の強度も小さくなる．こうした偏愛性の程度を高めていけば，いずれは自国以外の何ものも重要ではないという自国第一主義に至るであろう．

(3) 価値多元性

　第3に，そもそも国際社会では多元性が著しく，特定の正義原理に合意する見込みが低い．世界に広がる文明・宗教・文化の多様性は，それ自体グローバル正義の存在を疑わせる．1980年代以降，西洋の人権外交に対してアジア圏から提起された「アジア的価値」論はその一例である．無論，虐待や拷問，腐敗，欺瞞など，古今東西どのような社会であっても望ましくないと思われるような，最小限の共通価値はあるかもしれない．しかし，理想理論が現実に合わせて理想の水準をあまりに切り詰めることは，その存在意義に照らせば自壊的でありうる．

　国際社会における価値多元性は，前述した強制力や連帯心の不在と密接に関連している．行為主体間でかりに価値観が一様でなくても——たとえば，国内社会でも基本的人権を否定する排外主義者や差別主義者は存在するであろう——，確立された正義原理は法的・社会的に強制されることによって，その普遍性を回復できる．こうした条件を欠いた国際社会では，たとえ一定の正義原理が確立されても，その反対者に受け入れさせる手立てがない．その結果，価値多元性と不遵守が手を携えてしまうことになる．

　以上に挙げた国際社会を取り巻く諸条件は，もちろん絶対的ではなく相対的

である．グローバル化を通じて，ヒト・モノ・カネ・情報が相互に結びつきを深めている現在，こうした不利な条件は克服されつつあると想定することもできるかもしれない．本章の主旨は，こうした可能性を踏まえてもなお，現段階では国内社会と国際社会のあいだに埋めがたい構造的差異がなお残されていることを指摘するに留まる．結論部では，こうした現実それ自体を克服するための幾つかの筋道を試論的に示してみたい．

3　非理想理論としての国際政治哲学

　以上をまとめると，国際社会は正義原理が十分に遵守されない非理想状態下にあり，それが国内社会と比べても著しい．理想的正義からの逸脱は，国際紛争や戦争によって最も劇的に示される．それゆえ，規範研究としての国際政治哲学は，理想理論の構築よりも非理想理論の構築により多くの比重を割かざるをえない．たとえば，内政不干渉の原則に反して，他国に干渉する国家が現れるかもしれない．最恵国待遇の原則に反して，一方的に貿易障壁を設ける国家が現れるかもしれない．こうした非理想状態に対処するための理論が，国際政治哲学に独自の主題となる．本節ではその一例として，正戦論とリアリズムを取り上げる．

(1)　正戦論

　正戦論とは，戦争においても正不正の道徳判断を行うことができるという前提のもと，現実の戦争をより正しいものとより不正なものとに選り分ける一連の基準を示すことで，戦争そのものの強度と範囲に制約を設けようとする理論である．もちろん，どのような戦争であっても，自国や他国において深刻な人的・物的被害を引き起こすものである以上，あるよりはない方がましなのは当然である．にもかかわらず正戦論者は，忌むべき戦争のあいだにも，許されるものと許されないものがあると主張する．

　言うまでもなく，戦争は私達にとって良いもの，望ましいものではなく，考えられるかぎり最悪の経験のひとつである．とはいえ，単に戦争を，殺人や拷問と同類の罪悪と名指しして禁止すれば，話が済むわけでもない．なぜなら，同時に戦争は，国際社会の秩序や正義を維持するための（少なくとも歴史的には）不可欠の手段であり続けてきたからだ．警察活動や刑罰制度と同様，暴力手段

としての戦争は，善き目的を実現するための必要悪の性質をもつ．だからこそ戦争に直面して，私達は道徳的葛藤に悩まされるのだ．

　その意味で正戦論は，部分的遵守の事態に対処する非理想理論の典型例である［Rawls 1999: Secs. 13-14］．それは，現今社会の到達目標となるような，完全に正しい社会の輪郭を描き，またなぜそれが正義に適っているのかを説明するものではない．古典的にアウグスティヌス（Augustine）が唱えたように，神の国ならぬ地の国に生きる私達人間は，ときに間違いを犯す不完全な存在である．戦争はこうした間違いを匡すための矯正的措置として位置づけられる．

　「正しい戦争」に関する規範的考察は，ある種の遂行矛盾を孕んでいる．喩えて言えば，それはまるで学生が模範的な C 評価答案を目指すようなものだ．理想的な何かを描き出そうとするならば，なぜ正しい戦争ではなく戦争なき社会を目標としないのか．しかしこの一見したところの矛盾は，正戦論がそもそも部分的遵守の事態に対処するための非理想理論であることを踏まえれば辻褄が合う．戦後の代表的正戦論者 M・ウォルツァー（M. Walzer）は，この点を指して次のように言っている．

> 道徳的に申し分のない戦争というものは，もはや戦争とは呼べないであろうが，道徳的に申し分のない社会はそれでも社会の一種といえるであろう．思うにこれこそ，私たちが今ここで理論化している事柄と，政治理論一般において理論化している事柄のあいだの根本的な違いである．……正戦は重要な意味で誰にとっても第 2 言語のようなものであり，語ろうとしても恐らくぎこちない言葉遣いにならざるをえない．［Walzer 1997: 104］

　他方で，今世紀以降，より若い世代の政治哲学者によって，ウォルツァーら伝統的正戦論の見直しがはかられるようになっている［McMahan 2009］．かれらは，より精緻で抽象的な哲学的論証を駆使して，既存の正戦論の矛盾や問題点を洗い出し，より一貫的で体系的な理論へと組み立て直そうとしている．こうした理論動向は，近年のグローバル正義論の興隆を受けて，それまで非理想理論であった正戦論を，より理想理論寄りに描き直そうとする試みであるととらえることができる［Pattison 2018］．

(2)　リアリズム

　政治哲学の理論動向を離れると，国際政治学ではリアリズムが支配的学説で

ある．リアリズムは，国家中心主義や悲観主義的人間観といった点によって特徴づけられる．国際社会は剥き出しの権力が支配する世界であり，他国の行動を言葉で非難しても仕方がない．無益な争いに巻き込まれないための唯一の手段は，自ら反撃の力を備えることである．こうした考えは，「平和を望むなら，戦争を準備せよ」というラテン語の格言によってよく知られている．リアリストは，こうした権力にもとづく秩序原理を「勢力均衡」と呼ぶ．

　国際社会の秩序を言説ではなく実力に求めるリアリズムの教えは，その理想状態よりも非理想状態を念頭に置いている．それは決して，可能世界における理想像を提示しているわけではない．むしろそれは，内政不干渉や最恵国待遇といった国際規範が度々軽視されるような，今日の国際社会の非理想状態に対処し，それを理想状態に近づけていくための非理想理論の一種である．この点は，国際政治学の古典的リアリストが共通して反ユートピア主義を掲げることにも表れている［Carr 2016: Ch. 5; Morgenthau 1951: Ch. 4］．

　にもかかわらず，リアリズムがいかなる理想的次元ももたないというわけではない［松元 2014］．たとえば勢力均衡モデルは，単一の意思決定主体として仮定された諸国家が，相互に自滅的行動を差し控えるという合理性を備えることを仮定している．もちろん，一層理想主義的な国際政治理論であれば，無政府状態や相互不信といった国際社会の所与条件それ自体を改変することで，勢力均衡に代わる国際秩序を描き出すであろう．正戦論と同様にリアリズムもまた，非理想状態に関する理想を描くという，ある意味で錯綜した課題を担っているのである．

　ところで，近年政治哲学においても，ロールズやその継承者に対して，政治的リアリズムと呼ばれる一派からの異議申し立てがある［松元 2016］．その特徴は，一口で言えば政治の自立性や固有性を強調することである．政治は法律，経済，道徳その他のいかなる領域とも異なる別個の領域であって，政治学の対象はその他の学問分野に還元できるものではない．とりわけ，政治哲学を道徳哲学の一応用部門ととらえる見方に厳しい視線が向けられる．それゆえこれらの論者は，現実政治に特有の心理的・実践的・制度的次元に焦点を当てる傾向がある．

　ここで注目したいのは，こうした新たな理論動向が，国際政治学者にとっては必ずしも学問的刷新とは受け止められていないことである［Scheuerman 2013］．ここには，政治哲学におけるリアリズムの相対的貧困と，国際政治学における

リアリズムの覇権という非対称性がある．本章の議論を踏まえれば，これは国内社会と国際社会の構造的差異を踏まえた，両分野における理想理論と非理想理論の比重の違いと見なすことができる．政治哲学者がようやく本格化させた非理想理論の体系化は，E・H・カー（E. H. Carr）やH・モーゲンソー（H. Morgenthau）を学祖とする国際政治学者にとってはすでに見慣れたものであったといえよう．

(3)　正戦論対リアリズム？

　正戦論とリアリズムは，これまでしばしば対立する学説として描き出されてきた［Walzer 1977: Ch. 1］．この対立構図によれば，前者が国家行動における道徳的規制の余地を認める一方で，後者は国際関係を権力政治として捉え，武力行使の道徳的限界を求めない．しかし実際には，国際紛争の武力的解決を避けがたい現実であるととらえる点や，無謀な戦争の自制を求める点などにおいて，両者には共通する面も多い［Matsumoto 2020］．本章の分析を敷衍すれば，その土台は両学派が国際社会に関する非理想理論を自覚的に展開してきたことにある．

　両学派にとっての根本的な事実は，この世から暴力や犯罪，戦争といった悪を根絶させることはできないということだ．善と悪のトレードオフは，私的関係や経済関係においても生じるが，無数のステークホルダーが織り成す政治関係，とりわけ国際関係においては不可避的に生じざるをえない．すなわち，両者を結びつけているものは，一方で悪をなすことの絶対的禁止と，他方で悪をなすことの無条件的肯定のあいだで折り合いをつける次悪の選択への考慮である［Morgenthau 1946: Ch. 7; Walzer 1977: Afterword］．

　正戦論に比べると，リアリズムは長らく政治哲学者にとってのブラインドスポットとなってきた．それはひとつには，リアリズムが道徳的考慮の余地を認めない非道徳的立場として捉えられていたからであるかもしれない．本章から示唆されることは，リアリズムの（すべてではないが）多くは，それ自体規範研究の一種として再構成できるということである．そのとき国際政治哲学者は，理想理論に傾きがちなグローバル正義論と並んで，リアリズムに固有の理論的役割を見出すことが期待できよう．

おわりに

　以上本章では，国際社会が非理想状態に置かれやすい構造的特徴を備えていること，それゆえ規範研究としての国際政治哲学においては非理想理論の比重が大きくなることを指摘した．これまで政治哲学者は，グローバルな正義の問題について議論する際，概してそれを「理想的な国際社会とはどのような社会か」を描き出す理想理論の次元で取り組んできた．本章で指摘した国際社会における非理想状態を念頭に置くならば，本来グローバル正義論は，理想理論を構築することと同様かそれ以上に，非理想理論を構築することに注力すべきであったはずである．

　はたしてこうした現状を変革する理論的・実践的見込みはあるであろうか．第1の方向性は，国際社会を国内社会に近づけていくことである．たとえば，世界政府やそれに準じた国際機関を設立することで，部分的遵守の事態は劇的に改善するに違いない [Nili 2015]．ロールズは，最も専制的な政府になる見込みが高いとして世界政府構想を批判する [Rawls 1999: Sec. 4.1]．ただし，彼自身が立てた区別を援用すれば，専制的でない世界政府の可能性を理想理論として探求することにまったく矛盾はない．もちろん，世界政府の存在が理想的であるかどうかは未決の問いである．国内社会で地方自治の観念があるように，国際社会でも依然として分権的機構が望ましいと判断されるかもしれない．

　第2に，各国が非理想状態下でも率先して正義原理を遵守することである．遵守国は，たとえ短期的には不利であっても，喫緊の課題に対処し，世界的な指導力を発揮することができる [Maltais 2014; Shue 2011]．ただしこの方針は，課題の中身が何であるかに左右される．貧困国向けの国際援助は一方的遵守に適しているが，気候変動問題はより集合的な対策を必要としている．安全保障は，財の相対的所有がその絶対的価値に影響を与える「位置財」（地位財）の一種であり，とりわけ遵守と不遵守の不均衡が重大な結果をもたらしやすい．それゆえ，国際社会の規範的諸問題を一緒くたにするのではなく，個々に腑分けしてその遵守・不遵守の意味を丁寧に区分していく必要があろう．

　最後に，アポリア研究のなかで本章の検討がもたらす意味について付言する．国際関係の現実においてしばしば発見されるアポリアは，その規範的解決に取り組む国際政治哲学にとっても避けては通れない．本章では，アポリアが生じ

る要因の一端として，国際社会における非理想状態を明らかにし，加えてそれに取り組むための方法論的区別を提示した．私達はアポリアに直面して，それを理想状態を描き出すうえでの単なる障害物としてやりすごすのでも，逆にただ解けない謎として運命論的に受け入れるのでもない，重層的な理論的取り組みを必要としているのだ．

　アポリアが解決困難な課題であるとすれば，国際社会はまさにアポリアに彩られている．私達はそこで，理想を阻まれながらも現実と折り合いを付けていかなければならない．しかし考えてみれば，稀代の政治思想家達がその時々に取り組んできた問題も，当時は同様に解決困難なアポリアとして立ち現れていたのではないか．人間が長い時間をかけて，自由や平等，人権，民主主義といった理想を育み，国内社会それ自体を変革していったように，国際社会についても理想的・非理想的次元の両面で「あるべき」姿を規範的に探求し続けることが，変革のための緒になるのだと考えたい．

付記

　本章は，本書を構成する共同研究のなかで開催された研究会，日韓政治思想学会第15回共同学術会議（2019年7月6日，韓国ソウル国立大学），および津田塾大学国際関係研究所研究懇談会（2020年9月10日，オンライン開催）の機会で報告した原稿をもとにしている．報告時の質疑応答において参加者の方々より有益なご批判・コメントを頂いたことに感謝申し上げたい．なお本章は，日本学術振興会科学研究費（課題番号16K03539，16K16692，19K00045）による研究成果の一部である．

◈参考文献◈

＜邦文献＞

松元雅和［2014］「現実主義／平和主義理論における理想と現実」『平和研究』43．

―――［2016］「政治的悪の規範理論的分析――政治的リアリズムを中心に――」『関西大学法学論集』66(1)．

―――［2021］「非理想理論」，佐野亘・松元雅和・大澤津『政策と規範』ミネルヴァ書房．

＜欧文献＞

Brooks, T. ed. [2020] *The Oxford Handbook of Global Justice*, Oxford: Oxford University Press.

Carens, J.H. [1987] "Aliens and Citizens: The Case for Open Borders," *Review of Politics*, 49(2).

Carr, E.H. [2016] *The Twenty Years' Crisis, 1919-1939*, reissued with a new preface by M. Cox, London: Palgrave Macmillan（原彬久訳『危機の二十年――理想と現実――』岩

波書店，2011 年）．

Gilabert, P. [2008] "Global Justice and Poverty Relief in Nonideal Circumstances," *Social Theory and Practice*, 34(3).

Maltais, A. [2014] "Failing International Climate Politics and the Fairness of Going First," *Political Studies*, 62(3).

Matsumoto, M. [2020] "Amoral Realism or Just War Morality? Disentangling Different Conceptions of Necessity," *European Journal of International Relations*, 26(4).

McMahan, J. [2009] *Killing in War*, Oxford: Clarendon Press.

Morgenthau, H.J. [1946] *Scientific Man vs. Power Politics*, Chicago: University of Chicago Press（星野昭吉・高木有訳『科学的人間と権力政治』作品社，2018 年）．

――――― [1951] *In Defense of the National Interest: A Critical Examination of American Foreign Policy*, New York: Knopf（鈴木成高・湯川宏訳『世界政治と国家理性』創文社，1954 年）．

Nagel, T. [2005] "The Problem of Global Justice," *Philosophy and Public Affairs*, 33(2).

Nili, S. [2015] "Who's Afraid of a World State? A Global Sovereign and the Statist-cosmopolitan Debate," *Critical Review of International Social and Political Philosophy*, 18(3).

Pattison, J. [2018] "The Case for the Nonideal Morality of War: Beyond Revisionism versus Traditionalism in Just War Theory," *Political Theory*, 46(2).

Rawls, J. [1971] *A Theory of Justice*, Cambridge, M. A.: Belknap Press of Harvard University Press（川本隆史・福間聡・神島裕子訳『正義論　改訂版』紀伊國屋書店，2010 年）．

――――― [1999] *The Law of Peoples*, Cambridge, M.A.: Harvard University Press（中山竜一訳『万民の法』岩波書店，2006 年）．

Scheuerman, W.E. [2013] "The Realist Revival in Political Philosophy, or: Why New Is Not Always Improved," *International Politics*, 50(6).

Shue, H. [1993] "Subsistence Emissions and Luxury Emissions," *Law and Policy*, 15(1)（宇佐美誠・阿部久恵訳「生計用排出と奢侈的排出」宇佐美誠編『気候正義――地球温暖化に立ち向かう規範理論――』勁草書房，2019 年）．

――――― [2011] "Face Reality? After You!―A Call for Leadership on Climate Change," *Ethics and International Affairs*, 25(1).

Singer, P. [1972] "Famine, Affluence, and Morality," *Philosophy and Public Affairs*, 1(3)（井保和也訳「飢えと豊かさと道徳」児玉聡監訳『飢えと豊かさと道徳』勁草書房，2018 年）．

Valentini, L. [2011] "Coercion and (Global) Justice," *American Political Science Review*, 105(1).

Walzer, M. [1977] *Just and Unjust Wars: A Moral Argument with Historical Illustrations*, New York: Basic Books（萩原能久監訳『正しい戦争と不正な戦争』風行社，2008 年）．

――――― [1997] "A Response," *Ethics and International Affairs*, 11.

Wight, M. [1966] "Why Is There No International Theory?" in H. Butterfield and M. Wight eds., *Diplomatic Investigations: Essays in the Theory of International Politics*, London: Allen & Unwin（佐藤誠ほか訳「国際理論はなぜ存在しないのか」, 佐藤誠・安藤次男・龍澤邦彦ほか訳『国際関係理論の探究――英国学派のパラダイム――』日本経済評論社, 2010 年）.

第 2 章

国際政治における「アポリア」の起源
――精神史的序説――

池 田 丈 佑

▐ は じ め に

　できるなら,「アポリア」なるものは経験したくない. それが矛盾を伴うものであれ, 意図せざる結果であれ, 選択できなくなって行き詰まるものであれ, である. しかし人間は「アポリア」に直面し, 悩むことがある. 重要なのは, この「アポリア」なるものが,「悪」を動機には生まれにくいことである. つまり多くの場合, 動機は「善」であり, 翻って結果として「善」にたどり着かないのである. かくして, その形態を問わず,「アポリア」の根幹には「善の貫徹に失敗すること」が認められる.

　本章は, これを国際政治の文脈からとらえる試みである. これまでも, 国際政治で起こりうる「アポリア」について考察は重ねられてきた. ところがこれにはひとつの作業が欠けていた.「アポリア」はどこからやってくるか, という問いに答えることである. そして, 国際政治において「アポリア」の起源を考えるとき, 既存の国際政治理論をそのまま適用して「アポリア」を考えることは難しい. 不可能なわけではない. だが少なくとも, ネオリアリズム―ネオリベラル制度主義―コンストラクティヴィズムという, いまだ「主流」をなす国際政治理論を応用するのでは明らかに不十分である. 実証主義理論において,「アポリア」は現実に現れる状況を通して表層的に把握されるだけで, その深層にある「こころ」まで探ることがないからである. これは,「アポリア」が最終的に「人」に帰着することと関連する.「アポリア」に伴う苦痛を引き受けるのは, アクターではなく個人である.「アポリア」は, 理論と言うよりは思想の問題であり, さらにいえば「アポリア」を引き受ける個人の「精神」に

関わる問題である.

　かくして，国際政治の文脈にありながら，国際政治理論より次第に距離を置いて「アポリア」を考えることが求められてくる．そして，この章で導きの糸になるのは「精神史」である．精神史は文字通り，「精神」に注目し，それを「史的」に明らかにする手法であって，主流の国際政治理論とは立場が異なる．だからこの稿では，「なぜ国際政治理論ではなく精神史なのか」という説明から考察を始める．あわせて，「アポリア」を「善と真の一致が実現できなくなる状況」と措定し，先述した「善が貫徹できなくなる状況」と同じ意味であると述べる．そのうえで，「アポリア」が起こりうる「起源」を大きく二つの状況にまとめ，それぞれについて説明したい．両者は「善の屈服」「善の自壊」と呼ばれる．それぞれ外的・内在的な理由によって，善が貫徹できなくなる．筆者は以前，このような状況を「政治に対する倫理の屈服」「倫理の自壊」という言葉で論じ，特に「倫理の自壊」についてはポスト構造主義とメタ倫理学に拠りながらその様子を把握しようとつとめた［池田 2012: 113-19; 2013: 7-15］．本章の議論は，この検討を，過去に遡って展開したものである．

1　国際政治理論から「精神史としての国際政治思想史」へ

　現在流通している国際政治理論から，本章の目指す「精神史としての国際政治思想史」という位置へは飛躍を伴う．それは国際政治学のなかで実証主義からポスト実証主義へ動くことだけを意味しない．広い文脈からいえば，政治科学（political science）から政治理論（political theory）へ，理論から歴史へ，さらには社会から精神へという動きを含む．したがって，このような飛躍がいかなる順序で可能になり，またなぜそれが求められるのかを明らかにしなければならない．そしてこの点は，3つの「転回」によって説明できる．

　まずあらわれるのは，「国際政治理論から国際政治思想へ」という動きである．思想に着目して国際政治を把握する試みは，むしろ伝統的方法に属する．にもかかわらず 1992 年に C. ブラウン（Chris Brown）が著した『国際関係理論』［Brown 1992］は「ポスト実証主義」への転回のなかでむしろ新たな手法として理解され，関連した研究も多く世に出た．本章にとってブラウンが重要なのは，彼の著作が，（1）ネオリアリズムとネオリベラル制度主義との統合に代表される実証主義理論の行き詰まりを念頭に，（2）「構成されるもの」として

の現実とそれを構成する理念的要素，構成される「場」としての「社会的なるもの」へ注目し，(3) 国際政治理論は政治思想であるという指摘 [Wight 1991] へ回帰したと考えられるからである．英国学派によって国際政治思想の定立が試みられた 1960 年代にも，似た動きはみられた．だがこの時期にみられたのは「脱行動論」ではあっても「脱実証主義」ではなく，その意味で実証主義そのものは維持された．1990 年代の思想的転回は脱実証主義を旗印に掲げていた点で特徴的である．

　続いてあらわれるのが，「国際政治思想から国際政治思想史」への転回である．ブラウン以降登場した「国際政治思想」は，「規範理論 (normative theory)」という名が示唆するように，従来の政治思想を超えていた．すなわち，批判理論や解釈学，ポスト構造主義やプラグマティズムといった 19-20 世紀思想を大胆に取り込んで再考を加えた論考群であったゆえに伝統的意味での「政治思想」を超え，同時に近代的理性の限界を衝いて「規範」そのものを批判したゆえに「規範理論」自身をも超えるものであった．しかしこの「規範理論」は，「現実に対する強い問題意識に促され」，「理念的なコンスティテューションを提示」し，さらには「それに基づいて個々の政策や法律の正統性を吟味する」[小野 2005: 3] 点で（たとえポスト構造主義的な介入があっても）その基本的機能をもち続けた．のちに「国際倫理 (international ethics)」や「グローバル倫理 (global ethics)」「グローバル正義 (global justice)」へと接続される規範理論研究の蓄積は，一過性でない影響力を今日も及ぼし続けている．

　しかしそのうえで，第 2 の転回は「思想」ではなく「思想史」へと私達を誘う．なぜなら，ここでなされる「理論化」という作業自体が，国際政治理論で問われるに至るからである．それは，どの世界認識が適切かを競い合う「インターパラダイム論争」よりさらに深い次元に目を向ける．そして，特定の世界認識を理論として形作り，「知」という名目で権威と権力を伴って社会へ浸透してゆくことが妥当かを問う．ここにおいて「規範理論」は，特定の倫理観や価値観，思想を普遍的に適用する試みとして批判される（そして規範理論自身，それを認識し，乗り越えようともした）．問題は，こうした権威と権力を伴う「知の普遍化」が，理論を定立する以上避けられない点である．そして，その作業自身の妥当性が問われるとき，理論は理論化を回避するか否か，判断を迫られることになる．こうしたなか，「思想史」への移動は一種の退却となる．しかも，消極的退却という印象を免れない．にもかかわらず，「思想史」へ移動するこ

とにはひとつ大きな強みがある．それは，政治の学問を，誰かが高みから考えて示すものから，人々が日々の営みのなかで利用できるものへ変換させるきっかけとなる．人間の多様な経験のなかから，「いかに考えてきたのか」を取り出し，しかもそれを史的文脈に即して示す「思想史」の発想は，政治をめぐる実践が何に支えられて登場し，発展したかを過去に遡って学ぶ有用な方法である．しかも，「アポリア」という実践における行き詰まりを考える上では，欠かせない作業となる．動機としての「善」が，やがて行き詰まってゆく過程をみることだからである．

　最後に，「国際政治思想史」は「精神史としての」という限定を伴ったものへと転回する．これには3つの意味がある．第1は，純粋現象としての政治の否定である．つまり，政治は政治的なるものからのみ生み出されるのではなく，多彩な社会的状況の一切を敏感に反映した結果だという意味である．第2は，その延長として，今述べた社会的状況を，そこにおかれた人々の「こころ（精神）」を通してあらわすことである．精神を通してあらわれた社会的状況は「雰囲気（クリマ）」と呼ばれる．それは，人々の精神的営為を抜きにした「客観的状況」なるものは（自然的世界はともかく，人間的世界にあって）成立しえず，客観的状況そのものがすでに精神と環境による相互構成の産物だという考えによる．第3に，これに関連して，精神への傾斜は合理的理性に対する反発である．政治思想の源流を探るとき，ホッブズに代表されるように人間一般をめぐる考察へとさかのぼる例は多い．しかしホッブズが「人間本性」の名で解明したのは理性のフィルターを通してみた人間の姿であって，精神の営み自身やそれに影響を与える「理念（idea）」などが理性から導かれるわけではない．合理的精神もまた精神のひとつであって，翻ってそれ自身を理性の産物とみることはできないのである．「精神史」と呼ばれるアプローチは，一般に，ドイツの哲学者 W. ディルタイ（Wilhelm Dilthey）が確立したとされている．しかし同時に哲学の領域にのみ限られたわけではなく，精神的営為が直截に反映される美術［Dvořák 1928］や音楽［野村 1956］をはじめ，他領域へ拡散する．この章が採用する「精神史としての国際政治思想史」も，「精神史としての政治思想史」［小野 2000; 2015］の延長として，その流れの一端にある．ただ，もう少し説明を足さなければならない．精神の営みとして政治をみること，そしてそれを国際的領域へ拡大させることの意味である．なぜ，政治や国際政治において，精神の営みを辿ることが大事なのか．

2　精神的営為としての政治・国際政治

　政治や国際政治において精神の営みが重要なのは，それが一方で人間生活一般における精神的営為の延長であり，他方でそれが権力を伴って他者や社会に影響を及ぼすからである．精神史の拠って立つ重要な前提のひとつに，人間文化が精神的営為の産物であるとする考えがある．これに則るなら，政治もまた精神的営為の産物である．しかも，政治は同時に社会的営みであり，当の社会において政治は統治（支配）として実践される．政治はただしく権力作用である．そして，この権力作用の淵源が精神にまでさかのぼるわけである．だとすれば，精神的営為をみないかぎり，権力作用もわからない．政治や国際政治の文脈で精神的営為を考える重要性は，この点に求められる．

　では，精神的営為はいかに政治へつながるか．この点を最も体系的に論じた小野紀明［2015: 13-31］の説明を軸に，流れを跡づけてゆこう．「精神」そのものがある，という気づきが出発点になる．B. スネル（Bruno Snell）によって「精神の発見」［Snell 1955:Ch.1］と名付けられたこの出来事は，古代ギリシア中期（アルカイック期）における（ア）精神の認識と，（イ）それに伴う世界観・知識観の転換をいう．この時期ギリシア人は，自分自身を「内なる精神」と「外なる肉体」からなるものとして再構成し，前者に価値を置いて考えるようになった．その結果，肉体が生み出すものよりも，精神が紡ぎ出すものを重視するという現象が起きる．古代ギリシア前期（ホメロス期）における叙事詩（目で見た出来事の描写）から中期における叙情詩（心で思った出来事の描写）への移行が，この流れの一例とされる［久保 1988: 62-66; 坂口 1996; 小野 2015: 18-26］「精神の発見」の結果，知は「本質の知（episteme, 真知）」と「あらわれの知（doxa, 臆見）」とに分けられ，前者のみを知とみなす傾向が進む．真知はものごとの本質を然るべきつながり（論理）のもとに把握すれば手に入れられる（逆に，そうでなければ手に入らない）という認識が登場する．哲学の誕生である．これを実践し，自らを涵養するよう説いたひとりが，ソクラテスであった．

　だが，哲学の誕生は個人の涵養にとどまらない．知を愛する者が集まって意見をたたかわせ，個人を超えて知を鍛え上げる．注目すべきは，こうして集まる者の共同体が，自らのみならず，自らの出自たる家庭をも含めた広い共同体をも治めることである．アリストテレスをひくなら，「主人」同士の関係を治

めることは「国民的支配」となるわけだが，この支配は，「主人」による「女性」「子ども」「奴隷」の支配（主人的支配）より「理性的」であり，望ましいとされた点にも留意しておこう．望ましい知を備えた者同士が意見をたたかわせながら政体を支配するというこの考え方は，H. アレント（Hannah Arendt）による「活動的生」や，C. シュミット（Carl Schmitt）の「友敵」関係を再解釈した「闘技民主主義」論の隆盛によって今日も健在である．そしてその支配は望ましい支配であり，政治の理想にすらつながる．

　そのうえで，こうした精神的営為が国際政治とどうつながるかを考えておこう．連結点に選ぶのは M. ワイト（Martin Wight）による「国際政治理論は政治思想だ」という主張である [Wight 1991: 1]．重要だが，ワイトがこのように述べるとき，国際政治理論は直ちにアレントやシュミット，あるいはアリストテレスとつながらない．必ず主権を媒介し，その姿として国家が姿を現す．一見当然と思われるこの点は，しかしながら注意を要する．アレントやシュミット，アリストテレスにおける政治は主権の判断的機能に立脚する．一方ワイトが『国際理論』（International Theory）のなかで「3 つの R（現実主義，合理主義，革命主義）」として体系化した国際政治は，主権の外交的機能に立脚する．双方は主権から派生した機能という点で淵源が同じである．だが，前者が主権の主を所与として不問にできる反面，後者は主権の「主」が誰かを問うことが避けられない．しかもそのまま政治的問いとなる．これが，J. オースティン（Jhon Austin）のきく「国際法は法か」[Austin 1861=1970: 232-35] となり，ワイトの尋ねた「国際理論はあり得るか」[Wight 1966] という問いへ続くわけだが，同時にその主権の主は存在すると仮定されて，外交も存在することになる．つまり外交は，国際関係をめぐる主権の判断的機能をも含みうる．そして国際政治思想は，まず判断をする者自身の思想として，ついで主権の代行者として任を託される外交官の思想として，あらわれることになる．とりわけ，近代政治の成立と展開にともなって，職業外交官が常駐使節として交渉に臨む近代外交の形式が定着して以降，その一線に立つ人間がいかなる判断を下したのか，それはどのような思慮ゆえであるのかという点が，重視されることとなる．国際政治思想として暗黙のうちに理解されていたのは外交思想と呼ぶべきものであり，その中心には判断があった．ワイトの国際政治思想が「合理主義」を軸とするものでありながらも外交思想の線を忘れなかったことは，彼がリアリズムを論じるとき，道徳の中心に「賢慮（prudence）」を置いたことからもわかる．

3　「アポリア」の起源

　以上を踏まえ，いよいよ「アポリア」の起源に遡ることとしたい．出発点は
ふたたび「精神の発見」である．「発見」の結果，「真知」が望ましいとされた
ことはすでに述べた．注意すべきは，「真知」と「アポリア」の関係というこ
とになる．踏み込んでいえば，「真知」と「アポリア」の起こりうる領域，す
なわち「善」との関係である．冒頭で述べたように，「アポリア」は「善」を
目指すなかで起こるからである．

　一般にいわれる「三大価値」でいうなら，「真」と「善」は一応別のもので
ある．実際両者は異なる言葉で呼ばれ（sophia / phronēsis），その獲得について
も「真は発見するもの」「善は実践するもの」という棲み分けが認められる．
ところが，両者は接近を始める．たとえばソクラテスにあっては，対話という
実践を通して真を発見する活動を続けた．そしてこれによって「智見や真理や
また自分の霊魂を出来うるかぎり善くすること」を行わないのは「恥辱」では
ないかと問い，自身を死刑にすることは「正義に反」すると述べた［プラトン
1927=64: 37, 39］．つづくプラトンは『国家』のなかで「善」を「魂の徳」と呼び，
「習慣づけと練習」によって手に入れるものという一方［プラトン 1979: 105
〔518e〕］，これを「イデア」として理解し（しかもそれは太陽として比喩される），こ
れを「学び知るべき最大なるもの」とした［同: 72〔505a-b〕］．さらにアリスト
テレスは，『ニコマコス倫理学』において，「善」を経験と反復から得られる徳
と述べる一方［アリストテレス 2002: 56-60〔1103a10-1103b31〕］，それを観照して一
覧できるリストを書き出す行為（＝善の本質が何かを理性によって明らかにする）に
よって善を規定した（第2〜4巻）．一連のラインから明らかになるのは，当初
は別とされていた「真」と「善」が次第に一致してゆく過程であり，さらに言
えば，「善」が「真」へと吸収されてゆく状況である．経験と反復から得られ
るはずのものが理性によって規定されてゆく点で，合「理」化ともいえる．

　かくして，実践によって獲得できるはずの「善」は，その建前を保持しつつ，
最終的に発見されるものとして理解される．そこで「善」は原則を追究され，
西洋倫理学史の一底流として今日に至る流れを形成することになる．今日，
「規範倫理」と呼ばれる考え方には功利主義から義務論まで幅広いアプローチ
が認められるが，その違いにもかかわらず「規範」は，「真知」を追求する理

性のときに枠内のものとして，ときに延長として，認識されていて，この点では概ね性格を共有している[1]．いわば，「真」の延長としての「善」である．そしてここにおいて，「アポリア」が起こる．この本が「アポリア」として規定する4つの事態（アイロニー，アンチノミー，ディレンマ，パラドックス）のいずれも，古代ギリシアまで遡りうるものであることを確認しておこう[2]．そのうえで「アポリア」を引き起こしうる状況は，大きく2種にわけて理解できる［池田 2012: 113; 115］．第1は「善が力に屈服する」ことであり，第2は「善自身のもつ論理が破綻して内的に自壊する」ことである．双方は，それがいかにしてできあがるかについて大きく違う一方，当初掲げてきた「善」が貫徹できないという点で共通する．それぞれについて，以下述べてゆくことにしよう．

(1) 善の屈服

善と力の関係は，プラトンの著作『国家』における論敵トラシュマコスが述べた2つの発言にて検討されている．「＜正しいこと＞とは強い者の利益にほかならない［プラトン 1979: 49〔338c〕］」ことと，「不正な人間の生活は正しい人間の生活にまさる［同: 77〔347e〕］」ことである．このトラシュマコスの意見に対し，ソクラテスはともに「否」という回答を出す．つまり，「善」は強い者の利益ではなく，一方「善」を正しく行う者は幸せである．だがそう答えた彼は，「若者をたぶらかした」科を着せられ，死刑に処せられる．つまり現実には，「強い者の利益が正義」として機能し，「正しい人は不幸せ」だったわけである．ここにひとつのパラドックスがみられる．

一方，ソクラテスはそのようななかで「国法」が定めたものに沿うことを正義の一部とみなし［プラトン 1927=1964: 78-88］，自らが死ぬこととなっても，正義に沿うことを決める．ソクラテスに特徴的なのは，彼は死をもって「ディレンマ」となりうる事態を斥け，「善」を貫徹したことである[3]．それは，彼が最後に「正しい人は幸せ」だったことを実践したのみならず，善が貫徹可能だという範例となった点でも重要であろう．むろん，それに際して引き受ける代償に耐えられるかどうかは別である．

さて，国際政治において力と善を考えるとき，ソクラテス以上に引き合いに出されるのはおそらくトゥキュディデースである．それも，ペロポネソス戦争の1コマたる「メロス島対話」である．ここで留意したいことは大きく3つある．まず，メロス島対話において「アポリア」に相当する事態は起きていない．

アテナイはアテナイの論理を通し，メロス島はメロス島の論理をもってこれを斥けたわけである．そして，両者が貫徹された代償として，メロス島の青年男性は全員死刑となり，女性と子どもは奴隷とされた［トゥキュディデース 1966: 中巻 364〔第5巻116〕〕．

第二に，メロス島対話が力と善の対立を直接扱っていないことである．厳密に言えばアテナイ側とメロス島側が対決したのは現状対希望であって，アテナイ側は，メロス島側が「現実的解決」［同: 中巻 353〔第5巻87〕〕をはかる限りにおいて島を浮沈から救わんとする一方，メロス側は「勝ち抜く希望」［同: 中巻357〔第5巻102〕〕に託してあくまで降伏をことわる．このメロス島側の「希望」を，アテナイは「死地の慰め」［同: 中巻 357〔第5巻103〕〕と呼んで嘲ったわけだが，いずれの立場においても，「アポリア」に相当する事態が起こらなかった点には注意が必要である．

しかしながら第三に，現状対希望の対立はやがて力と善の対立に転化する．この転化は対話の終盤，メロス島側の発言によって起こる．

> 「だが我らは罪なき者．敵こそ正義に反する者であれば，神明のはからいの欠くところなきを信じ，軍兵の不足はラケダイモーンとの同盟が補いうる．」［同: 中巻 358〔第5巻104〕〕

それまで現実に「ある」ことと将来「ありうる」ことの対決として進んでいたものが，ここにきて「ある」ことと「あるべき」こととの対決へと変わる．ここにおいて「ありうる（変化，期待）」ことは「あるべき（望ましさ）」ことと等置され，一方で両者は「ある（現状）」ことと対置され，さらに「ある」ことは不正義と等置される．もちろん，アテナイ側はこうしたメロス島側の主張を斥け，力をもって制圧する．結末は先に述べた．ところがである．『戦史』にはこの結末に対する一種の「仕掛け」のようなものがある．それは，メロス島制圧後になされたシケリア遠征での大敗北である．シケリアでの戦いがペロポネソス戦争における転換点であったことは史的意味において事実であるが，この敗北をどう考えるかについて，後年ひとつの解釈が提起された．シケリアでの敗北を，メロス島における「不正義」の罰とみる考えである．この見解によれば，メロス島対話とシケリア敗北はつなげて考えられ，あからさまに表れた「権力欲」として批判されることになる．2つの出来事をつないだ解釈は現代においてもみられるが[4]，興味深いのは，この解釈が成立した結果，多くの犠牲

を払ってメロス島側が貫徹したものが，アテナイの敗北によって「善」と認識されるに至ったことである．ふたたび，善は貫徹可能であるという先例がここで示される．むろん，その代償に耐えられるかどうかも，ふたたび別の話である．

さて，以上が示唆するのは，(1) 力において劣位にある者が，力において優位にある者によって挫かれる，(2) その意味において力と善は対置され，かつ善は力に屈服する，しかしながら (3) 屈服したと思われる側が最終的に「善」としていわば勝利する，という 3 点である．しかもソクラテスまで立ち戻るなら，そのような「善」は「真」でもある．「真」の衣をまとった「善」は，最後に勝つ．つまり，「善」と「真」と力は三位一体のものとなるわけである．そしてこの点は，1919 年に産声をあげた国際政治学の基調をも，構成することになる．

この基調を「理想主義」と呼んで批判したのが，E.H. カーであり，H. モーゲンソーであった．だが強調しておきたいのは，両者による批判は理想主義というよりは合理主義批判だということである．たとえばカーは，理想主義の屋台骨として「利益の調和」という思考をもち出してくる [Carr 1945: Ch.4]．その内容はさまざまに表現されるが，淵源は「理性」一点にもとめられる．「〔利益調和説〕は道徳律なるものが正しい理性の働きによって確立されるという命題の当然の帰結なのである [同: 98, 傍点は引用者]」．仮に，その「理性」を人々がそれぞれに備えるなら，人々の考える内容は，当然合理的なものとなろう．そしてそれを国際政治に移植しても，人々の声は「必ず勝利する」．なぜならそれは，「常に正し」い，「理性の声」だからである [同: 76, 81]．カーのいう「ユートピア的統合」において重要なのは，「ユートピア的」という名目でどんな考えがまとめられるのかではない．むしろそれらの考えを「統合」するものがあるという点である．カーもモーゲンソーも，これを「合理主義」と呼んだ．そのうえで彼らは，ユートピア的統合を可能にした「合理主義」そのものの破綻を宣告したわけである．それはもはや，力の前に善が屈服するという形をとらないであろう．だとすれば，何であるか．

(2) 善の自壊

かくして，善の屈服につづき，善の自壊という状況が現れることになる．これは，「自らが掲げる論理を貫徹しようとすると倫理は反倫理的行いを採らざ

るをえなくなる」事態である．善の屈服は，力に挫かれる「弱い善」としてイメージされた．しかしみてきたように，実際のところ「善」は「真」であり，さらに力にさえなる．つまり「善」は強い．しかし「善」が強いとき，「善」はその強さゆえに自らを実現できなくなることがある．「善の自壊」は，このような状況をいう．「アポリア」として本章が最も力点を置きたいのはこの箇所なのだが，いくつか考えるべき点が現れる．第1に，「善が強い」とはどのような事態を指すかであり，第2は「自壊はなぜ起こるのか」である．最後は，自壊の結果アポリアの何に結びつくかである．

　問題を考える上で助けとなるのが，古代ギリシアにおける悲劇である．悲劇がポリスのもつ政治的制度のひとつであり，教育の場でもあった［小野 2015: 32 脚注］点が，この章においては重要である．踏み込んで言えば，「賢慮」を育むためのケーススタディとして機能したと考えられるわけである．勿論，ギリシア悲劇に関する本格的研究はこの稿の射程外であるし，本章での分析はそこにすら届かない．しかし，国際政治学においてギリシア悲劇を土台に賢慮や選択について検討した研究も出ていることから［Lebow 2007］，それを支えに残りの検討を進めよう．

　「善が強い」という事態は，善が力をもつことをいう．そして善が力をもつとは，大きく3つの状況を指している．第1は善が善ゆえにそれを行うものへ善を強要することであり，第2は同じ理由で善を他者に強要することである．その際，善はある価値や行いを優遇し別の価値や行いを排除する作用を伴う．これが第3である．以上によって，価値のハイアラーキーたる善の原則が打ち立てられる．例を挙げよう．「人を目的として扱い，手段として扱わない」原則があったとする．これは原則が成り立つにあたって，人を目的として扱うことを優遇し，手段として扱うことを排除して成立する．成立した善の原則は，原則である以上適用しうる文脈においてはもれなく適用されなければならない．自身を含め，逸脱は許されないわけである．重要なのは，善が原則化される限り，優遇と排除の過程は避けられず，また善を貫徹するためには，自分自身であれ，相手に対してであれ，善を強制しなければならない点である．要約すると，善はその成立と実践において力を伴う．つまり，道徳は道徳的に実践されない．この点が，善をめぐる根本的パラドックスとして「善の自壊」につながるわけである．

　自壊する結果，では何があらわれるか．ここまで述べた内容を踏まえ，実際

の悲劇作品に即してみてみよう．取り上げるのは，ギリシア悲劇のなかでも傑作の声がたかいソフォクレス（ソポクレス）の『オイディプス王』3部作から「オイディプス王」と「アンティゴネー」である．内容については作品ならびにその解説に委ねる．取り上げたいのは，両者にみられる「アポリア」である．

　本章に即してみた場合，このアポリアは，大きく2つの次元で機能する．人間の振るまい一般でみられるものと，（国際的）政治的生活に影響するものとである．第1については「あらゆる人々のあらゆる善意の行為がひとつひとつ積み重ねられて，恐ろしい悲劇へと進行する［高津 1960: 24］」という指摘が正鵠を射ている．強調したいのは，この「善意の行為」が選択によるものだということである．しかもこの選択は，一度他の誰かによって止めるようにいわれることが多い．にもかかわらず貫徹され，それが悲劇につながるわけである．長い引用になるが，先王の殺害者が誰か，告白されるシーンをみよう．

> **オイディプス**　これ，老人，この者〔オイディプス王に付き添う使者〕をとがめてはならぬ．とがめねばならぬのは，この男の言葉よりもお前のほうだ．
>
> **羊飼いの男**　けだかき王よ，わたしがいったい，どんな過ちをおかしましたろう？
>
> **オイディプス**　この男〔使者〕からたずねられた子どもについて，何も答えようとせぬではないか．
>
> **羊飼いの男**　この男，何も知らぬくせに，いらざる口出しをするからでございます．
>
> **オイディプス**　こころよく答えるのが嫌ならば，無理にでも言わせてみせるぞ．
>
> **羊飼いの男**　ああ，どうかこのような年寄りを，いじめてくださいますな．
>
> **オイディプス**　これ，誰ぞすぐにこの者を，縛り上げよ！
>
> 　　　　（従者たち，羊飼いの老人を捕えようとする）
>
> **羊飼いの男**　なさけなや，何の咎あって？このうえ何を，知りたいとのぞまれる？
>
> **オイディプス**　この者がたずねている子どもを，お前はこの者に与えたのか，与えなかったのか．
>
> **羊飼いの男**　与えました．―ああ，いっそこの身は，あの日に滅んでしま

えばよかったのに！

オイディプス　そののぞみなら，いつでもかなえてやろう―正直に申さぬ
　　　　　ときは．

羊飼いの男　いやいや，申さばなおさら，身の破滅．

オイディプス　こやつめ，どうやらことさらに，返答を引きのばすつもり
　　　　　か．

羊飼いの男　めっそうもない，子どもを与えましたと，すでに先ほどお答
　　　　　えしました．

オイディプス　どこからその子を手に入れた？自分の子か，他人の子か．

羊飼いの男　わたしの子ではありません．さるおかたより，渡されました
　　　　　もの．

オイディプス　それはこの町の誰だ？どの家からだ？

羊飼いの男　お願いでございます，王さま，どうかこれ以上は，ごかんべ
　　　　　んを！

オイディプス　もう一度このわしに，同じことをたずねさせてみよ，お前
　　　　　の命はないぞ．

羊飼いの男　仕方がない，申します―あれは，ライオスさまのお家に，生
　　　　　まれた子でありました．

オイディプス　奴隷か，それともライオスの，身内として生まれた子か？

羊飼いの男　ああ，いまやとうとう，口にするのも恐ろしいことを，言わ
　　　　　ねばならぬ羽目に追いつめられたか！

オイディプス　このわしにとっても，聞くもおそろしいこと．それでもわ
　　　　　しは，聞かねばならぬ！［ソポクレス 1967: 88-90］

　ここで表れるのは，真実を話すか否かの判断である．オイディプス王によっ
て，真実を伝えることが善だとされている点にまず注意しよう．しかもこの物
語における真実とはライオス殺害犯が誰かというものであり，国制に大きく関
わるものであって，それを語ることは振る舞い一般のみならず政治的生活にお
いても善とされる．それゆえに王は，答えなければ「身の破滅」をもたらすと
して脅し（つまり，善を強制）し，羊飼いの男はあくまでこれを断る（つまり，自
ら考える善を実践する）．話せば「なおさら，身の破滅［ソポクレス 1967: 89］」だか
らである．ここにジレンマが存在している．形としては2人の善が衝突する格

好になっているが，それは国に混乱をもたらさない為にどうすればよいかをめ
ぐる方途の違い（知るか，知らないでおくか）に過ぎず，国制にとって善なるもの
を貫徹しようとしている点で姿勢は変わらない．なお，真実を知ってしまった
王がその後自ら目をつぶしてしまうことは，知るべきでないものを知ってし
まったことの隠喩と考えてよいだろう．善と連動した真を知ることによって，
自らの破滅を招く（この後オイディプスは乞食となって彷徨い，生涯を終える）という
展開は，文字通りに悲劇的である．

　これと似た構造をもった悲劇として，次に「アンティゴネー」をとりあげた
い．「オイディプス王」において政治的善とされた国制に関する真実（先王を殺
害したのは誰か）は，「アンティゴネー」において別の形をとって私達に迫る．
それは，治めるべきは神か王かという，政治的権威の選択をめぐる問題である．
まず注目したいのが，アンティゴネーに対する妹イスメーネーの諫言である．

> **イスメーネー**　（……）それより，よく考えなければなりませんわ．（……）力
> の強い者の支配を受けているのだ，ってことも．それゆえ，
> 今のことでも，またもっと辛いことでも，服従しなければ
> なりませんわ．ですから，私としては，あの世においての
> 人たちに容赦を願って，権力をもつ者の言うなりになって
> くつもりですの，そうするほかないのですもの．［ソポクレ
> ス 1960: 131］

アンティゴネーに対し彼女が持ち出してくるのは，クレオンによる禁令を支え
る力の存在である．だが同時に，それを諾々と受け入れているわけではないこ
とも伺える．力による善に諦めているわけである．一方，アンティゴネーは妹
の言葉をきかない．

> **アンティゴネー**　（……）お好きなように，神々が尊いものとお定めのこと
> を，蔑ろにしとくがいいわ．［ソポクレス 1960: 131］

ここで国と神との選択が提示される．しかも，アンティゴネーはこの選択につ
いて悩まない．したがってここで「アポリア」は生じない．ちなみにクレオン
はこの後，ポリュネイケースを弔わない理由を演説する．そこでは「正しい
者」たるエテオクレースと「不逞の輩」たるポリュネイケースという善のハイ
アラーキーがあって，これによって国の善が支えられていることがわかる．そ

して彼にもアポリアは生じない．つまり，国か神かという選択をめぐって，この物語の主人公は悩まずに選択している．

　この2人に代わって悩むのが，イスメーネーとアンティゴネーの許婚たるハイモンである．イスメーネーは一旦姉の決断について「おでかけなさい」といって突き放すものの，アンティゴネーが捕らえられた後には嘘をついてまで姉と共に咎を受けようとする．ハイモンは，クレオンの息子として，父の選択に対し，「あなたが正道を踏みはずしておいでなのを，見かね」て諫言する．ふたたび対立軸は国の善と神の善ということになるわけだが，異なる善のハイアラーキーがあって，それぞれを貫徹する者同士の対立という図式があることも確認しておきたい．結局，アンティゴネーは国の善の前に破れる形で幽閉を言い渡されるわけだが，ここにおいて彼女は，自身がアポリアと考えるものを述べて嘆く．

> アンティゴネー　でも，どんな神々の掟を犯したというのでしょう．どの神さま方に，この不運な私が，まだおすがりできましょう．どの方のお救けを呼び求めたらいいのです．だって，まったく，道を守る心ばかりに，道にはずれたと言われるのだから．［ソポクレス 1960: 157］

問題はここからである．目の見えない老人テイレシアース（ちなみに彼は「オイディプス王」にも登場する）はクレオンに家族の破滅を預言する．実際，アンティゴネーに続いて，息子ハイモン，さらにはクレオンの妻までが命を絶つ．実はこの悲劇の前，クレオンはテイレシアースの予言に戦いて，自らの善を撤回する．その後で悲劇が起こるのである．一般に「アンティゴネー」は，王の善よりも神の善が尊いことを示唆しているとされる．だが，それと同じくらい注目すべきは，善の貫徹よりも重要なものの存在である．クレオンは結末までついにこれに気づかない．彼に代わってそれを口にするのは，テイレシアース（目が見えないという点が隠喩的である）であり，合唱隊（コロス）である．

> クレオン　何事をだな，いったいどんな真理をこれから言われるつもりだ．
> テイレシアース　どれほどに，よい分別が，あらゆる宝にもこえて，大切なものか．
>
> ［ソポクレス 1960: 161］

コロス 慮りをもつというのは，仕合せの何よりも大切な基(もとい)，また神々に対する務めは，けしておざなりにしてはならない．傲りたかぶる人々の大言壮語は，やがてはひどい打撃を身に受け，その罪を償いおえて，年老いてから慮りを学ぶが習いと．［ソポクレス 1960: 170］

「オイディプス王」と「アンティゴネー」に共通するものは何か．本章の文脈で言うなら，それは「善」を「真」とし，価値のハイアラーキーを設けて貫徹することの逆説だと要約できよう．結末の内容から考えるなら，「アポリア」は，単に善の貫徹に失敗したというよりは，それを貫徹しようとして真逆の結果がもたらされた状況をいうわけである．それがジレンマなのかアイロニーなのか，あるいは他のものかというのは，どちらかといえば二次的な問題なのかもしれない．

┃ おわりに

以上，本章が試みたのは，精神史的視点を導入して，「アポリア」の起源を明らかにすることであった．善の貫徹によって起こり，当の善が貫徹されずにおわることを「アポリア」の中核とみた上で，それが「善」に関する価値のハイアラーキーと，その原則化から生じうると，本章では考えた．

この「アポリアの起源」は，古代ギリシアの哲学や悲劇に範がもとめられる．アルカイック期における「精神の発見」を契機に，「真」を追求する学問が尊ばれ，「善」が「真」と重なっていったこと，一方で「善」が「真」であるがゆえに力を得ることになった点について，本章は触れてきた．「アポリア」は，このような背景のなか，「真」となり力となった善が貫徹されるなかで起きた，善を覆しうる事態である．それは真面目に善を追求するなかで起きるがゆえに，悲劇的である．この悲劇的なるものがどうあらわれたのか，本章ではわずかながらに作品を参照しながら検討を進めた．単に本章で述べてきた「善の屈服」や「善の自壊」が浮き彫りになったのみならず，この本の他章を参照するにあたって重要な示唆を与えるものもあるだろう．というのも，国際政治におけるアポリアもまた，「善」を追求し，また貫徹しようとするなかで起こりうるからである．だからこそ，伝統的な現実主義者は「賢慮」の重要性を繰り返し説いてきた．

さて，そのうえで本考察は序説に過ぎない．精神史的視点をとる以上，異なる時代において「アポリア」がどう理解されていたのか，史的分析を集めなければならないからである．それは，F. マイネッケが国家理性について行った壮大な著作［1924］や，小野が政治について概観した著作［2015］に匹敵する紙幅を必要とするだろう．だが精神史的視点の重要性は，政治思想同様，国際政治においても同様にあてはまる．ワイトのLSE講義がもっていた知的価値は，単に伝統的意味での政治思想を集積・分類して国際的営みを補足しようとしたからだけではない．むしろその最奥にある，政治思想を政治思想たらしめた精神的営為の分析ゆえであろう（この点はたとえば，勢力均衡について，「均衡」という考え方を軸に展開した彼の議論をみるとよい）．こうした方向での研究は内外においていずれ蓄積されることになろう．ただ問題は，その精神的営為を国内・国際という文脈で分けて把握するか，あるいは「国内類推」として把握するかである．国際的政治的空間を国内の延長で捉えた場合，人間の精神的営為もまた，国内のそれを延長すればよい．だが，国内と国際で別々に扱う場合，国際的な精神的営為の有無とその内容を明らかにしなければならないからである．こうした問題に加え，当の精神的営為を（本章が行ったように）ある地域や時間に閉じ込めて行うべきか，価値や文化を跨いだ比較思想的文脈から展開するべきかという問いもついてくる．こうした課題はいまだ巨大である．だが，一度「精神史としての国際政治思想史」という立場ができあがれば，「国際政治におけるアポリア」について，より深い理解を得ることもできるだろう．結局のところ，国際政治もまた，人間の営みだからである．

注

1）その揺り戻しとして，近年注目されている「徳倫理学」が位置づけられる．徳倫理は魂が身につけるべき特性としてアリストテレスによって本格的に論じられ，西洋における規範倫理の一角を構成してきた．近年の徳倫理学については，さしあたり Hurst-house［1999］を参照．

2）アイロニーは「装われた無知（εἰρωνεία）」，アンチノミーは「法（νομος）」に「反する（αντι）」という意味である．ディレンマは「律」を意味する「レンマ（λῆμμα）」に「2」を意味する「ディ（δi）」がついたもので「ロゴス」に対置される．パラドックスは「通念（真知との対照では臆見とされることが多いが，一般の人々が陥りがちな知というニュアンスがあるようだ）」を意味する「ドクサ（δόξα）」に「反すること」を意味する「パラ（παρὰ）」がついたものである．

3）この点について，ソクラテスはクリトンとの対話で，「善く生きること」と「正しく
　生きること」は同じであることを確認している［プラトン 1927=1964: 74］.

4）ちなみに，『戦史』として日本語訳した久保正彰は，メロス島対話について他と比較
　して格段に長い訳注を設けている．そしてその最後に同じくシケリア遠征の敗北につ
　いて触れ「読者は卒然として再びメーロス島の対話を想起する」という．「史家がこの作
　意に充ちた一篇の対話によって，読者の心情に伝えようとした，恐れと不安にみちたあ
　る予感が，7 巻における歴史的現実となって現われるからである．［トゥキュディデー
　ス 1966: 中巻 494］ただし，この「恐れ」と「不安」が何であり，読者を「卒然」と
　させるものが何であるかは書かれていない.

◆参考文献◆
＜邦文献＞
アリストテレス［2002］『ニコマコス倫理学』（朴一功訳），京都大学学術出版会.
池田丈佑［2012］「グローバル倫理の不可能性について」『社会と倫理』27.
小野紀明［2000］『精神史としての政治思想史——近代的政治思想成立の認識論的基礎
　　——』行人社.
―――――［2005］『政治思想の現在——思想史と理論のあいだ——』世界思想社.
―――――［2015］『西洋政治思想史講義——精神史的考察——』岩波書店.
久保正彰［1990］『西洋古典学——叙事詩から演劇詩へ——』放送大学教育振興会.
坂口ふみ［1996］『個の誕生——キリスト教教理をつくった人びと——』岩波書店.
ソクラテス［1927=1964］『ソクラテスの弁明／クリトン』（久保勉訳），岩波書店.
ソポクレス［1960］「アンティゴネー」（呉茂一訳），呉茂一・高津春繁・田中美知太郎・
　　松平千秋編『ギリシア悲劇全集（I）』人文書院.
―――――［1967］『オイディプス王』（藤沢令夫訳），岩波書店.
高津春繁［1960］「ソポクレスについて」呉茂一・高津春繁・田中美知太郎・松平千秋編
　　『ギリシア悲劇全集（I）』人文書院.
トゥキュディデース［1966］『戦史（全 3 巻）』（久保正彰訳），岩波書店.
野村良雄［1956］『精神史としての音楽史——ヨーロッパ文化における音楽——』音楽之
　　友社.
プラトン［1927=1964］『ソクラテスの弁明・クリトン』（久保勉訳），岩波書店.
―――――［1979］『国家（全 2 巻）』（藤沢令夫訳）岩波書店.
＜欧文献＞
Austin, J. [1861-1970] *The Province of Jurisprudence Determined* (2nd ed.), New York:
　　Burt Franklin.
Brown, C. [1992] *International Relations Theory: New Normative Approaches*, New York:
　　Columbia University Press.
Carr, E. H. [1945] *The Twenty Years' Crisis 1919-1939 : An Introduction to The Study of
　　International Relations*, 2nd ed., London: Macmillan（原彬久訳『危機の二十年』岩波
　　書店，2011 年）.

Dvořák, M. [1928] *Kunstgeschichte als Geistesgeschichte : Studien zur abendländischen Kunstentwicklung*, München : Piper（中村茂夫訳『精神史としての美術史――ヨーロッパ芸術精神の発展に関する研究――』岩崎美術出版社，1966 年）.

Hursthouse, R. [1999] *On Virtue Ethics*, Oxford ; New York : Oxford University Press（土橋茂樹訳『徳倫理学について』知泉書館，2014 年）.

Ikeda, J. [2013] *When Global Ethics Fails: A Meta-Ethical Inquiry into Distant Rescue*, Afrasian Research Centre, Ryukoku University.

Lebow, R. N. [2007] *The Tragic Vision of Politics: Ethics, Interests and Orders*, Cambridge: Cambridge University Press.

Meinecke, F. [1924] *Die Idee der Staatsräson : in der Neueren Geschichte*, München : R. Oldenbourg（菊盛英夫・生松敬三訳『近代史における国家理性の理念』みすず書房，1976 年）.

Snell, B. [1955] *Die Entdeckung des Geistes : Studien zur Entstehung des Europäischen Denkens bei den Griechen*, Hamburg : Claassen Verlag（新井靖一訳『精神の発見』創文社，1974 年）.

Wight, M. [1966] "Why Is There No International Theory?" in H. Butterfield and M. Wight (eds.) *Diplomatic Investigations: Essays in the Theory of International Politics*, London: Allen and Unwin.

――― [1991] *International Theory: the Three Traditions*, London: Leicester University Press.

第3章

京都学派哲学者の第二世代の言説における 多元主義的アポリア
──関係性論・時間論から見る非西洋主義──

清水耕介

はじめに

　実存主義の仏教哲学を発展させたのが西田幾多郎だったとすれば，西谷啓治，高坂正顕，高山岩男，鈴木成高（京都学派四天王とも呼ばれる）からなる京都学派第二世代は，京都学派の政治哲学を発展させた哲学者といえる．西田はその哲学の中で，主体は構築されるという関係性論である縁起の仏教思想を採用した．彼は，この関係性は偶発的であり，社会構造に埋め込まれることは決してないと考えていた．これに対し，第二世代は，現代の国際関係における儒教的言説でよく見られるような宇宙論や天下理論に近い，世界の超越的一者を前提とし，独特の「世界史の哲学」を発展させた．彼らは，関係性の前に超越的な一者を想定し，主体性の相対性理論を拒絶することになった．京都学派第二世代の言説においては，さまざまな関係性が超越的一者の「自己限定」とみなされ，超越的な全体は本質化され，実在化された．超越的な一者が実在するとされる時，関係性は偶発的なものではなく必然的なものとして位置づけられ，その議論は運命論へと変質する．同時に，既存の世界秩序に組み込まれている関係性が実在すると仮定することは，彼らの措定する時間概念が線形であったことを意味する．すなわち関係性は既存のものであり，従うべき規範となるため，直線的な時間軸上に持ち込まれた関係性の存在そのものが世界を「すでに啓蒙された」国家と「まだ目覚めていない」国家に分断するのである．

　本章では，京都学派の第二世代の悪名高い戦争協力は，この特定の時間性の結果であると主張する．第二世代の「世界史の哲学」を理解する上で重要な用

語のひとつは，この全体的一者の実在性を前提とした「道徳的エネルギー」であったが，彼らはこの道徳論を繰り広げる中で，結果的に西田哲学にはなかった近代主義的な時間概念を強調することになった．

　京都学派の政治理論における関係性と時間の問題を理解するために，この章ではまず儒教と仏教を対比させることによって埋め込み型の関係性と非埋め込み型の関係の違いを明らかにする．第二に，この違いを明確にできなかった京都学派第二世代と，西田哲学との違いについて説明する．第三に，第二世代の哲学的議論，その政治的な適用について詳しく説明する．第四に，京都学派第二世代の物語とそこにあるアポリアを指摘することによって現代の「非西洋的な」国際関係（IR）理論のアポリアを明らかにする．

1　現代国際関係理論における儒教と仏教に内在する関係性

(1)　現代における儒教的関係性論の進展

　近年，東アジアの国際関係の中で，関係性に関する議論が活発化している．チン・ヤチン（Qin Yaqing）の関係性理論に代表されるこの傾向は，一般的に合理主義的個人主義を前提としてきた国際関係の主流派理論に代わるものとして，世界中で大きな注目を集めている［Qin 2018］．主流の IR 理論が想定しているアイデンティティの固定されたアクター像とは異なり，関係性理論はアクター間の関係性を強調し，アクターのアイデンティティは関係性に応じて変化すると主張する．この理論は，西洋的主体を前提とした理論に慣れてきた人々からは，「台頭する中国」から登場したオルタナティブな国際関係理論として理解されている［Qin 2018］．

　この章で紹介するように，一般的にカント的な自律的個人によって例示される「西洋的主観主義」を批判する時，関係性に焦点を当てるという手法は非西洋の主体性を確立するためにしばしば展開されてきた典型的な方法である．その意味で，今日見られる関係性に注目した国際関係理論の登場が意味するのは，初めて「関係性」という言葉が明示的に使用されたという点と分析対象がアクターからアクター間の関係へと移ることが明確化されたという，比較的シンプルな点にある．しかし，この関係性理論の発展が国際関係学にもたらした影響は大きく，今後国際関係の理論の大きな変化につながる可能性がある．

　ここで注意しなければならないのは，このような現代の関係性理論は，関係性の重要性が強調されているのは当然であるが，関係性論の概念自体は十分には説明されていないというところにある．その代わりに実際に強調されているのは，アクター自身ではなく，その関係性にもっと注意を払うべきだという点のみである [Qin 2016; 2018]．この中で，関係性が実際に何を意味するのか，どのようなタイプがあるのかといった問題に対する適切な回答は用意されていない．

　現時点の国際関係には 2 つの異なる関係性理論がある．ジャクソンとネクソンのプロセス的関係性理論と上述の儒教に触発された中国学派の役割理論である [Jackson and Nexon 1999; Qin 2018]．ジャクソンとネクソン [1999] は，関係はアクター，すなわち国民国家によって作られているのではなく，逆にアクターのアイデンティティを作るのが関係であるという．したがって，この理論の提唱者達は，アクターの前にその関係を分析することを提唱する [Jackson and Nexon 1999]．他方，Qin に代表される儒教に触発された言説は，アクターが割り当てられた役割を果たすことによって，与えられたヒエラルキーに埋め込まれた良好な関係を維持するために努力するという仮定によって構成されている．儒教に見られる関係性とは，このように所与のヒエラルキーが現存し，その中に埋め込まれた役割間の関係性として定義することができるのである．注意が必要なのは，ここでの時間は円環的なものとして措定されていることである．発展や進化よりも安定した秩序の下での関係性の維持が優先されるからである．Qin もまた，国家の前に関係を措定し，すべての国家が積極的にお互いの関係を維持すると主張する．そこでは急激な発展や進化よりも秩序の安定が優先される．そのため，各アクターは，長期的な関係を維持するために短期的な利益を犠牲にする場合があるという議論が展開される [Qin 2018]．

(2)　仏教的関係性論

　同じ東洋思想でも，仏教，特に大乗仏教の関係性は，より自発的・偶発的な形で定義されている．ここでの関係性は，社会構造に埋め込まれていない関係性であり，必然的にさまざまな形をとることとなる．これは，大乗仏教がすべては一時的であり何も固定されていないという前提（空）を持っているためである．したがって，この文脈においては関係性や社会構造さえも固定されていない．換言すれば，この前提では関係自体には目的がないのである．儒教の関

係性は社会秩序を維持することを目的としているが，大乗仏教の関係性は偶然の結果にすぎない［Izutsu 2008; 南 2018］.

　大乗仏教では，人々を苦しみから解放することが主な目的である．焦点は，既存の秩序の維持ではなく，人々の痛みの緩和にある．死の恐れ，富と権力の喪失，愛する人の喪失，老い，病気など，世界は苦しみに満ちている．大乗仏教は，世界が決して固定されず，常に変化するという事実を受け入れる必要があると述べる．私達は物事を固定し，永遠にそれを保持しようとする欲求を持っているが，これこそが苦しみを生み出す元凶である．すべてが変化するという事実を受け入れ，苦しみから解放されるためには，私達は持っているすべての欲求を取り除く必要がある.

　大乗仏教の教えは，私達のアイデンティティさえも固定されていないと言う．私達がアイデンティティを持っていると信じているのは，結局のところ幻想以外の何ものでもない．一時的であるはずのすべてのものと同様に，私達のアイデンティティも一時的である．むしろ，それらはすべての瞬間に構築されては消えていくものなのである．したがって，予見可能な未来や記憶する過去は存在せず，あるのは現在のみである.

　大乗仏教は，私達に流転する現実を受け入れ，それに伴って生きることを教えてくれる．私達が存在していると思う理由は，関係がすべての瞬間に起こっているという仏教独特の関係性論（縁起）にある．一瞬一瞬に関係が生起し，自己が生まれては死滅し，あたかも自己が継続的に存在しているように見えるのである．この事実を受け入れるには，人間としての本質があるという考えをあきらめなければならない．むしろ，私達は空っぽであり，無である．この空虚性を理解し，それを受け入れることは，苦しみを回避する唯一の方法である．ここで重要なことは，この空虚さや縁起の関係性が本質性を持たないことを認識することだ．しかし，この考え方が西洋的な本質化されたアイデンティティに対する反アイデンティティの政治に使用されると，逆に本質的なものになる．のちに述べるように，これが非西洋主義のアポリアといえる．実際，一部の仏教学者は，無そのものを言語化することは，無が現実に存在しないだけに却って危険であると主張している［南 2018］.

　東アジアで受け継がれた儒教・仏教の二つの関係性理論は，京都学派の哲学者によって戦間期に採用され，政治思想へと変わった．そこでは第一世代は仏教的な，すなわち利那的な関係性に焦点を当てる一方，第二世代は儒教的な，

すなわちヒエラルキーに埋め込まれた関係性を前提とする．ここでは，主に京都学派第二世代に焦点を当てて，これら二つの関係性理論の政治的意味を明らかにしていこう．

 ## 2 京都学派第二世代政治哲学の積極的な戦争関与

(1) 政治的背景

政治との関わりで生み出された京都学派第二世代の世界史の哲学を詳しく分析する前に，当時の政治的背景を紹介する必要がある．知的言説は常にその状況や背景によって大きく影響を受けるからである．京都学派の哲学者が日本の帝国主義と関わったのは，主に 1940 年代であった．1941 年の夏，海軍の将校が若い哲学者達と話をするために京都を訪れる．彼らの訪問の目的は，戦争を終わらせるために海軍への協力を求めることであった．将校達は日本が戦争に勝つことはないとの感覚を持っていた．そのため，京都学派の哲学者を説得して海軍への協力をとりつけようとしたのである［下平 2010］．

こうした中，海軍将校が考えていたのは，日本の政体に大きな影響を与えない方法で戦争に負けることであった．そして最後まで守ろうとしたのは「国体」であった．彼らにとっての問題は，日本が勝てるか負けるかではなく，どのような形で負けるのかと言う点であった．この目標を達成するために，海軍は戦争を中止するように陸軍を説得する必要があった［下平 2010］．海軍将校にとっての戦いは，アメリカに対してではなく，陸軍に対してであったともいえるであろう．

予想に反して戦争が長期化する中，士気の高揚を保ちながら戦争を終結に向かわせるというのは，ある意味アクロバティックな考えであった．そうした難題を解決できるのは，東洋随一の哲学集団であった京都学派をおいて他にいないと海軍が考えたとしても驚きにはあたらない．海軍将校の京都訪問は，そのような状況下であった．京都学派の側では，高山岩男が海軍との交渉を担当することとなる．初回会合は 1942 年 2 月に開かれ，西田・田辺のもとで学んだ第二世代のメンバー全員，高坂，西谷，高山，鈴木が出席する［大橋 2001］．

(2) 京都学派第二世代の政治哲学

では，共に仏教を援用しながら，世界政治に応用する際に現れた第一世代と

第二世代の違いは，政治との関わりにおいてどのように異なるのだろうか？しばしば西田幾多郎の哲学は，無を強調する禅宗と浄土真宗の組み合わせに基づいていると言われる．そこでは，時間は直線的でもなく円環的でもなく，ただ「今」にのみ凝縮されて考えられている．換言すれば，西田においては世界は一定の方向に向かって走っているのではなく，「今」とその瞬間に現れる関係性（すなわち縁起）によって構成されるものとして理解されている．これに対して，第二世代は全体的一者を強調する．ここでは，全体的一者が歴史という形で表現され，個人は全体的一者の自己限定（自己表現）であると考えられていた．つまり，第一世代は偶然性を前提にするのに対し，第二世代は決定論的な世界観を持っていたのである．このタイプの議論は，時間論的には儒教的な円環的時間に近づくこととなる．この文脈での「今」は実在化された全体的一者の自己限定となってしまうことから，それは既存の秩序を再生産する場となってしまうのである．

　この違いによって，彼らの哲学がもたらした政治的結果は非常に異なるものとなった．仏教についての理解の違い，すなわちどの程度全体的一者の実在性を措定するのか，「今」をどのように解釈するのか，という問題の答えにおける相違は想像以上に大きかった．西田は第二次世界大戦中に日本帝国政府への協力に消極的であったが，第二世代は帝国海軍と積極的に組み，結果的に日本帝国政府の政策に積極的に関与することとなったのである．

　西田哲学の戦争との関連についてはすでにいたるところで議論されてきた［Goto-Jones 2005; Shimizu 2011; 2015］ので，ここでは簡単な説明のみにとどめよう．西田は，主体と客体が同時に発生すると仮定し，仏教の教えのように縁起的な自発的・偶発的関係性がそれらの発生を引き起こすとした．西田の疑問は，なぜそのような関係性によって生み出される一時的な主体が自己の感覚を持つことができるのかというところにあった．西田の答えは，無の場所，行為的直観，永遠の今，絶対矛盾的自己同一など[1]，いずれも無という概念に関連して提示された．つまり，西田のこれら一連の概念の展開は，すべてが流動的であると仮定した中での人間存在の絶対的な真理，すなわち実存に触れることであった．しかし，このような概念の展開にもかかわらず，西田は実存の問題について私達にわかるような言葉で答えを提示することはなかった．

　京都学派第二世代は，第一世代，すなわち西田とその同僚であった田辺元の強い影響を受けて京都帝国大学で学び，世界史の哲学を発展させた．第一世代

からの影響という意味でよく比較される，京都学派左派の三木清より少し若く，戸坂潤とほぼ同じ年齢であった．第二世代の間で共通しているのは，第一世代にほぼ同じ時期に指導されたという経験である．しかし，第二世代の最大の特徴は，西田や田辺よりも積極的に社会的・政治的関与を行ったという点であった．西田の哲学との関わりは，より個人的なものであった．それは一連の悲しい出来事という彼自身の経験から生じた．実際，西田の哲学的な関わりの目的は，ある程度，彼自身の苦しみを克服することであったともいえるであろう．一方，第二世代の哲学は，明確な社会・政治志向を持っていた．そこでは，さまざまな西洋の考え方，すなわち自由主義，資本主義，民主主義などが広範囲に分析され，最終的には西洋近代の行き詰まりを見事に指摘した．

　第二世代が，第二次世界大戦でアメリカや中国との戦争だけでなく，アジアの他の地域に対する日本の領土拡大を正当化することによって，帝国主義政権を支持したのは動かし難い事実である．実際彼らは，帝国海軍と協力関係にあったことから，戦後は戦争犯罪者として非難された．政府との協力についての彼らの意図に関する激しい議論はまだ続いているが，彼らが第二次大戦を献身的に称賛したことは間違いない．

3　第二世代の政治哲学

(1)　近代の行き詰まり

　では，第二世代の政治哲学とは具体的にどのようなものであったのであろうか．第二世代によると，失速した西洋文明の最大の問題は，そのモラルの衰退であった．この道徳的衰退は，第一次世界大戦や大恐慌のような世界的な危機を引き起こした．その結果，危機を乗り越えるためには，道徳的優位性，すなわち日本が具現化する世界の新しい指導者が必要であり，日本はまずアジアのリーダーとなり，西洋の支配に立ち向かい，西洋を超越する必要があると主張した．

　第二世代の著作は，ほとんどすべてが日本語で出版され，その主要な作品は哲学に関するものであったが，国際政治，教育，歴史，その他の学問分野を扱った著作も少なくない．第二世代が戦争の関与に関連して分析されるとき，通常二つの特定の討論会が主な関心事となる．すなわち，「近代の超克」と「世界史的立場と日本」である．前者は1942年7月に2回連続のセッションの

形で文学雑誌文学会によって開催され，多くの小説家，芸術家，音楽家が招待されている．これには京都学派の第二世代のうち，西谷と鈴木が参加している．後者は中央公論が開催し，1941 年 11 月から 1942 年 11 月まで，3 回のセッションが行われた．

　「世界史的立場」討論会は，1942 年 1 月に中央公論誌上で出版された．この文脈で，特に面白いのは第二世代と三木清との関係といえるであろう．その時期，三木はすでに確立したジャーナリストであり，その時代の最も人気のある批評家であった．しかし，哲学的な議論の面で西田の最も正当な後継者と見なされていたにもかかわらず，三木は京都帝国大学にポジションを得ることはなかった．一方，第二世代はまさに京都帝国大学に職を得，哲学者としての地位を確立していた［竹田 2012］．

　三木と第二世代とのコントラストは，職位だけではなかった．彼らの哲学的議論はまた，鋭いコントラストを形作った．帝国主義政権の厳しい検閲の下で，戦争に賛同しない知識人が持っていた選択肢は，① 警察に介入されないために沈黙を守るか，または②「八紘一宇」や「国体」のようなプロパガンダ的概念の意味を乗っ取ることによってオルタナティブな世界観を提供することであった．第二の選択肢を選ぶということは，ある意味彼らの妥協を意味することにもなった．田辺は前者の道を選び，西田は後者を選んだ．西田哲学を受け継いだ三木のケースも後者であった．しかし，第二世代の議論はどちらの場合でもなかった．彼らの政治的言説のトーンは，むしろ非常に積極的で意欲的であった．消極的な傾向や兆候はほとんどみられなかった．子安は，彼らの政治的関与の態度の違いを，三木の「抑うつ的なトーン」と第二世代の「躁状態」と表現している［子安 2008: 69］．

(2)　第二世代の躁的議論

　彼らの議論を詳細に読むと，第二世代の議論は確かに躁状態にあるように見える．彼らは，その瞬間を待っていたと歓喜するとともに米国との戦争を熱心に支持し，日本は最終的に「不可能と見なされていたものを実現した」とまで述べている［高坂ほか 1943: 139］．彼らにとって，戦争の勃発は憂慮することではなく，祝福すべきものであった．これは，彼らが「新しい東洋の倫理」を提供することによって世界を変えるという日本の「歴史的使命」を信じていたからであろう［高坂ほか 1943: 138］．では，日本が責任を負うのは本当に「歴史的

使命」だったのだろうか.

　「世界史」や「歴史的使命」などの言葉が彼らの言説に頻繁に登場したことは間違いない. ここでの前提は, 二つの認識に基づいている. 第一に, ヨーロッパの近代化は前例のない危機にあり, 第二に, 日本は世界で大国としての存在感を徐々に高めている, という二点である. ここでのヨーロッパの危機は, ヨーロッパが普遍的な価値の提供者という意味では唯一の地域であり, この事実が世界中で広く認識されていたということを意味している. 同時に, ヨーロッパの価値を内在化させたと思われる非ヨーロッパ諸国は, ヨーロッパ性から脱却しようとしなければならなかったことも意味している [高山 2001]. いいかえれば, 第二世代は, ヨーロッパを中心として統一された世界が, 二十世紀初頭に, より多元的な世界に向かっていることを認識していたのである.

　この議論はある意味, 現代のチャクラバルティによる西洋の地域化やアチャリアの Global IR を六十年前に先取りしていたことを意味する. 西洋の崩壊, すなわち大英帝国の衰退, とその価値の相対化に伴い, 西洋は普遍性の表現者ではなく, 単なる一地域として我々の前に現れつつあるのである [Acharya 2014; Chakrabarty 2000].

　当時, 日露戦争, 第一次世界大戦, 満州事変, 日中戦争, 第二次世界大戦を通して, 多くの日本人知識人の間では, 西洋を中心とする近代性はもはや維持不可能であるという共通した感覚があった. そして, そこで最初に答えるべき質問は, 近代性とは何かである. 鈴木は簡潔に要約する.

> ヨーロッパ的近代といふものは間違つて居るといふことを, この頃頻りに考へるやうになつて来て居ますが, さういふ間違つて居る近代といふものの出発点が何処にあるかといふことを考へれば, やはり大体誰でも考へることは, フランス革命が出発点なんです. 仮にさういふものから考へて, さういふ所から系譜を引いて居る「近代」, それは政治上ではデモクラシーとなりますし, 思想上ではリベラリズム, 経済上では資本主義, さういふものが十九世紀であると言つてよいわけだらうと思ひます [河上ほか 1979: 176].

第二世代の議論で目を引くもうひとつの点は, 日本だけが西洋の地位を取って代わる権利を持っているという彼らの主張である. 覇権の衰退に続くのは, 多元主義の到来ではなく覇権の移行が当然であると看做されていたのである. 彼

らの議論において，多元主義の登場と西洋の地域化は日本の新しい覇権的地位を予言し，日本を中心とした新たなヒエラルキーを予感させるものであった．高坂は中央公論のラウンドテーブルで次のように主張している．

> この動乱の世界に於いて，どこが世界史の中心となるか．無論経済力や武力も重要だが，それが新しい世界観なり新しいモラリッシュ・エネルギーによって原理づけられなければならない．新しい世界観なりも，モラルなりができるかできないかといふことによつて世界史の方向が決定されるのだ．それを創造し得たものが世界史を導いてゆくことになりはしないか．日本は今言つた風な意味でもって，かかる原理を見出すことを世界史によって要求されている，後ろからおされてゐる，世界史的必然性を背負つているといふ気もするんだ ［高坂ほか 1943: 125-126］．

　このような世界史を描く上で重要だったのは，当時日本が近代化を成し遂げた唯一の非白人国家として理解されていたことである．第二世代は，世界史の使命を知ることを意味するはずの道徳的エネルギーなるものが，日本にしか存在しないと考えていた ［高坂ほか 1943: 157-158］．彼らは，日本が普遍的価値の提供者としての地位を得るだけでなく，日本の価値が西洋のそれよりも高い秩序に貢献することを証明する必要があった．この文脈で，京都学派第二世代は西田の哲学を利用することによって，日本にあるとされる価値を証明した．彼らは西田の存在論に大きく依存して，仏教の空の世界とその主体性を「無」と仮定した日本を中心とする新しい世界秩序の設立を主張した．この議論は，西洋文明の最も顕著な特徴のひとつである科学的世界観とは対照的であり，真に東洋的な外観を持っている．そして，これらの神話的な言説は道徳的なエネルギーの源となっており，西洋を上回る価値を提供するものとされたのである．

4　京都学派第二世代のアポリア

(1)　地域的価値観にもとづく普遍性というアポリア

　しかし，そこには大きなアポリアがあった．一方で，普遍的価値の提供者の地位を保持ながら，その価値の源泉は日本の特異性によって確保されているとされる点である．日本が主張する普遍性は，日本の特異性に基づいていたのである．西洋的価値と異なる日本の特異性を措定することは，当然その段階では

普遍性を持たないことを意味する．特殊性が担保されるには，外在的な普遍性が必要とされるのである．つまり，主張された日本独特の価値なるものは，スタートの段階で何らかのそれとは異なる普遍性の外在性を前提としなければ存在不可能となる．それは，普遍性へと繋がっていくはずの日本独特の価値は，外在的な別の普遍性の措定なしにはその独自性を維持することはできない，というパラドックスであった．

太平洋戦争が勃発したとき，このアポリアは背景に追いやられた．新しい戦争の始まりは，多くの知識人の熱狂によって迎えられた．では，なぜ知識人は戦争のニュースに興奮したのか？ 西側の暴力的な支配体制に異議を唱えていた日本が同時に朝鮮半島および台湾を植民地化したのは事実である．日本がヨーロッパ帝国主義の悪行に従いながら西洋に対抗しようとしたという矛盾は，多くの日本の知識人の間で大きな罪悪感を生み出した．「世界史と日本」の円卓会議で西谷啓治は，日本の知識人としての罪悪感を率直に告白した．「これまでの日本の対中行動は帝国主義と見なされていたことを認めなければならない」[高坂ほか 1943: 170].

しかし，前述のように 1941 年 12 月 8 日は，日本の知識人の罪悪感が消えた日として歴史に残ることとなった．アメリカに対する戦争の勃発は，日本の「世界史的使命」を明らかにした事件という定義を与えられ，それは「大東亜の建設」という形でヨーロッパ帝国主義の克服へと結びついた [高坂ほか 1943: 171]. 他のアジア諸国に対する日本の侵略に沈黙していた日本の知識人にとって，西側との直接の戦いは，長引く罪悪感を忘れる契機となった．その結果，彼らの口調は非常に雄弁で，強力で，ナショナリズム的であった．特に大学生が徴兵され始めた後，京都学派第二世代の哲学の重要性はさらに高まった．実際，数多くの兵士が第二世代の戦争についての歴史哲学を読んで戦場に行ったと言う．日本の道徳的覇権についての彼らの哲学的宣言，すなわち道徳的エネルギーは日本にのみ存在すると言う宣言は，戦争の目的そのものに疑問を持つ大学生に，モラルを基盤とした新しい世界秩序を再構築するという戦争の新しい目的を提供したのである．

(2) 全体・特殊という二項対立

京都学派第二世代が展開した世界史的哲学に内在する普遍性と特殊性のアポリアは，その関係性と時間性の前提と密接に関連している．西田を含む京都学

派の哲学は，「今」の概念に基づいて，この空の世界における主体の連続性を見つけようとするプロジェクトであった．他方，第二世代は世界史を「全体」として措定することによって主体の連続性を説明し，すべてが「全体」の自己限定の結果であると仮定した．ここでの「全体」という言葉は普遍性に置き換えることができる．戸坂潤が述べているように，西田の哲学では，この全体という存在はあくまでもフィクションであった．「無」とは，存在自身ではなく，存在という概念がいかに成り立つのか，という文脈でのみ意味を持った［戸坂1965: 344］．少なくとも哲学者としての西田は，この「全体」の架空性を認識していたと思われる．しかし，第二世代は現実的な政治と関わることを選び，世界史の名の下にこの「全体」とその自己限定としての「無」として日本の帝国主義，すなわち普遍的価値の供給者を見た．そこでは無としての主体の連続性の問題は顧みられることはなかった．ここに「世界史的使命」としての日本の役割，すなわち普遍的価値の供給者となるという定義が確立される．

　第二世代の「世界史的使命」の背後には，西田と共に第一世代として活躍した田辺元の「種」の論理があった．田辺は，西田の哲学は全体と個人のみで構成されている，と主張した．彼は，全体と個人のこの二分化された構造があまりにも抽象的過ぎると批判したのである．この構造に具体性を与えるために，田辺は，全体（類）と個人（個）の間に何らかの媒介的存在が必要だと考えた．それがすなわち種であった．戦後，田辺はナショナリズムに近づいていたとこの論理を自省する．戦前からよりナショナリズム的となる戦時中にかけての文脈では，「種の論理」は合理的論理を通じて不合理な国家の歴史を支える結果となったと［田辺 2010］．

　京都学派第二世代の歴史哲学は，田辺の「種」の論理に大きな影響を受けた．そこでは，日本という国家は普遍性と個人の媒介者であると考えられていた．彼らは，日本だけが世界の歴史的使命を認識している国家であり，それがアジアのリーダーにならなければならない理由であると主張した．「使命」を持った第二世代の意識は，日本の帝国主義と西洋の帝国主義を区別した．彼らは，日本の中国に対する態度が帝国主義ではないことを示そうと躍起になっていた．そこで援用されたのは，経済的または政治的な理由ではなく，道徳的理由であった．彼らによれば，中国の人々は日本文化に連綿と続く道徳の重要性を知らない．だからこそ，中国の人々は日本の振る舞いを帝国主義だと誤解し，非難したのだ．この「誤解」を解消するためには，日本が「使命」を認識する国

家であり，日本の中国への侵略は西洋帝国主義とは異なることを中国の人々に理解させる必要がある，と彼らは主張した［高坂ほか 1943: 170-171］．こうして，西洋近代が前提とし，帝国主義者達が頻繁に援用した文明／野蛮の直線的時間が第二世代の議論に持ち込まれることになる．ここに時間性についてのアポリアが生み出されるのである．つまり，自己と他者とがただひとつの基準［ここでは道徳についての理解の程度］によって位置付けられる時，そしてそれが予め措定されたユートピアに向かっている時，両者の関係は直線的な時間上で表されることとなる．多元性を標榜して西洋の覇権を批判していたはずの京都学派第二世代は，同時に自ら多元性を否定する考え方を肯定してしまっていたのである．

　田辺の議論に登場する種―個のスキームでは，さまざまな国々が国民国家としてこの構造に包含され，同時にウエストファリア体制と結びつくことによって平準化されることとなった．ここで特に重要なのは，国家が普遍性，つまり「全体」の自己限定として位置づけられていたため，それぞれの国家は基本的に同じ質を持つと措定されていたことである．いいかえれば，国民国家は，その中の普遍的価値を内部化しながら，個人と普遍の仲介者であると考えられており，第二世代はこの点を逆に利用し，その中に普遍性を内在化していない国家は劣った国家であると主張した．彼らの議論に頻繁に現れた中国は典型的な例であった．この文脈では，中国と日本が異なることは，それぞれの特殊性の表象であるよりも，世界の歴史的使命，すなわち彼らが主張する普遍的価値にもとづく使命についての理解の有無として定義された．第二世代の哲学者は，歴史に埋め込まれた「全体」の「自己限定」の論理の普遍的な適用性を当然のことと考え，最終的には彼らが批判したはずの西洋帝国主義に典型的に見られる世界の決定論的理解を伴う文明論に基づいて直線的な時間性に飛び込んだのである．

　最後に，京都学派の第二世代は，彼ら自身が実際には近代の具現化であり，彼らの思考様式は彼らの批判の対象であった近代化のプロジェクトであることを十分には認識できていなかったように見える．もちろん，京都学派の哲学者達が「近代の超克」ラウンドテーブルで，西洋の近代性は私達にとって彼岸の話ではないことを理解すべきだと主張したことは注意する必要がある．しかし，京都学派の哲学者達は西洋の近代性を統一的で一枚岩として理解し，「克服」できると考えていた．そのため彼ら自身の自己認識も同様の視点からなされて

いたことに気づいていなかった．私達が何かを克服するならば，その克服する対象は統合されていなければならない．西洋の近代性が多様な形を持っていれば，その「克服」は不可能であった．同様に西洋を「超克」する主体は統一されていなければならない．もし主体がバラバラであったら「超克」するはずの「我々」が定まらないからである．これは，近代性が「超克」されるべきであると考えられるときに必然的に起こる問題であり，そうした試みはすべて，超克のプロセスの「先」がまだ実現されていないという意味でユートピア的な性格を持つ．このユートピアは普遍的であり，この普遍性は他者に対する暴力の源となる．これらが，京都学派哲学が持った超克する者とされる者との関係性に埋め込まれたアポリアであった．

　時間性のアポリアと関係性のアポリアはより大きなアポリアの，まさに自己限定として登場するものである．すなわち多元主義のアポリア，すなわち多元主義世界というユートピアを措定し，それに向かうべきであるという規範的な言説に埋め込まれたアポリアである．いかなる多元主義的ユートピアであっても，それを一元的に達成しようとすれば，必ず多元性を否定することとなる．もし多元性をユートピアと措定するのであれば，それは一元的には，すなわち特定のアクターのみによって達成されるものではないはずである．しかし，京都学派第二世代がこの多元主義的ユートピアのアポリアに直面した時，結局は戦略的にであったにせよ日本を本質化してしまった．そしてこれこそが第二世代の戦争関与を可能にしたといえるであろう．

　では，世界の現状が正義から程遠い時に私達に残された手法とはどのようなものなのだろうか．ここには，ユートピアを措定するという選択肢は残されていない．そうであるとするならば，私達はまずそれぞれが抱く多元主義のユートピアを捨てなければならない．そのうえで，世界全体の多元主義化ではなく，今，ここで起きているミクロな不正義，それは往々にして普遍性の名の下に正当化される，に異議申し立てをし続けること，そしてそれが積み重なることによって生み出される世界的な状況を受け入れながらも批判的に検証していくことであろう．

おわりに

　それでは，これらの第二世代の試みは，帝国主義の単なる支援者として歴史

の暗黒面に埋葬されるべきものなのだろうか? 廣松渉は，第二世代の帝国主義の正当化を批判する一方で，彼らが取り組もうとした問題，すなわち西洋の覇権に埋め込まれた暴力性を批判的に捉え，多元主義的社会を実現することの重要性は現代世界にも残っていると主張する［廣松 1989］．確かに，廣松が言うように，第二世代が提示した問題群は非常に重要である．しかし，京都学派第二世代が残した多元主義のアポリアは，十分には受け止められているようには見えない．すなわち，近代性を前提とした言説の普遍化の問題である．廣松にとって重要だったのは，西洋と東洋の二項対立をどう克服するかというもので，この視点は現代の国際関係思想にも共通している．そこでの重要な点は，西洋と東洋をいかにして乗り越えるのかという問題ではなく，いかにして「我々が世界を変える」というユートピア的誘惑を拒否できるのか，というところにあるように思える．そしてこれこそが，ミクロの不正義に対する異議申し立てへと向かう道筋でもある．

　前述のように，我々は世界秩序における西洋支配に直面したときに，西洋と東洋の分裂を「克服」する運命にあるように見える．しかしより重要なのは，果たして「我々」とは誰なのか，西洋と東洋は本当に分裂しているのか，更に言えば，「西洋」と「東洋」は本当に存在するのか，というところにあるのでは無いだろうか．

注

1）これらの西田の編み出した概念群は，初期の著作に見られた「純粋経験」から展開したものとして理解できる．詳しくは永井［2018］を参照．

◆参考文献◆
<邦文献>
河上徹太郎ほか［1978］『近代の超克』冨山房．
高坂正顕・西谷啓治・高山岩男・鈴木成高［1943］『世界史的立場と日本』中央公論社．
子安宣邦［2008］『「近代の彫刻」とは何か』青土社．
下平拓哉［2010］「高木惣吉と京都学派」『危機管理研究』18，1-9.
竹田篤司［2012］『物語「京都学派」──知識人たちの友情と葛藤──』中央公論社．
田辺元［2010］『懺悔道としての哲学：田辺元哲学選 I I』岩波書店．
戸坂潤［1965］「日本イデオロギー論──現代日本に於ける日本主義・ファシズム・自由主義・思想の批判──」『戸坂潤全集 II』勁草書房．
永井均［2018］『西田幾多郎──言語，貨幣，時計の成立の謎へ──』角川書店．

南直哉［2018］「超越と実存──無常をめぐる仏教史──」新潮社.

＜欧文献＞

Acharya, A. ［2014］ "Global International Relations ［IR］ and Regional Worlds A New Agenda for International Studies." *International Studies Quarterly*, 58(4), 647-659.

Chakrabarty, D. ［2000］ *Provincializing Europe: Postcolonial Thought and Historical Difference.* Princeton: Princeton University Press.

Izutsu, T. ［2008］ *The Structure of Oriental Philosophy: Collected Papers of the Eranos Conference vol.II.*, Tokyo: Keio University Press.

Jackson, P. T., and Nexon, D. H. ［1999］ "Relations before States: Substance, Process and the Study of World Politics," *European Journal of International Relations*, 5 (3), 291-332(doi: 10.1177/1354066199005003002).

Qin, Y. ［2016］ "A Relational Theory of World Politics," *International Studies Review*, 18 (1).

────── ［2018］ *A Relational Theory of World Politics*, Cambridge: Cambridge University Press.

Shimizu, K. ［2011］ "Nishida Kitaro and Japan's Interwar Foreign Policy: War Involvement and Culturalist Political Discourse," *International Relations of the Asia-Pacific*, 11(1).

────── ［2015］ "Materializing the 'non-Western': Two Stories of Japanese Philosophers on Culture and Politics in the Inter-war Period," *Cambridge Review of International Affairs*, 28(1).

第 **4** 章

新自由主義的経済学における市場万能論のアポリア
——ソクラテス的対話の必要性——

松 田　哲

はじめに

　新自由主義的経済学が経済政策の基礎をなす政策思想となってから，すでに半世紀が経とうとしている．新自由主義的な経済政策は，石油ショック後の不況を克服することができなかったケインズ主義的な経済政策に取って代わるものとして，まずアメリカとイギリスで採用され，その後に世界中に伝播していったものである．その特徴は，公的経済主体たる政府による市場への介入や規制を否定し，私的経済主体である個人や私企業による，自由な市場における経済活動を重視することにあった［Saad-Filho and Johnston 2005:20］[1]．その典型は，ケインズ主義的経済学の代名詞ともいえる福祉政策——すなわち政府介入にもとづく公助——の否定，および，それと対になる個人による自助の尊重であった．また，もうひとつの特徴には，個人による自助が最大限に活かされるのは市場メカニズムが自由に機能するときであり，そのような自由な市場における経済活動を活性化することによって初めて，失業や貧困の解消，ひいては不況の克服が実現されると考えられていたことであった．つまり，市場メカニズムの自由な働きこそが，経済的な問題を解決する万能薬とみなされていたわけである．

　しかしながら，市場によって解決されると考えられていた失業や貧困といった問題は，依然として解決されていない．それどころか，新自由主義が世界に広まって以降には，世界規模での貧困の悪化や格差の拡大が顕著となり，市場の万能性を信奉する新自由主義的な経済政策こそが，そのような問題の原因で

あるとみなされるようになっている．私達は，市場をどのように理解すればよいのであろうか．本章では，この疑問を，アポリアという概念を援用しながら考えてみることにしたい．

　以下，第1節では，新自由主義思想の概要，および，その波及の歴史を概観したうえで，新自由主義的経済学にみられる市場重視の姿勢を，市場の優秀性を世界に広めることに大きな役割を果たした経済学者フリードマン（Milton Friedman）の主張を例にみていくこととする．そこで明らかにされるのは市場の万能性（完全性）に対する揺るぎない信頼である．

　続く第2節では，そのような市場の万能性に対する肯定的評価と否定評価について検討を加える．新自由主義的経済学による肯定的評価については，きわめて含蓄のある主張を繰り広げた新自由主義の哲学者であるハイエク（Friedrich Hayek）の思想，特に「社会主義経済計算論争」の議論をもとに検討する．肯定的評価を批判する側の議論については，その根拠となる外部性（社会的費用）という概念を世に広める重要な著作を著した環境経済学者であるカップ（K. William Kapp）の主張を検討する．なお本章では，「市場万能論にもとづく経済政策の実施によって逆に貧困や格差が拡大してしまう」というパラドックスを，「市場万能論のアポリア」として扱う．第2節では，そのようなアポリアが生じる理由と，それを解消するために必要とされるソクラテス的な対話，すなわち「誰かと何かを徹底的に語り尽くすこと」［Arendt 2005: 邦訳 65］の必要性についても，あわせて論じておく．

　第3節では，新自由主義的経済学にみられる市場万能論によって生じてしまう，現実政治の「脱政治化（depoliticization）」という現象について考える．これは，市場を重視し，経済に対する政治的な介入を否定するという新自由主義的な思考方法によって生じる現象である．ここでは，脱政治化という現象の問題点を指摘し，この現象を反転させて政治を復活させるためには何が必要なのかを考えることとしたい．そして最後に，本章の議論をまとめ直して考察を終えることとする．

1　新自由主義思想の概要

　本節では，まず，モンペルラン協会（Mont Pelerin Society）の設立目的をもとに，新自由主義思想の概要を確認する．続いて，新自由主義思想が世界に波及

していく過程を概観したうえで，新自由主義的経済学にみられる市場万能論の特徴を，フリードマンの主張を例にとって検討する.

(1)　新自由主義思想の概要――モンペルラン協会の設立目的――

　新自由主義思想が世に広められるきっかけとなったのは，1947年にモンペルラン協会が設立されたことであった. 協会の中心人物は初代会長（1947-61）を務めた哲学者のハイエクであったが，哲学者のポパー（Karl Popper），経済学者のミーゼス（Ludwig von Mises）やフリードマンなど，新自由主義思想に賛同する著名な学者も名を連ねていた.

　モンペルラン協会の設立目的（Statement of Aims）は，同協会のホームページに公表されているものよりも[2)]，その草稿（Draft Statement of Aims）として作成されたバージョンをみた方が分かりやすい[3)]. この草稿は全10項目からなっているが，その第1項では，「個人の自由は，経済活動を方向付けるための主要な手段が効率的な競争的市場であるような社会においてのみ，守ることができる. 生産手段における私有財産制にもとづく管理の脱集権化のみが，個人の自由を脅かすような権力の集中を防ぐことができる」[Mirowski and Plehwe 2009: 23-24]とされており，新自由主義的経済学の骨格ともいうべき考えが明確な形で示されていることが分かる. それ以外の項目をみると，第4項では「競争的市場の衰退，および，社会に対する全体主義的な統制へと向かう動きは，避けることができること[4)]」，第5項では「効果的な競争的秩序を維持できるかどうかは，適切な法律的・制度的な枠組みがあるかどうかで決まること」，さらに第6項では，「政府の活動は，可能な限り法律によって制限されるべきであること」が述べられている.

　これらの項目で言及されている法律や制度は，政治によって定められるものであるから，新自由主義が，その目的の実現に当たって「政府による介入」を必要としていることは明らかである. その意味においては，新自由主義の特徴を「政府による介入をゼロにすること」と描写するのは正確ではない. しかしながら，新自由主義によって許容される政治的な介入が，あくまでも「競争的秩序を維持するためのもの」だけであることには注意をしておく必要がある. 新自由主義においては，「市場競争を維持するための介入」以外のものは，「不当」な介入として否定されてしまうからである. ただし，この点については，「新自由主義のための政治」として第3節で議論することとし，ここでは新自

由主義の経済的側面の議論に戻ることにしよう.

(2)　新自由主義思想の波及とその受容

　モンペルラン協会の設立目的の草稿第1項で表明されていた，個人の自由，私有財産制，競争的市場といった要素を重んじる新自由主義的な思想の影響のもとで，新自由主義的な経済政策が実際に実施されるようになるのは，ケインズ主義的な経済政策が機能不全をきたし始める1970年代のことであった. そして，そのような動きをさらに後押しする役割を担ったのは，ハイエクとフリードマンが，相次いでノーベル経済学賞を受賞したことであった（ハイエクは1974年，フリードマンは1976年[5]）.

　フリードマンの受賞は，アメリカ経済学界における新自由主義的パラダイムの確立を促すきっかけとなり，アメリカにおける実際の経済政策を，ケインズ主義的な経済政策から新自由主義的なそれへと転換させることになった[6]. レーガン（Ronald Reagan）政権のレーガノミックス（Reaganomics）である. そして，そのような動きはアメリカ国内だけに留まることがなく，サッチャー（Margaret Thatcher）首相が率いるイギリスに，さらには他の先進国にも波及していくことになった.

　新自由主義的な経済政策は，1980年代に入ると，いわゆる構造調整政策（Structural Adjustment Policy）の実施を通じて，途上国へと伝播した[7]. さらに1990年代に入ると，計画経済体制から資本主義への転換を遂げようとする旧社会主義諸国にも広まっていった.

　そして現在では，以上のようなプロセスを経て進展した「新自由主義的な経済政策のグローバル化」（＝新自由主義的グローバリズム）によって，世界のほぼ全域が市場メカニズムを重視する新自由主義的な経済政策で覆い尽くされる状況になっている[8].

　では続いて，市場の優秀性を世界に広めるキーパーソンとしての役割を果たしたフリードマンの主張をみておくことにしよう.

(3)　「市場万能論」の概要——フリードマンの主張を参考に——

　経済政策に関するフリードマンの基本的な主張は，「経済に対する政府介入をなくすべきだ」というものである. そのように主張する理由は，彼が「政府の介入は，個人の自由の範囲を直接制限すると同時に……間接的に自由の維持

を脅かす」［Friedman 2002: 邦訳 80-81］と考えているからである.

　フリードマンは，その主著『資本主義と自由（*Capitalism and Freedom*）』（1964年）において，介入主義的な経済政策の具体例を多数提示して，政府による経済への介入を徹底的に批判した．批判の対象にあげられた経済政策は，農産物の買取保証価格制度，輸入関税・輸出制限，家賃統制および全面的な物価・賃金統制，最低賃金制度，銀行等への産業統制，社会保障制度，公営住宅制度，住宅建設を奨励するための補助金制度，郵便事業，公営の有料道路などであった［Friedman 2002: 85-87］．そして，これらの経済政策を批判する際にフリードマンが強く主張したのが，自由な市場の機能を妨げるような政府による規制を緩和・撤廃することであった．そのような主張の根拠としてあげられたのは，「政府の失敗」の方が「市場の失敗」を上回る損失を与える可能性があるので，市場メカニズムを活用する方が効果的である，というものであった［Friedman 2002: 邦訳 80］．新自由主義的経済政策のもとで，市場メカニズムを機能させるための規制緩和や民営化という政策が世界中に広まっていった背景には，このようなフリードマンの主張の影響がある．

　フリードマンが提唱した最低賃金制度，社会保障制度，補助金制度といった福祉政策の否定は，ケインズ主義的な経済政策が有する市場介入主義的な性格を批判するものであった．では，なぜフリードマンは，ケインズ主義的な経済政策を否定するのであろうか．その理由は，ケインズ主義的な経済政策にみられる市場介入主義的な性格こそが所得分配の不平等をもたらしている，とフリードマンが考えるからであった．

　たとえば所得分配の不平等についてフリードマンは，「現在見られる不平等の大半は市場の不完全性に起因するが，その不完全性の大半は，政府の手で生み出されている（傍点筆者）」［Friedman 2002: 邦訳 317］と主張する．それゆえに，「政府の手」（＝介入主義的な諸政策）を規制緩和によって取り除き，「見えざる手」に委ねるべきだというわけである．また，フリードマンは，貧困救済策を実施する場合であっても「市場を歪めたり市場機能を妨げたりしてはならない」［Friedman 2002: 邦訳 347］と主張する．つまりフリードマンにとっては，市場メカニズムが十全に機能することこそが，貧困や失業に対する特効薬なのである．フリードマンは，市場が機能するようになれば市場競争が活発になり，その結果として活性化する経済活動によって貧困や失業が解消されると考えている．むろん，この考えの背後にあるのは，「経済成長が進むにつれて，富裕

層から低所得層へと自動的に富が移転するようになり，あらゆる人々の所得が上昇する」ということ，すなわちトリクル・ダウン効果（trickle down effect）が働くという確信である．だからこそ，規制緩和を実施して市場における競争メカニズムを活性化させることが，福祉政策の否定と両立しうるとされるのである．

　しかしながら，新自由主義的な経済政策が実施され続けてきたこの世界において，貧困や所得格差の問題が激化しているのを目の当たりにしている私達からすれば，そのようなフリードマンの主張は説得的なものには思えない．しかるに新自由主義的な経済学者達は，問題激化の原因を規制緩和の不足にあるとし，さらなる規制緩和を求め続けている．新自由主義者が抱いている「市場メカニズムに対する信頼」は，決して揺らぐことがないのである．

　では，なぜ，それほどまでに強い信頼を市場におくことができるのであろうか．次節では，市場万能論を肯定する側の主張と否定する側の主張をみていくこととしたい．

2　市場万能論をめぐる肯定論と否定論
——市場万能論のアポリア——

　本節では，新自由主義的経済学の特徴である「市場万能論」について考える．新自由主義側が提起する肯定論については，いわゆる「社会主義経済計算論争」に関するハイエクの議論をもとに考える．否定論については，否定の根拠となる「外部性（社会的費用）」という概念にもとづいて考えることとし，外部性論の代表者であるカップの議論を参照する．そして，さらに，市場万能論に対する肯定論と否定論が並存しているにもかかわらず，市場万能論が優勢となって「市場万能論のアポリア」が生じてしまう原因と，それを解決する方法について考察する．

(1)　市場万能論を肯定する議論——ハイエクの「社会主義経済計算論争」を参考に——
　ここでは，市場の万能性に関する説得的な論証のひとつとして，社会主義経済計算論争に関連して提起されたハイエクによる市場の評価論をみていきたい．社会主義経済計算論争は，市場価格の存在しない社会主義経済に，合理的な資源配分の基礎となる経済計算が可能かどうかをめぐって交わされた［間宮 1999:

145], 1920 年代から 30 年代にかけての論争である[9]. この論争においてハイエ
クは，市場経済と計画経済を，経済学とは異なる情報（知識）という視点に
立って対比させ，市場経済の優位性を明らかにしたのであった[10].

　ハイエクが着目したのは，市場経済に備わっている「情報（知識）伝達の機
能」であった．ハイエクは，市場を「社会の隅々に分散している，特殊な状況
のもとでしか得られないような知識を発見し，普及し，淘汰する場」[間宮
1999: 151] として理解していた．そして，そのような情報伝達が，価格シグナ
ルという単一の情報が媒介項となって自動的かつ効率的に行われるという点を
高く評価していた．さらにハイエクは，自由競争こそが，市場に参加する者に
対して，刻一刻と移り変わる情報を新たに把握し直したり伝達し直したりする
こと（情報伝達の連続性）を可能にするのだと考えていた．つまり，ハイエクに
とって市場とは，単なる効率的な資源配分を実現するためだけの制度ではな
かったのである．また，ハイエクは，「価格機構の実際の機能を理解しようと
望むのならば……価格機構を……情報伝達のための機構とみなさなければなら
ない．……価格機構についての最も重要な事実は，この機構が機能するのに要
する知識が節約されていること，すなわち個々の市場の参加者達が正しい行為
をすることができるために知っている必要のあることがいかに少なくてすむか
ということである（傍点筆者）」[Hayek 2012: 邦訳 119] と述べ，少ない情報にもと
づいて正しい行為が導かれるという点を強調している．むろん，情報が少ない
がゆえに生じる外部性（社会的費用）という問題が存在するので，この評価は両
刃の剣でもある．

　社会主義経済計算論争の文脈に戻って考えると，そのような情報伝達機能を
有する市場が存在していない社会主義経済は機能しない，という結論になる.
仮に人々が自ら膨大な計算をこなして市場経済の欠落を補おうとしても，刻一
刻変化する膨大な情報を入手し直し続けたり，計算し直し続けたりすることは
不可能であるから，結局は市場には敵わないというわけである．それゆえハイ
エクは，そのような超人的な機能を有する市場経済を基礎においた社会の方が
望ましいとし，「多くの人の行為の所産ではあるが人間的設計の結果ではない
秩序だった構造」[Hayek 1978: 邦訳 51] としての市場を高く評価したのであった.
いわゆる「自生的秩序（spontaneous order）」としての市場論である[11].

　このようなハイエクの市場擁護論には，経済学的な説明であるというよりは，
社会哲学的な説明であるといった方がよい側面がある．ハイエクは，自由の状

態を「各人が自分の知識を自己の目的のために利用することができる状態」[Hayek 1978: 邦訳 74] と定義しているが，そのような知識の活用を可能にする市場こそが，自由主義を支える最重要な制度であると考えていた．ハイエクが自生的秩序の代表例として市場に言及するときには，自由で安定した社会が市場メカニズムを通じて必ずもたらされる，という確信がある．ハイエクの市場擁護論が，ある意味フリードマンのそれよりも遥かに含蓄のある説得的なものになっているのは，このような「思想的な深さ」があるからだといってよい[12]．

とはいえ，以上のようなハイエクの議論は，フリードマンの市場観にも大きな影響を及ぼしている．フリードマンは，大勢の人々が関与する経済活動をうまく調整する方法には，「強権を発動して上から命令する全体主義国家のやり方」と「個人が自発的に交換し助け合う市場のやり方」の2つがあるとしたうえで，市場の方を評価する．その際にフリードマンは，経済活動が市場によってうまく調整されるのは，「十分な情報」を得て協力していれば皆が利益を得られるという合意が参加者の間に存在するからだ，としている [Friedman 2002: 邦訳 45-46]．つまり，フリードマンの市場擁護論においても，市場における情報伝達機能の有効性が前提とされているわけである．やはり，ハイエクの市場擁護論には，強い説得力が備わっているといえそうである．

しかし，市場万能論を批判する側からは，市場メカニズムを通じて伝達される情報には欠落するものがあるのではないか，という批判がなされることになる．次にみる「外部性」の問題である．

(2)　**市場万能論を否定する議論**──カップの「社会的費用」の議論を参考に──

「外部性 (externality)」とは，経済主体に対して，市場の外側でプラスの影響を与えたりマイナスの影響を与えたりするもののことであり，特にマイナスの影響を与える場合については，外部不経済 (external diseconomy) と呼ばれる [都留編 2002: 34]．外部不経済は，市場メカニズムがうまく機能しないことによって生じる「市場の失敗」の一例とされるが，その具体例としてよくあげられるのは，環境破壊（公害）である．

外部不経済によってもたらされる損失のことを，「社会的費用 (social costs)」という．社会的費用という概念を重視し，それまでの経済学では無視されていた環境破壊のような現象に注目すべきであることを訴えたのは，カップである．カップは，社会的費用を「第3者や社会が負担しなければならなくなるような，

私的生産活動の結果として生じる有害な影響や損害（傍点筆者）」［カップ 1975:
89］と定義しているが，先に論じた社会主義経済計算論争に関連付けて説明す
れば，「市場における経済計算」に含まれることがない費用，ということにな
るだろう。[13)]

　社会的費用という概念が示唆しているのは，ハイエクが市場の利点として高
い評価を与えていた情報のなかには，市場によってしては供給されないものが
あるということである。ハイエクは，価格シグナルにもとづいて自動的に情報
を拡散させる制度としての市場を高く評価したわけであるが，カップによれば，
実は市場は，それほど完成された制度ではなかったというわけである。[14)] しかも，
不十分な情報しか市場に存在していないということであれば，価格シグナル自
体が適正なものではないということになり，市場経済システムそのものに大き
な欠陥があるということになる。その意味において，以上のような批判は，ハ
イエクによる市場擁護論に対する深刻な批判なのである。

　カップの主張について，さらに続けよう。カップは，社会的費用を論じる際
に，「価格機構によって与えられる指標やシグナルに照らして多様な微視的経
済主体やサブ・システムの決定を導いたり相互調整したりする機構（傍点筆
者）」［カップ 1975: 14］である市場そのものに問題がある，と主張した。しかも
カップは，社会的費用の問題を，例外的な事象ではなく「正常かつ典型的な現
象」［カップ 1975: 135］であるとみなしていた。つまり，市場によって社会的費
用が発生するのは当然であり，市場は常に不完全なものであるというわけであ
る。

　そしてカップは，不完全でしかない市場を擁護してきた経済学者に対し，市
場に依拠する経済学を守ろうとする経済学者は「情報が不足しているとか，引
き起こされ，引き続いている損害を判定する体制が不十分だとかいう理由をあ
げて，社会的費用を無視しようとする（傍点筆者）」［カップ 1975: 134］との批判
を行っていた。もしも，何らかの情報が市場において欠落せざるをえないので
あったとしたら，そのことが意味するのは，もはや「市場の失敗」ではなく
「市場の限界」であろう。

　また，カップは，社会的費用の概念を拡張することが必要だと考え，社会的
費用のなかに「個人の肉体的および精神的な健康に与える破壊的な影響や人間
的犠牲」を含めるべきだと主張した［カップ 1975: 158］。具体的な事例としてあ
げられていたのは，貨幣的に評価することが難しい「失業，所得格差，経済的

不安定」[カップ 1975: 142] である．仮に，貧困や格差といった社会的費用が，市場における経済計算からそれらの費用が抜け落ちていることによって放置されていたり，あるいは，そのような市場の不完全性ゆえに市場を通じて「生産・分配」されていたりするのだとしたら，それらを市場に内在する問題としてとらえる観点に立った解決策が必要になるはずである．むろん，市場万能論的な新自由主義的経済学の欠陥として議論することも要請されるだろう．

　社会的費用の問題を解消する方法としてあげられるのは，それらを何らかの工夫を施すことによって経済計算のなかに取り込み，市場に「内部化」することである．その際によく用いられる政策は，「政府による市場介入」によって実施されるような，新たな補助金や税の創設である（たとえば地球温暖化防止を目的とする「炭素税」）．

　これらの方法で重視される政府の役割は，「市場の限界」に内在する情報に関する制約を取り払うことにある．しかし，このような市場補完的な政府介入であったとしても，フリードマンは，「政府の失敗」の方が「市場の失敗」を上回る可能性があるとして否定し，あくまでも市場メカニズムの活用に活路を見出そうとする [Friedman 2002: 邦訳 80]．他方で，ハイエクの市場擁護論の影響下にある「自由市場環境主義（Free Market Environmentalism）」に属する経済学者も，政府による市場介入にもとづく補助金や課税の創設といった手法を社会主義に通じる「官僚的統制」として否定し，市場メカニズムをより積極的に活かすことを重視すべきだと主張する [桑田 2008: 76]．

　これらの新自由主義的な経済政策の信奉者達に共通しているのは，市場メカニズムを強化しさえすれば社会的費用の問題を解決できるという，市場に対する絶対的な信頼である．そして，そのような信頼が存在し続ける限り，市場万能論に対する肯定論と否定論は，すれ違いの状況にあり続けることになる．それが次にみる，本章で問題とするアポリアとなる．

(3)　市場万能論をめぐる「アポリア的な状況」──克服のための指針──

　上述のような市場の失敗をめぐる議論が盛んになったのは，経済活動による環境破壊（公害）が激化した 1960 年代のことであった．それ以降，社会的費用や外部不経済といった概念は，市場の善し悪しを評価する際に，ほぼ必ず言及されるものとなっている．たとえばカップが専門とする環境経済学分野では，市場の不完全性こそが常識になっているといってもよい．

しかしながら，現代の主流を占めるのは新自由主義的経済学であり，市場万能論が依然として受容され続けている．新自由主義的経済学は，「市場の失敗・限界」が明らかに存在しているにもかかわらず，それによって生じる社会的費用を解消するために必要とされる「政府による介入」を頑なに拒否し続けている．

　市場に対する肯定論と否定論には，一方の議論が他方の議論に重要な貢献をなしうる論点が含まれていた．先に事例としてあげた炭素税は，社会的費用を市場における経済計算に取り込むために，市場メカニズムを活用するものであった[15]．そして，このような解決法は，肯定論と否定論の間の「対話」を通じて導き出されるはずのものである．しかるに新自由主義の時代には，肯定論ばかりが優勢になっていく傾向があり，市場万能論が「知のパラダイム」を形成し，「知のヘゲモニー」とでもいいうるものを確立してしまったように思える．そしてその結果として生じるのは，「対話」の欠如である．

　知のヘゲモニーについて，たとえばハーヴェイは，新自由主義は「言説様式として支配的なもの」となってしまっており，私達の「常識に一体化してしまうほど，思考様式に深く浸透して（傍点筆者）」[Harvey 2005: 邦訳 11][16] しまっていると述べているが，市場万能論もそれに近い状況にあるといえるだろう．そしてそのような知のヘゲモニーのもとで，市場万能論のような誤った主張が「常識化」してしまっているのである．そしてその結果，市場万能論の誤った主張にもとづいて実施される経済政策，すなわち，市場が貧困や格差を解消してくれるという主張にもとづいて実施される経済政策が貧困や格差をむしろ激化させてしまうという，パラドックスとしてのアポリアが生じるのである．「市場万能論のアポリア」とは，以上のような状況のもとで成立するアポリアなのではないだろうか．

　また，市場万能論のアポリアが，常識化してしまった誤った主張によって引き起こされるものであるのなら，その誤りを正せばアポリアを解消できるはずである．その意味において，このアポリアは，解消することが可能な「偽アポリア」に過ぎないということになる．では，どうすれば，誤った主張を修正することができるのであろうか．そこで重要になるのが，「対話」である．

　対話とは，一方の議論の正当性だけに飛びついて解決を急ぐようなことをせず，「相容れないかに思える推論の妥当性に関する対話を繰り返しながら考える」という，ソクラテス的な対話（問答）のことである．新自由主義的経済学

にみられる市場万能論は，学派間の対話を積極的に行うことによって，少なくとも理論構築のレベルにおいては乗り越えることができるはずである．そのような対話を通じて，自説にこだわる頑なな教条主義と異説に対する感受性の鈍さとを排し[17)]，市場がどのようなときに適切に機能し，どのようなときに適切に機能しないかを探ることができるようにならねばならないのである［Wolff 2011: 邦訳 230-231］．しかし，さらに進んで，次のような問題に取り組む必要があるようにも思える．

　仮にソクラテス的な対話によって，よりバランスの取れた市場理論が形成されるにいたったとしても，現実の経済政策が変わらない可能性がある．現実の政策を変えるのは政治であるが，新自由主義的経済学によって，市場万能論は政治にも植え付けられてきた．新自由主義的なグローバリズムの流れのなかでグローバル市場における経済競争に打ち勝つために，新自由主義的な経済政策を採用することがなかば強制されてきたからである．そしてそのことが，市場経済によって人々の暮らしが破壊されることを黙認してしまうような政治を生み出してしまっている．むろん，そのような政治を変革しなければ，現実の状況を変えることはできない．では，どのように対処すればよいのであろうか．

　第3節では，現実政治に関わるこの問題について考えてみることとしたい．

▌3　市場万能論を転換させる政治

　本節では，新自由主義的経済学のもとで進められる市場万能論にもとづく経済政策を現実の政策実施レベルにおいて転換させる方法について，考えることとする．新自由主義によって「脱政治化」されてしまった政治の特徴について論じた後，そのような政治を転換させることが可能なのかどうかを考えることとする．

⑴　政治の「脱政治化」──「新自由主義のための政治」の特徴──

　第1節で述べたように，新自由主義思想のもとで政治に求められていることは，市場メカニズムが機能するための環境を整えることであった．表現を変えれば，市場メカニズムを通じて実現できるとされることには介入しないこと，であった．このような政治のあり方は，「脱政治化（depoliticization）」した政治，とでも呼びうるものである．

脱政治化とは,「社会的領域や政治的領域の問題を経済的領域の問題へと置き換えていく動き」のことであり,新自由主義のもとであれば,「あらゆる社会的問題や政治的問題を,経済的人間（ホモ・エコノミクス［homo economicus］）に対する経済的インセンティブの強化を通じて,経済的問題として解決しようとする」[Madra and Adaman 2018: 113] ものとなる.ブラウン（Wendy Brown）は,これを,「新自由主義的合理性が市場モデルをすべての領域と活動へ……散種し,人類を市場の行為者であり,つねにどこでもホモ・エコノミクスでしかありえないものとして設定する」[Brown 2015: 邦訳 26-27] ことと説明している.さらに単純化すれば,「政治が担ってきた種々の問題を解決する役割を,非政治的な領域である市場に委ね,縮減すること」といえよう.

政治が担ってきた伝統的な役割としては,国内治安を維持して国民に安全を保障すること（そのためには国家間の治安の維持［国防］も重要）,さまざまな政策を実施して人間らしい生活を国民に保障すること（貧困や格差を解消することが重要［福祉政策］）,の2つをあげることができると思われるが,新自由主義のもとでの政治には,特に後者に対する役割を市場に丸投げしようとする傾向がある.[18] そしてその結果,そのような役割を担うべき政治の責任が,新自由主義のもとでは消え去ってしまうことになる.このような政治のことを,「新自由主義のための政治」と呼ぶこととしよう.[19]

では,貧困や格差といった問題の激化を防いだり,それによって生じる人々の苦しみを緩和したりするための政策を,新自由主義のための政治に期待することはできるのであろうか.おそらくそれは,困難であろう.なぜなら,新自由主義的経済学のもとにある新自由主義のための政治では,貧困や格差といった問題は市場メカニズムが十全に機能することによって解消されると考えられてしまうからである.[20] しかも,それらの問題が解消されない場合には,その理由は「市場メカニズムの機能が十全ではなかったから」ということにされ,「規制緩和が不十分であった」という結論が繰り返されることになる.むろん,これが,質の悪い循環論法であることは明らかであろう.だがしかし,そのような循環論法に疑問を感じないほどに,新自由主義のための政治には「市場の万能性」を疑う能力が欠けているのである.

では,なぜ,そのような責任逃れのような循環論法が容認されてしまうのであろうか.それはおそらく,新自由主義思想——経済に関わるものであろうと政治に関わるものであろうと関係なく——にとって重要なことが,現実の社会

状況を分析することではなく，新自由主義が是とする理想の社会を，同じく是とされる理想の方法を通じて追求することにあるからである［Clark 2005: 58］. ここで新自由主義によって是とされる理想の方法とは，もちろん，市場メカニズムが十全に機能するような市場を作り出し，その市場を活用することである. 同様に理想の社会とは，市場に参加して自由競争を繰り広げる経済的人間（ホモ・エコノミクス）が，それによって最大級の自由を得られるような社会，すなわち市場社会である. それゆえ新自由主義のもとでは，市場社会を実現するために市場に依存することが最善の方法になってしまうのである.

　また，責任逃れが許されてしまう理由をさらにあげるとすれば，それは，「自己責任論」の問題となるだろう[21]. 新自由主義においては，市場に参加する経済的人間は，その競争によって生じた結果に対する「自己責任」を負うべき存在だとされている. それゆえ，市場における経済活動によって人間としての尊厳が奪われるような貧困や格差の問題が発生したとしても，本来ならばそのような問題に取り組むべき政治の責任が免除されることになってしまうのである. そのような状況にあるとすれば，現状を改善するような政策の実施を新自由主義の政治に期待することは，やはり難しいであろう.

　では，どうすれば，新自由主義のための政治を変えることができるのであろうか. 新自由主義に対する「政治的な向き合い方」について考えてみることにしよう.

(2)　「新自由主義のための政治」の転換を目指して——3つの指針——

　本来，政治とは，社会に存在する対立を調整あるいは解消することによって，より良い社会，より安定した社会を実現しようとする営みである[22]. そして，そのために必要とされるのは，現状を多角的に分析し，その分析によって発見された問題点を解決するのに必要とされる政策を立案・実施することである. また，政策を立案する際には，その政策がもたらす長期的な効果・影響を考慮に入れることが必要になるので，政策実施後の状況を予測しながら種々の政策を積み重ねていくという，「計画性」も必要になる. それゆえ政治とは，将来の社会を（再）設計していく営みであり，本質的には「設計主義」的な側面を有する営みだといえる.

　しかしながら，政治の設計主義的な側面は，市場に代表される「自生的」な秩序の方こそを好む新自由主義思想からすると，受け入れることが難しいもの

である．その結果，新自由主義の時代には，政治という営みに内包されている設計主義的な側面が新自由主義によって否定され，政治の脱政治化が進みやすくなってしまう．先に触れたフリードマンの発言，すなわち「政府の失敗よりも市場の失敗の方が望ましい」という発言などは，脱政治化を求める典型的な発言に他ならない．それゆえ，新自由主義の政治に期待することは難しく，それに代わる新しい政治，「ポスト新自由主義の政治」とでも呼ぶべきものを生み出していく必要が生じてくるのである．では，ポスト新自由主義の政治を生み出すために必要になることは何なのであろうか．まず必要になるのは，以下の3つであろう．

　第一に，本質的に自生的な秩序を求める傾向がある新自由主義と，本質的に設計主義的な側面を有している政治との間に存在する矛盾に対して，敏感である必要がある．新自由主義のための政治を変化させようというのであれば，新自由主義が脱政治化の契機となっていることを理解したうえで，あえてその圧力に抗うべく，市場に対する政治的介入を意識的に行っていくことが必要になるからである．

　第二に，そのような政治的な介入は，市場を通じて達成される経済的な効率と，市場によって引き起こされる貧困や格差といった問題の解消とを，バランスよく実現できるものでなければならない [MacEwan 2005: 174]．それが実現できて初めて，一方では市場によって社会が支配されるのを防ぎ，他方では市場を社会のために利用するということが可能になるからである．ポランニー (Karl Polanyi) の言葉を借りていえば，市場経済の拡大を目指す「経済的自由主義の原理」を，それによってもたらされる破壊的影響に対する「社会防衛の原理」によって制御すること，になろう[23]．

　そして，そのために必要とされるのは，政治学と経済学の対話によって生み出される「政治経済学」的な知恵ではないだろうか．「経済（市場）からの視点」だけでも「政治からの視点」だけでもない視点，すなわち「経済（市場）と政治の両方からの視点（政治経済学の視点）」が必要になるからである．たとえばケインズ研究で知られる経済学者のスキデルスキーは，「政府が経済問題に対して実質的な責任を取り始めるようになると……政治学と経済学とを分離するやり方は無意味になってしまう」[Skidelsky ed. 1977: 邦訳 1] と指摘するが，まさにその通りなのではないだろうか．

　最後，第三にあげられるのは，政治による市場介入の原点におかれるべきこ

とは，貧困や格差に苦しんでいる人々の声でなければならない，ということである．かつて世界銀行（World Bank）は，貧困に苦しんでいる人々の声を開発政策に反映させるために，「貧しい人々の声（Voices of the Poor）」というプロジェクトを実施して貧困者の生の声の収集に努めたことがある[24]．今，必要とされているのは，そのような姿勢なのではないだろうか．

　新自由主義的経済学が重視する市場は，経済力を持たない人々の声が反映される仕組みにはなっていない．新自由主義のための政治には，市場の外で苦しんでいる人々の声を意識的に代弁しようとするインセンティブは働かない．それゆえ新自由主義のための政治のもとにおいては，市場にも政治にも参加できずに苦しみ続ける人が増えてしまう可能性が高くなる．そうだからこそ，周辺化されて苦しみ続けている人々の声を政治に反映させることが必要になるのである．

おわりに

　ここでは，本章の考察を簡単に振り返り，その考察から引き出されるアポリアについて改めて考えてみることとしたい．

　第1節で確認したように，新自由主義的経済学には「市場の完全性」に対する強い信頼があり，それが「市場万能論」の源となっていた．そのような信頼を世に広め続けたのはフリードマンであったが，彼の「市場の完全性」に関する主張には，「市場（＝経済）への信頼」とともに「政府（＝政治）への不信」が含まれていた．

　第2節では，「市場万能論」に対する「肯定論」と「否定論」の双方を検討した．そこで明らかになったのは，市場には優れた利点があるものの，かといって完全無欠なものでもないということであった．にもかかわらず，新自由主義的経済学が社会に受容されているという状況のもとでは，肯定論ばかりが優勢になっていく傾向があった．そしてその結果として，「市場万能論のアポリア」が生じてしまっていた．このアポリアは，「誤りを含む主張が『知のヘゲモニー』を握ることによって生じるパラドックス」としてのアポリアである．しかし，それは，対話を通じて解消が可能な「偽パラドックス（偽アポリア）」でもあった．

　第3節では，市場万能論のアポリアを激化させる役割を果たしかねない新自

由主義のための政治について，その変革を求める際に重視すべきことは何なのかを考察した．今，重視すべきことは，「自生的秩序（市場）」を重視する新自由主義的経済学と，本来的に「設計主義」的である政治との違いを認識すること，「経済学」と「政治学」の知見を総合すること，市場万能論に苦しめられている人々の「声」を聴き政策に反映させること，の3つであった．

では，以上のような考察から引き出すことができる，アポリアに関する知見は何であろうか．それは，特定の学説や特定の学問分野が知のヘゲモニーを握ることは，アポリア状況を生み出す可能性が高い，ということである．本章で分析を加えてきたことは，経済学説としての市場万能論に関する「肯定論」と「否定論」の対立（第2節），現実政治における「経済学的視点」と「政治学的視点」の対立（第3節）であった．そして，そのような対立構図のなかで，いずれか一方の主張が，他方の主張を圧倒的に凌駕できるほどの影響力を及ぼせるようになっているときに，アポリアが生じていた．つまり，不確かな学説が「知のヘゲモニー」として確立され，「誤った常識」として流布するときに，アポリアが生じていたのである．「市場万能論のアポリア」は，そのようなアポリアの典型例であろう．

また，このアポリアは，「不十分な対話」にもとづいて一方的になされる不確かな主張によってもたらされるものであるから，ソクラテス的な対話を繰り返すことによって解消できるものでもあった．その意味において「市場万能論のアポリア」は，解消することが可能な「偽アポリア」に過ぎない．だが，しかし，対話を欠いたままで市場の万能性が信じられ続ければ，誤った常識が知のヘゲモニーを握り続けることとなり，市場万能論にもとづく政策が維持され続けることになる．新自由主義のための政治は，そのような危ういプロセスを強化するものであった．

以上の考察からいえるのは，今後アポリアについて考える際には，アポリアの源となっている主張内容の確かさ，肯定論・否定論といった異なる主張間の対話の有無，特定の主張と知のヘゲモニーとの共犯関係に注意を払うことが必要なのではないか，ということである．

注

1）新自由主義はきわめて多様な内容を持つ思想であるが，現在における新自由主義の問題は，その経済的な側面に集約されていると考えられる．そこで本章では，主としてそ

の経済的な側面，特に市場原理主義的な「市場万能論」に着目して議論することとする．新自由主義に関する多面的な研究には，Saad-Filho and Johnston [2005]．Roy, Denzau and Willett [2007]．Springer, Birch and MacLeavy [2016]．Cahill, Cooper, Konings and Primrose [2018]がある．

2）Mon Pelerin Society, Statement of Aims（https://www.montpelerin.org/statement-of-aims/, 2021 年 4 月 10 日閲覧）．

3）この草稿は，協会参加者全員からの賛同が得られない可能性が高かったために，書き改められることになった［Mirowski and Plehwe 2009: 24］．ホームページに掲載されているのは，草稿を書き改めた後のバージョンである．

4）この項目は，1944 年に出版された『隷属への道（*The Road to Serfdom*）』[Hayek 2001] で示された，ハイエクの主張を反映したものであろう．

5）ハイエクとフリードマンの主張については，ハイエク [1986]．Friedman [2002] を参照．なお，モンペルラン協会の会員には，他にも多くのノーベル経済学賞受賞者がいる．スティグラー（George Stigler [1982 年]），ブキャナン（James Buchanan [1986 年]），アレ（Maurice Allais [1988 年]），コース（Ronald Coase [1991 年]），ベッカー（Gary Becker [1992 年]），スミス（Vernon Smith [2002 年]）である．彼らの経済思想については，Karier [2010] を参照．

6）フリードマンは，「選択の自由」を保障しうるような「市場における自由競争の優秀性」を，一般の人々に対して分かりやすい言葉で語り続けた経済学者でもあった．そのような活動を通じて新自由主義的な経済政策への賛同が強まっていったことも，新自由主義の波及が進んだ要因として重要である．

7）構造調整政策を支える新自由主義的な経済政策のパッケージは，ワシントン・コンセンサス（Washington Consensus）と呼ばれる．新自由主義とワシントン・コンセンサスの関係については Hill, Wald and Guiney[2016]を参照．

8）新自由主義的な経済政策のグローバル化のプロセスについては，松田 [2015] で論じたことがある．

9）この論争の全体像を把握するには，塩川「社会主義経済計算論争」［塩川 1999：88-109］，間宮「市場と計画」［間宮 1999: 144-153］が有益である．

10）社会主義経済計算論争に関するハイエクの論考としては「社会主義計算（1）」（1935 年），「同（2）」（1935 年），「同（3）」（1938 年）が，情報（知識）と市場の関係に関する論考としては，「経済学と知識」（1936 年），「社会における知識の利用」（1945 年），「競争の意味」（1946 年）が重要である．いずれも，Hayek [2012] に所収．

11）ハイエクは，秩序を，「人間が意図的に作り，命令し，強制する秩序」（組織体の秩序）と，「自生的に作られ，成育する秩序」（自生的秩序）の 2 つに分類している．ハイエクが評価するのは，もちろん，後者である．ハイエクが福祉国家を批判するのは，福祉政策が，自生的秩序である市場を意図的に管理しようとするものだからであった．

12）フリードマンを評価せず，ハイエクの主張に対しても基本的には批判的であるセン

（Amartya Sen）でさえ，ハイエクの思想の根底にある自由を重視しようとする姿勢については高く評価していた［Sen 2004］.

13）社会的費用に着目するカップの研究の原点には，社会主義経済計算論争への関心があったようである［中山 2013: 273］.

14）この点に関して塩野谷は，「話を『情報システム』に限ったとしても，市場はこの面でハイエクが想定するほど万能ではない」とし，「ハイエク理論の限界は，『情報システム』そのものの理解が極度の単純化にもとづいている」ことにあると批判している［塩野谷 2002: 158］. また，センは，「何が見落とされているのかを検討することは，何が評価されているのかを判断するための最良の方法である」［Sen 1984: 307］と述べている. 市場からどのような情報が欠落しているのかを考えることは，市場を評価する際にはやはり重要であろう.

15）ただしカップは，社会的費用を市場に「内部化」することによって解決しようとする方法には否定的であった［カップ 1975: 156］. おそらく，あらゆる費用を市場に内部化できるという市場万能論的な考え方に批判的であったのであろう.

16）経済学内部におけるパラダイムの確立の問題については，佐和［1984］を参照.

17）経済学者のロドリックによると，「経済学者は，集団的思考や自信過剰に陥りやすく，自分の望む説を支持する事例に過剰な信頼をおく一方で，それに合わないものについては無視する傾向にある」［Rodrik 2011: 邦訳 20］ようなのであるが，そのような特性を乗り越えるための対話が必要なのである. むろん，このことは，経済学以外の分野においても注意すべきことであろう.

18）この２つの役割は，人間の安全保障論における「恐怖からの自由」と「欠乏からの自由」に相当するものとしてとらえることも可能であろう.

19）筆者は，脱政治化の結果として，安全保障に関する問題の重視，生活保障に関する問題の軽視が国内政治において進展すると考えている. 前者は国防力（軍事力）や警察力の強化，後者は福祉政策の衰退となって表面化する.

20）その際の根拠としてよく言及されるのが，「トリクル・ダウン効果」（既述），および，「経済成長が進めば，当初拡大していた格差は縮小に転じて自動的に平等化が進む」と説明する「クズネッツの逆U字仮説」である. いずれも，市場が十全に機能していることが前提となっている説明であるが，経済学は，そのような説明ツールを数多く用意してくれる. それに対する批判として，「トリクルダウン経済学」［Quiggin 2010: 邦訳 179-224］を参照.

21）責任という概念をめぐる近年の論考として，Mounk［2017］を参照.

22）これは筆者による定義であるが，政治にはこのような側面が必ず含まれているはずである.

23）ポランニーのダブル・ムーブメント（二重の運動論）である.「人間，自然，生産組織」［Polanyi 2001: 邦訳 525-27］,「市場ユートピアという幻想」［若森 2015: 83-87］を参照.

24）調査結果は，『私達の声が聞こえますか？（*Can Anyone Hear Us?*）』，『変化を求めて（*Crying Out for Change*）』，『各地から（*From Many Lands*）』の 3 巻で公表された．

◆参考文献◆

＜邦文献＞

カップ，K. W.［1975］柴田徳衛・鈴木正俊訳『環境破壊と社会的費用』岩波書店．

桑田学［2008］「エコロジー経済学におけるノイラートとハイエク──市場・知識・合理性──」『東京経大学会誌（経済学）』261.

佐和隆光［1984］「経済学への影響」，中山茂編『パラダイム再考』ミネルヴァ書房．

塩川伸明［1999］『現存した社会主義──リヴァイアサンの素顔──』勁草書房．

塩野谷祐一［2002］『公共哲学叢書①──経済と倫理　福祉国家の哲学──』東京大学出版会．

都留重人編［2002］『岩波小辞典 経済学』岩波書店．

中山智香子［2013］『経済ジェノサイド──フリードマンと世界経済の半世紀──』平凡社．

松田哲［2015］「新自由主義的グローバル化と福祉政策の衰退／再建」，初瀬龍平・松田哲編『人間存在の国際関係論──グローバル化のなかで──』法政大学出版局．

間宮陽介［1999］『市場社会の思想史──「自由」をどう解釈するか──』中央公論新社．

若森みどり［2015］『カール・ポランニーの経済学入門──ポスト新自由主義時代の思想──』平凡社．

渡辺邦夫［1999］「アポリア」，廣松渉他編集『哲学・思想事典』岩波書店．

＜欧文献＞

Arendt, H.［2005］"Socrates," *The Promise of Politics*, by J. Kohn ed., New York : Schocken Books（高橋勇夫訳「ソクラテス」，『政治の約束』（ジェローム＝コーン編），筑摩書房，2018 年）．

Barry, N. P.［1979］*Hayek's Social and Economic Philosophy*, London : Macmillan（矢島鈞次訳『ハイエクの社会・経済哲学』春秋社，1984 年）．

Brown, W.［2015］*Undoing The Demos : Neoliberalism's Stealth Revolution*, New York : Zone Books（中井亜佐子訳『いかにして民主主義は失われていくのか──新自由主義の見えざる攻撃──』みすず書房，2017 年）．

Cahill, D., Cooper, M., Konings, M. and Primrose, D. eds.［2018］*The Sage Handbook of Neoliberalism*, London: Sage Publications.

Chernomas, R. and Hudson, I. eds.［2017］*The Profit Doctrine: Economists of the Neoliberal Era*, London: Pluto Press.

Clark, S.［2005］"The Neoliberal Theory of Society," in Saad-Filho, A. and Johnston, D. eds.［2005］*Neoliberalism: A Critical Reader*, London: Pluto Press.

Friedman, M.［2002］*Capitalism and Freedom*, 40th anniversary ed., Chicago, Ill. : University of Chicago Press（村井章子訳『資本主義と自由』日経ＢＰ社，2008 年）．

Friedman, M. and Friedman, R. D.［1980］*Free to Choose : A Personal Statement*, New

York : Harcourt Brace Jovanovich（西山千明訳『選択の自由——自立社会への挑戦——』日本経済新聞出版，2002 年）.

Harvey, D. [2005] *A Brief History of Neoliberalism*, Oxford ; New York : Oxford University Press（渡辺治監訳『新自由主義——その歴史的展開と現在——』作品社，2007 年）.

Hayek, F. A. [2001] *The Road to Serfdom*, New York: Routledge （西山千明訳『ハイエク全集 I 別巻 隷属への道 [新装版]』春秋社，2008 年）.

———— [2012] *Individualism and Freedom*, Chicago: University of Chicago Press（嘉治元郎・嘉治佐代訳『ハイエク全集第 3 巻——個人主義と経済秩序——』春秋社，1990 年）.

———— [1978] *Law, Legislation and Liberty, Volume 1: Rules and Order*, Chicago: University of Chicago Press （矢島鈞次・水吉俊彦訳『ハイエク全集第 8 巻——法と立法と自由 I ルールと秩序——』春秋社，1987 年）.

Hill, D., Wald, N. and Guiney, T. [2016] "Development and Neoliberalism," in Springer, S., Birch, K. and MacLeavy, J. eds. [2016] *The Handbook of Neoliberalism*, New York: Routledge.

Jones, D. S. [2012] *Masters of the Universe: Hayek, Friedman, and the Birth of Neoliberal Politics*, New Jersey: Princeton University Press.

Karier, T. M. [2010] *Intellectual Capital : Forty Years of The Nobel Prize in Economics*, Cambridge ; New York : Cambridge University Press（小坂恵理訳『ノーベル経済学賞の 40 年—— 20 世紀経済思想史入門——』上下巻筑摩書房，2012 年）.

MacEwan, A. [2005] "Neoliberalism and Democracy: Market Power versus Democratic Power," in Saad-Filho, A. and Johnston, D. eds. [2005] *Neoliberalism: A Critical Reader*, London: Pluto Press.

Madra, Y. M. and Adaman, F. [2018] "Neoliberal Turn in the Discipline of Economics: Depoliticization through Economization," in Cahill, D., Cooper, M., Konings, M. and Primrose, D. eds. *The Sage Handbook of Neoliberalism*, London: Sage Publications.

Mirowski, P. and Plehwe, D. eds. [2009] *The Road from Mont Pelerin: The Making of the Neoliberal Thought Collective*, Cambridge: Harvard University Press.

Mounk, Y. [2017] *The Age of Responsibility : Luck, Choice, and The Welfare State*, Cambridge, Mass. : Harvard University Press（那須耕介・栗村亜寿香訳『自己責任の時代——その先に構想する，支えあう福祉国家——』みすず書房，2019 年）.

Polanyi, K. [2001] *The Great Transformation : The Political and Economic Origins of Our Time*, 2nd Beacon pbk. ed., Boston, Mass. : Beacon Press（野口建彦・栖原学訳『新訳 大転換——市場社会の形成と崩壊——』東洋経済新報社，2009 年）.

Quiggin, J. [2010] *Zombie Economics : How Dead Ideas Still Walk Among Us*, Princeton, N. J. : Princeton University Press（山形浩生訳『ゾンビ経済学——死に損ないの 5 つの経済思想——』筑摩書房，2012 年）.

Rodrik, D. [2011] *The Globalization Paradox : Democracy and The Future of The World Economy*, New York : W.W. Norton（柴山桂太・大川良文訳『グローバリゼーション・パラドクス——世界経済の未来を決める三つの道——』白水社，2014 年）.

第 4 章 新自由主義的経済学における市場万能論のアポリア

Roy, R. K., Denzau, A. T. and Willett, T. D. eds. [2007] *Neoliberalism: National and Regional Experiments with Global Ideas*, New York: Routledge.

Saad-Filho, A. and Johnston, D. eds. [2005] *Neoliberalism: A Critical Reader*, London: Pluto Press.

Sen, A. [1984]" Rights and Capability," *Resources, Values and Development*, Cambridge: Harvard University Press.

──── [2004] "Amartya Sen on Hayek's The Road To Serfdom," (http://aubreyherbert.blogspot.com/2004/10/amartya-sen-on-hayeks-road-to-serfdom.html, 2021年5月10日閲覧).

Skidelsky, R. J. A. ed. [1977] *The End of The Keynesian Era : Essays on The Disintegration of The Keynesian Political Economy*, London ; New York : Macmillan（中村達也訳『ケインズ時代の終焉』日本経済新聞社，1979年）.

Springer, S., Birch, K. and MacLeavy, J. eds. [2016] *The Handbook of Neoliberalism*, New York: Routledge.

Wolff, J. [2011] *Ethics and Public Policy : A Philosophical Inquiry*, New York : Routledge（大澤津・原田健二朗訳『「正しい」政策がないならどうすべきか──政策のための哲学──』勁草書房，2016年）.

第 **5** 章

戦時性暴力撲滅はアポリアか？
──思索と事例の狭間で──

戸田真紀子

はじめに
──戦時性暴力の撲滅は「アポリア」問題なのか？──

アポリアとは「それぞれの命題は理に適っているが，全体として見れば両立できない」状態を意味するが，複数の命題のうちいずれかを否定できれば，アポリアを回避（解決）することができる [Honderich 2005]．本章では，戦争に勝つための戦術としての「戦時性暴力」に対して，同時に成立することのない4つの命題を設定し，アポリアを回避するための手法を検討し，戦時性暴力撲滅を考察するための一助としたい．

「女性・平和・安全保障に関する安保理決議 1325」（後述）を出すまでもなく，女性に対する戦時性暴力は根絶すべき人類の課題である．2018 年のノーベル平和賞受賞者2名が，2014 年にイスラーム国（Islamic State: IS）に拉致され性奴隷にされた後に脱出しイラクの少数派ヤジディー教徒の権利擁護を訴えるナディア・ムラド（Nadia Murad）と，戦時性暴力の被害者の治療にあたってきたコンゴ民主共和国（以下，DR コンゴ）のドニ・ムクウェゲ（Denis Mukwege）医師であったことも，ひとつの大きなメッセージである．1990 年代以降，戦時性暴力は「戦争に勝つ手段」として用いられていると理解されている．「戦争兵器として用いられる性暴力」への取り組みは，国際社会の喫緊の課題である．しかし，安保理決議が連なる一方，紛争地域の状況は一向に改善される向きはない．

戦争が起きれば，戦時性暴力も生じる．それは一兵士の行動が問題であるからではなく，戦争に勝利するための戦術として，上官，時には大統領からの命

令として，集団レイプや強制妊娠といった暴力が行われるからである．この作戦は，特に敵が家父長制社会である場合には，非常に有効である．家父長制社会においては，妻や娘は，夫や父親の所有物であり，戦時性暴力は，所有物を守ることができなかった敵の男性の尊厳を崩壊させ，さらには強制妊娠によって，敵の社会の存続そのものを危うくさせる．そのために，あえて HIV に感染した兵士にレイプをさせることもある．敵の女性達は感染し，将来世代も感染のリスクを負うことになる．このように，戦時性暴力は，甚大な被害をもたらしながらも，安上がりな武器として，そして戦いに勝利する作戦として，国連決議にもかかわらず，根絶されることなく続いている．

　本章では，戦争に勝つための戦術としての「戦時性暴力」に対して，同時に成立することのない4つの命題を設定する．司令官には，最高司令官である大統領も含まれる．

命題1：司令官は，国際法を遵守する形で戦術を立案しなければならない．

命題2：司令官が戦時性暴力を遂行することは，国際法違反である．

命題3：戦争に勝利するためには，司令官は最も有効な戦術を選択するべきである．

命題4：戦時性暴力は，司令官にとって最も有効な戦術のひとつである．

　命題4が真であれば，司令官は命題3に従い，状況によっては，戦時性暴力という戦術を選択し，命題1と2に反して，国際法違反の行為を行うことになる．従って，この4つの命題は，同時に成立しないアポリアの状態にあるといえる．

　では，どのようにすればアポリアという状態を回避できるのだろうか．命題1と2は否定することができない．命題3も司令官にとっては真である命題である．それゆえ，アポリアを回避するためには命題4を否定する以外にない．どうすれば命題4を否定することができるだろうか．命題4を再検討してみると，その精確な内容が，「戦時性暴力は，"家父長制社会の規範を持つ敵との戦争に勝利するために" 最も有効な戦術のひとつである」ことが分かる．そのため，敵が家父長制の価値観を持たない社会であれば，戦時性暴力は有効な戦術ではなくなる．このようにして命題4を否定することで，アポリアを回避することができる．このようにアポリアの問題を検討することにより，戦時性暴力を撲滅する方策として，家父長制社会の価値観からの解放が有効であることが

導かれる.

　これから，命題4を検討するために，戦時性暴力の現状，国際社会のルール，戦いに勝つ戦術としての戦時性暴力，戦時性暴力と家父長制社会の価値観との関係を検証し，命題4を否定するために家父長制社会の価値観を放棄できるかどうか，その可能性について議論していきたい.

▎1　戦時性暴力の現状──誰が少女と女性を壊すのか？──

　本節では，戦時性暴力が有効な戦術であると看做されており，実際に採用されていることの論証を行う.　戦時性暴力の被害は，世界各地で報告されている.その中でも，戦時性暴力の被害者を最も多く抱えているのはアフリカ大陸である.　冷戦終結後に「紛争の大陸」と呼ばれた1990年代から今日まで，多くの女性，子ども達が戦時性暴力の犠牲になってきた.　1994年のルワンダのジェノサイドでは，4月から7月の約3ヶ月間で，25万人から50万人の女性がレイプされたと言われている（後述）.　21世紀におけるアフリカの紛争の数は激減したというが［Burbach 2016］，それでも，アフリカで起きているありとあらゆる紛争で，戦時性暴力が報告されている［マコーネル 2015; 三浦 2015; 小泉 2018］.どの事例も，加害者である兵士個人の犯罪の話では終わらない.　ボスニア内戦など他地域の紛争と同様に[1]，アフリカにおいても，紛争に勝利するための組織的なレイプが行われているからである.

(1)　アフリカの紛争における性暴力の現状と国際社会のルール　（安保理決議1325，ローマ規程）

　2019年には，サハラ以南アフリカでは15件の紛争があった.　紛争関連の犠牲者数が25人から1000人未満の低強度紛争が8件，犠牲者数が1000人から1万人未満の高強度紛争が7件だった［SIPRI 2020: 30］.　戦時性暴力と無縁の紛争は皆無であるといえる状況が存在する.

性暴力の加害者は誰なのか

　これら15件の紛争をみると，『戦場のレイプ』［セイウェル 1996］で描かれたように，紛争の一方の加害者は反政府勢力である.　ISとの関係も強い「ボコ・ハラム」（ナイジェリア）の例を見てみよう.　ナイジェリアの北東部を拠点とす

るボコ・ハラムは，2014 年 4 月，チボクにある学校の寮から 276 人の女子生徒を拉致した．2021 年 4 月現在でまだ 100 名以上の少女が行方不明である [Amnesty International 2021]．アムネスティ・インターナショナルは，2015 年 4 月 14 日に，2014 年初頭から 1 年半足らずの間に 2000 人以上の少女と女性達がボコ・ハラムに拉致され，性的奴隷や兵士にさせられていると発表した [Amnesty International 2015]．

　しかし，「戦場のレイプ」の加害者は反政府勢力の兵士だけではない．DR コンゴ北東部の紛争においても，国軍の兵士が反政府勢力と同じように暴力をふるう側に立ち，人々を守ろうとはしない[2)．それでは，国連の平和維持軍はどうだろうか．先進国の軍隊はどうだろうか．彼らはアフリカの女性達を守ってくれるだろうか．答えは NO である．中央アフリカ共和国の紛争においても，駐留している国連平和維持要員や作戦に参加している先進国の兵士による性暴力が報告されている[3)．

国際社会のルール（安保理決議 1325，ローマ規程）

　紛争下の性暴力の犠牲者数は，男性よりも，圧倒的に女性と子ども達の方が多い．そのため，女性と少女は，紛争下のあらゆる形態の暴力から保護されるべき存在として，国際社会に認知されている．2000 年 10 月に，国連の安全保障理事会は，「女性・平和・安全保障に関する安保理決議 1325」を世界に表明した．この安保理決議 1325（2000）は，武力紛争下の「性とジェンダーにもとづく暴力（sexual and gender-based violence：SGBV）」，特に性暴力とその他のあらゆる形態の暴力から女性と少女を保護することを要請し，加害者の処罰を求め，さらには，紛争の予防・管理や紛争解決や和平プロセスに関わる国内外の意思決定レベルに女性の参加を増やすことを提言し，和平協定の交渉や実施，平和維持活動にジェンダーの視点を導入することを求めている[4)（国連広報センターホームページ）．また，国際刑事裁判所（ICC）のローマ規程第 7 条第 1 項（g）は，人道に対する罪として，「強姦，性的な奴隷，強制売春，強いられた妊娠状態の継続，強制断種その他あらゆる形態の性的暴力であってこれらと同等の重大性を有するもの」と規定している．

(2)　戦いに勝つ戦術としての戦時性暴力

　本項では，戦時性暴力が「戦争に勝利するための武器」として用いられてい

る事例を紹介する．その中では，この武器が，家父長制社会において特に強い威力を発していることも示される．

1994年のルワンダのジェノサイドでは100万人が犠牲となったとされ，第1[5)]節で紹介したように，そのうち80万人が犠牲となった4月から7月の約3ヶ月間にレイプされた女性の数は，25万人から50万人と報告されている [UN Commission on Human Rights 1996: paragraph 16][6)]．ルワンダでは独立以来フツ (Hutu)支配の政権が続いており，当時のハビャリマナ政権のフツ強硬派は，ウガンダから侵攻してきたルワンダ愛国戦線（独立当時に亡命したツチ難民2世が主体）に勝利するためにジェノサイドを計画し，集団としてのツチ (Tutsi)を「絶滅」するために，ルワンダ国軍や民兵組織（インテラハムウェ）に，ツチ女性，そしてツチ男性と結婚したフツ女性に対するレイプ，虐待，殺害を奨励した [Human Rights Watch 1996]．地方の政治リーダー達も部隊に対して「武器（"weapon of war"）」としてのレイプを奨励し命じており，マリンズ (Christopher Mullins)はこれを「国家の犯罪」として糾弾している [Mullins 2009]．そして，その結果として，女性達がたとえ生き残ったとしても，HIV/AIDSへの感染や望まぬ妊娠が起きたことが報告されている [UN Commission on Human Rights 1997: paragraph 28:29]．殺害せずとも，薬を飲まねば生きられない病気に感染させる，敵の子どもを産ませることも，ツチという集団を絶滅させるための戦略であった．

DRコンゴにおける戦時性暴力についても，同じように "weapon of war"であるという指摘は多い．DRコンゴ東部の病院に長期入院している被害者25名からの聞き取りを紹介したい [Maedl 2011]．この調査において，すべての女性が武装集団からレイプされたと答えている．加害者が1人だけだったと答えた者はおらず，2〜4人からレイプされた女性が全体の31.8%，5〜10人が18.2%，11〜20人が13.6%，20人以上と答えた被害者は36.4%であった．レイプの理由として被害者が示した回答の中で57.1%を占めたものが，「被害者 and/or 被害者の共同体を追い出すため」と「被害者の共同体に恐怖を植え付けるため」であった．HIV/AIDSのような病気に感染させるためという理由を挙げた女性も47.6%を占めた (Maedl 2011: 146)．この病院に長期入院している女性患者のほとんどが残虐なレイプのためにフィスチュラ（産科瘻孔）の症状を引き起こしていることと，フィスチュラを患うと共同体から追い出されることも報告されている．適切な治療を受けられなければ，女性が期待される労働や再生産（妊娠・出産）の役割を果たすことができず，体からの悪臭を抑える

こともできないからである［Maedl 2011: 136; 139; 146］.

DRコンゴ東部で起きている村々への襲撃が，レアメタルの産地から住民を追い出すためであることはしばしば指摘されているが，政権や軍の上層部による計画，上官による命令によるレイプは，次節で述べるように，女性が男性の所有物とされる家父長制社会に大きなダメージを与えることが期待されて実行される．さらには，兵士や民兵のストレスを発散させる効果，男性としての誇りを維持する効果，そして，兵士としての一体感を作りだすための性暴力も報告されている[7]．

なぜレイプをすれば，ストレスが発散され，男性としての誇りが維持され，集団の一体感が生まれるのだろうか．この疑問には，家父長制社会の価値観という観点から，次節で回答する．次節では，平時と戦時の性暴力と家父長制の価値観との関連を考え，最後に，紛争下の性暴力を防ぐ方策として，規範作りや処罰に加えて，家父長制社会の変革の必要性を考えていきたい．

2 戦時性暴力を支える家父長制社会の価値観

本節では，命題4を検証するために，戦時性暴力が戦術として用いられている際に敵が家父長制社会であること（empirical），家父長制社会が敵であるから有効な戦術になり得ること（normative）の事例を紹介する．

戦時性暴力が戦術として用いられた紛争における「敵」の性質

1990年代に過剰に戦時性暴力が起きた紛争として注目された，旧ユーゴ内戦（クロアチア内戦，ボスニア内戦），ルワンダのジェノサイド，東チモールの独立を問う住民投票後に起きた騒乱では，戦術として，戦時性暴力が用いられた．そして，その性暴力の被害者は家父長制社会に属しており，戦時性暴力は，敵が持つ「男の誇り」を破壊する武器として，「敵」の社会に大きなダメージを与えることにいずれも成功していた［戸田 2019］．

まず，ボスニア内戦を見てみよう．ボスニア内戦においては，セルビア人女性の被害も報告されているが，被害者の圧倒的多数はムスリム人（現在のボスニャック，ボスニア人）女性であった．当時，集団レイプや強制妊娠が，戦争に勝つための手段として，かつ上層部からの命令として実行された．内戦が始まった1992年4月から半年後の9月末までに，少なくとも1万4000人がレイ

プの被害にあっていることをボスニア政府が報告している［Olujic 1998: 40］. また, 内戦開始から9ヶ月後となる12月と翌年1月にECが行った調査では, セルビア人兵士がレイプした女性 (大部分がムスリム人) の数は, 2万人とされた［EC 1993: paragraph 14］. ボスニア内務省は5万人という数字も発表している ［Newsweek 1993］.

オルイッチ (Maria B. Olujic) が述べているように, 南西ヨーロッパのスラブ系の人々の伝統文化には, 女性の名誉を男性が守るという考え方が根付いており, 女性は「名誉と恥」という女の道徳を背負って生きていくことを要求されている. 内戦で戦時性暴力の被害者となったムスリム人女性が所属していたのは, 家父長制の価値観が強い社会であった.

ルワンダも, 現在では, 下院における女性議員比率が世界一であり, ジェンダー平等が国の政策として進められている国であるが, 現在でも家父長制社会であると評価されており[8], DVなどSGBVが問題となっている. 女性に土地の相続権を認める法律や女性への暴力を禁じる法律が制定される以前であるから ［戸田 2015］, 1994年当時は, 現在よりも, さらに家父長制社会の規範が厳しかったといえる.

1999年8月30日, インドネシアからの独立の是非を問う住民投票が東ティモールで実施され, 独立派の勝利が明らかになると, インドネシア国軍と独立反対派の東ティモール民兵が独立賛成派を攻撃した. この暴力行為の中でも, レイプが報告されている［Robinson 2003］. ウォード (Jeanne Ward) は, 東ティモールの伝統的な家父長制の慣習が, インドネシアの法律と慣行によってさらに強化されたことを指摘している. 一夫多妻制や家庭での男性支配, 男性に有利な離婚の権利がインドネシアの法律で明白に認められている［Ward 2002: 62］.

家父長制社会に対して戦時性暴力が有効な戦術となった事例

旧ユーゴ内戦で見られた, 戦争に勝利する武器としての戦時性暴力は, 敵が家父長制社会であることで, 非常に威力のある武器となった. つまり, クロアチア内戦やボスニア内戦で戦闘員が行った敵方の女性への攻撃や暴力は, 「自分達がお前達の女 (＝財産) を支配している」ことを見せつける手段であり, それによって, 財産である女性を守れなかった敵方の男性達が, 個人の恥, 民族の恥に苦しむのである［Olujic 1998 : 33-34; 37; 39］.

ルワンダのジェノサイドにおいても, 構造は同じであった. 1994年のジェ

ノサイドの時期，当時のルワンダ経済は悪化の一途で，多くのフツ男性は家父長制社会において期待される「夫としての役割」が果たせず，「男らしさ」を誇示できなくなっていた．「夫の役割」を果たせず劣等感を抱いていたフツ男性が（植民地時代にフツよりも上位にいた）ツチの女性をレイプすることは，自身の「男性の支配と地位」を回復させることであり，男性としての威厳を取り戻すことであった．他方，家長として女性（妻や娘）を守ることができなかったツチ男性にとっては，「保護する者」という「覇権的な男らしさ（hegemonic masculinity）」を体現できなかったことと，（妻や娘に期待していた）「女らしさ」を彼女達が体現できなかったという二重の攻撃を受けたことになり，このことは個々人を破壊するというよりも，ツチという社会を象徴的に文化的に破壊することになるのである（Mullins 2009: 24）．

　東ティモールにおける戦時性暴力については，さらに，妻がレイプに同意していたと主張し，被害者である妻を離縁した夫の話が報告されている［Robinson 2003: 42］．夫の所有物である妻の役目は，レイプに抵抗して兵士や民兵に殺害されることなのだろうか．何れにせよ，独立派の人々にダメージを与えるというインドネシア国軍と民兵組織の目的は果たされたということになる．

3　家父長制の価値観を放棄できるか？

　本節では，どのようにすれば，家父長制の価値観から解放され，命題4を否定できるかを検討する．

　「はじめに」で述べたように，戦争に勝つための戦術としての「戦時性暴力」に対して，

> 命題1：司令官は，国際法を遵守する形で戦術を立案しなければならない．
> 命題2：司令官が戦時性暴力を遂行することは，国際法違反である．
> 命題3：戦争に勝利するためには，司令官は最も有効な戦術を選択するべきである．
> 命題4：戦時性暴力は，司令官にとって最も有効な戦術のひとつである．

という同時に成立することのない4つの命題を設定したとき，以下のような議論ができる．

・命題1と2は否定することができない.

・命題3は，司令官にとっては真である.

・ゆえに，アポリアを回避するためには命題4を否定する以外にない.

　命題4が成立するための暗黙の前提条件は，第1節第2項と第2節で紹介した事例で明らかなように，戦時性暴力が「家父長制社会の規範を持つ敵との戦争に勝利するために」最も有効な戦術のひとつであるということである［戸田2019］. そのため，敵が家父長制の価値観を持たない社会であれば，戦時性暴力は有効な戦術ではなくなる.

　では，どうすれば，社会は，家父長制の価値観を放棄できるのだろうか. 経済大国と呼ばれ，高等教育機関進学率が83.5%［文部科学省2020］という高い値を誇る日本でさえ，国際社会が否定する家父長制社会の価値観を維持しようとする力が強い. 高等教育はおろか中等教育進学率も80%に及ばないアフリカの国々9)に，家父長制社会の価値観を放棄する力があるだろうか.

　ルワンダのように，大統領が率先してジェンダー平等の演説を行い，リーダーシップを示している国では，社会の変化を感じ取ることはできる. しかし，2014年に，女性議員の反対を意に介さず，妻の拒否権を削除した一夫多妻法案を可決したケニア議会には，家父長制を否定する法律の制定は期待できない. それほど家父長制の価値観は社会に根強く残っているのである.

　命題4を否定し家父長制社会に変化をもたらすために，筆者はポジデビ・アプローチ（Positive Deviance Approach）が有効であると考える. このアプローチは1990年代にベトナムにおける子どもの栄養不良対策としてセイブ・ザ・チルドレン（Save the Children）のジェリー・スターニン（Jerry Sternin）が初めて用いたもので，ごく少数の成功例（＝ポジデビ）を観察するものである. 従来の社会科学の思考は，「『解決すべき問題を理解する』，『取り除くべき障壁を特定する』」と言う順序で，「外部の"専門家"の視点で，何が足りないのか，何が間違っているのか，と言うような"欠点"を見つけ出す方法」により解決策を模索するが，ポジデビ・アプローチは，その逆のプロセスを辿る. 「うまくいっていることを最も予期しないところから探し出し，"内から外へ"とその活動を始め，コミュニティー内で拡充させる」［シンハル・河村2017］.

　神馬［2017］は「家父長制社会の価値観」を変えた「ソーシャル・チェンジ」として，パキスタンの事例を紹介している. 「子どもの死亡を防ぐための行動

変容の実践, 新たなネットワークづくり, コミュニケーション・パターンの変化, さらにはジェンダー役割の特定, このような活動の成果として, ソーシャル・チェンジがいつの間にか生じていた」と言う. 具体的に言えば, 「ポジデビ開始前は "赤ん坊や子どもの世話は女の仕事, 男のやることではない" と思われていた. ところが, ポジデビ活動後, 村全体で新生児死亡が減少し, 夫婦が一緒になって乳児の健康問題を話すようになった. 夫と妻が子育てという共同作業のパートナーになったのである.」

　たとえば, 日本の頑強な家父長制社会を変えていくためには女性の政治参加を拡大することが必要だとよく指摘されている. 日本にも女性議員比率が高い地方議会は存在するのであるから, それを探し, その地域における女性の社会参加の度合いが他地域より高いことがわかれば, この地域をポジデビとして, 同じことを他地域に広げていくことによって, 日本全体で女性の社会参加の度合いを高めることができるだろう. 日本を変えることができるなら, その手法をモデル化して他地域に適用することも検討できるだろう. 命題4が求める家父長制社会の価値観の変革は困難を極める課題であり, 簡単な解決方法は見つからない. しかし, だからと言って, 先延ばしにしてよい問題では決してない.

おわりに

　本章では, アポリアという論理を用いて, 戦時性暴力について4つの命題を提示し, 戦時性暴力の問題を解決するためには, 「家父長制社会の価値観」からの解放が必要であるという結論を見出した. 戦時性暴力は家父長制社会の価値観によって支えられている. そして, 家父長制社会の価値観は平時の性暴力の根底にも存在する. 戦時の性暴力は平時の性暴力と連続しており, 戦時性暴力を根絶するためには, 平和な時代に, 性暴力の根底にある家父長制の価値観をなくす努力を積み重ねる必要があるのである.

　紙幅の関係で本章では論じられなかったが, 家父長制の価値観をなくすことに加えて, もうひとつ重要なことは, 性暴力という罪を犯した人々の処罰である. 処罰なくしては, 犯罪者は再び同じ行動を起こすであろうし, 新たな性暴力の発生を止めることができない. すでに述べたように, ICCのローマ規程 (1998年採択, 2002年発効) の第7条第1項 (g) は, 人道に対する罪として, 「強姦, 性的な奴隷, 強制売春, 強いられた妊娠状態の継続, 強制断種その他あら

ゆる形態の性的暴力であってこれらと同等の重大性を有するもの」と規定している．さらに，安保理決議 1325（2000）第 11 項は，「ジェノサイド，人道に対する罪および女子と少女に対する性的およびその他に関するものを含む戦争犯罪に責任を有する者の不処罰に終止符を打ち訴追する」ことを「すべての国家の責任」であるとして，明確に戦時性暴力の処罰の必要性を明記している［戸田 2019: 52］．

　2021 年 1 月現在においても DR コンゴやエチオピアの紛争地で戦時性暴力の報告が続いているが，旧ユーゴ内戦以降，戦時性暴力は国際法廷で裁かれるようになり，実際に戦時性暴力を理由として有罪判決が出されることによって，処罰という柱は立てることができた．他方，根強い家父長制社会の価値観を変える努力は進んでいない．日本社会を見てみよう．SDGs からも明らかなように，国際社会は，家父長制社会の価値観を否定している．日本国憲法も男女平等を謳っている．それに対して，21 世紀に入っても，多くの家庭で「嫁入り婚」が当然とされ，男女ともに「性別役割分業」に縛られ，自由な生き方が選択しづらくなっている．そして，日本には家父長制社会の価値観を支持する個人，集団，組織が存在する．日本会議に代表される家父長制を維持したい人々は，教育勅語を支持し，「イエ」制度の復活を訴え，日本国憲法第 24 条が伝統的な日本の家族観を破壊したと，条文を起草したベアテ・シロタ・ゴードン（Beate Sirota Gordon）を批判する．さらには，家父長制社会の規範を維持しようとする日本会議に多くの政治家が群がるために，他の先進国に比べて，女性に多大な負担を強いている日本の法律の改正もままならない状況にある．

　先進国，経済大国と呼ばれる日本においてもこのあり様である．貧困層が国民の大部分を占める途上国において，ジェンダー平等を実現するための教育や制度改革を行うことは困難を伴うだろう．しかし，家父長制社会の価値観がなくならない限り，命題 4 を否定することはできない．

　今日も，紛争地では，父親を殺され，夫を殺された少女や女性が，自分達が逃げ込むことができる安全地帯を求めている．「誰でもいいから，私達を守って下さい」と紛争地の女性は世界に懇願している［NHK 2005］．安保理決議を繰り返すだけでは解決にはならない．紛争を予防することは無論必要だが，紛争が起きる前から国連加盟国の国内の性暴力を撲滅することを始めなければならない．そして，アポリアの命題を否定するために家父長制社会の価値観を変えていく必要がある．日本社会で変革ができれば，日本が世界を変えるポジデ

ビになることができる．まずは日本社会から，ポジデビ・アプローチを始めて
はどうだろうか．

注

1）ボスニア内戦（1992-1995 年）の最中に明らかになった集団レイプや強制妊娠の実態
　については，映画『戦場のレイプ』が詳細を明らかにしている．21 世紀に入って 20 年
　近くがたった今も，同じことが紛争地で起きている．

2）きちんと任務を遂行しているアフリカ諸国の国軍兵士を侮辱する意図はない．立ち往
　生していた筆者の車を押して動かしてくれたのは，偶然通りかかったケニアの国軍兵士
　の部隊であった．遅まきながら，感謝の気持ちを表したい．

3）2015 年 8 月，AFP は，中央アフリカ共和国に派遣された国連平和維持部隊とフラン
　スの部隊の不祥事を報道した．国際人権団体アムネスティ・インターナショナルは，国
　連中央アフリカ多面的統合安定化ミッション（MINUSCA）の平和維持部隊に属する兵
　士が 12 歳の少女に性的暴行を加えたことを告発し（同部隊では数ヵ月前にも，モロッ
　コとブルンジ出身の要員に対して同様の疑惑が浮上していた），この疑惑に対して，潘
　基文国連事務総長（当時）が 12 日，MINUSCA の責任者を更迭したという報道と，中
　央アフリカ共和国に軍事介入したサンガリ作戦に参加した兵士 10 人以上が 2013 年に食
　料と引き換えに子どもに性的虐待を加えたとの疑惑をフランス政府が調査しているとい
　う報道がある（AFP 2015）．
　　2018 年 7 月には，上記の事件のその後を明らかにした記事が出された．国連は調査と
　被害者への援助を決めたが，調査は不十分であり援助も被害者の期待していたものでは
　なかった．フランス兵は証拠不十分で御咎めなしとなり，ガボンやブルンジの PKO 要
　員も処罰は免れる予想である［Kleinfeld 2018］．処罰がなければ犯罪は繰り返される．

4）UN Women は，和平交渉や平和構築のすべての意思決定レベルに女性を参加させる
　ことについて，和平プロセスに女性が関与した方が平和の長続きすることを指摘してい
　る（UN Women "The Focus"）．逆に言えば，女性が和平プロセスに関与しないことで，
　当該社会のジェンダー不平等が改善されず，「戦場のレイプ」が再び引き起こされるこ
　とになるのである．

5）1994 年のルワンダのジェノサイドは周到に計画された「内戦に勝利するための作戦」
　であり，ジェノサイドの初期には，ルワンダ愛国戦線との間に結ばれたアルーシャ和平
　協定に賛同していたフツ穏健派の要人が命令により次々と殺害された．野党出身の女性
　首相アガート・ウィリンジイマナ（Agathe Uwilingiyimana）も夫と共に犠牲となって
　おり，多数派のフツが少数派のツチを殺戮したというような単純な構図で説明できるも
　のではない．

6）レイプの件数について正確な資料はないが，レイプ 100 件につき 1 件の妊娠があると
　いう統計に基づき計算されたと説明されている．同時に，数ではなくその形態が問題で
　あると述べられている．被害者の年齢は 10 歳から 65 歳までが報告されており，パラグ

ラフ 17-18 には，フツ過激派民兵組織による筆舌に尽くしがたいレイプの実態が述べら
れている．ルワンダの事例については，国際人権 NGO の報告書［Human Rights
Watch 1996］にも詳しい．

7 ）ストレス発散の事例としては，ルワンダのジェノサイドの計画者が「ツチはフツより
も裕福である」という人々の思い込みを利用し，インテラハムウェにリクルートされた
貧しい人々（屑拾いやストリートボーイやホームレスの失業者達）は殺害やレイプを階
級的な報復として正当化できたことが指摘されている［Human Rights Watch 1996］．
兵士としての一体感については，Cohen ［2013］を参照のこと．

8 ）これは，ルワンダ王国の伝統ではなく，ベルギーによる家父長制的な植民地支配の結
果である［戸田 2015: 220-22］．ジェノサイド後に政権を掌握したルワンダ愛国戦線が
ジェンダー平等社会の構築を国内外にアピールする中で，社会に変化が見られているこ
とは，筆者の現地調査でも明らかになっている．

9 ）個々の国によって状況は異なるが，サハラ以南アフリカの平均値として，「15 歳から
17 歳までの若者の約 60％が学校に通っていない」状況がある［UNESCO 2020］．

◆参考文献◆
＜邦文献＞
神馬征峰［2017］「ポジデビを探せ！　第 13 回 ポジデビとソーシャル・チェンジ：起こ
す変化 vs. 起こる変化」『公衆衛生』81 （12）.
シンハル，A.（Arvind Singhal）・河村洋子［2017］「ポジデビを探せ！　第 12 回社会変
革とポジデビ：今とこれから」『公衆衛生』81 （4）.
スターニン，M.（Monique Sternin）［2017］「ポジデビを探せ！　第 6 回ポジデビ・アプ
ローチ：これまでの経緯，日本での実践，そして今後の展望」柴沼晃訳，『公衆衛生』
81 （11）.
戸田真紀子［2015］『貧困，紛争，ジェンダー──アフリカにとっての比較政治学──』
晃洋書房.
──── ［2019］「ジェンダーと紛争──家父長制社会がもたらす暴力の連続性──」『現
代社会研究科論集』13.
＜欧文献＞
Cohen, D. K. ［2013］ "Explaining Rape during Civil War: Cross-National Evidence
(1980-2009)," *American Political Science Review*, 107（3）.
EC ［1993］ "EC Investigative Mission into the Treatment of Muslim Women in the Former
Yugoslavia: Report to EC Foreign Ministers," released February 1993 by Udenrigsmi-
nisteriat Ministry of Foreign Affairs Copenhagen. (http: //www. womenaid. org/
press/info/humanrights/warburtonfull. htm, 2021 年 3 月 10 日閲覧).
Honderich, T. ［2005］ "aporia, or 'apory'," in T. Honderich ed., *The Oxford Companion to
Philosophy*, 2nd ed., Oxford: Oxford University Press.
Human Rights Watch ［1996］ *Shattered Lives: Sexual Violence during the Rwandan*

Genocide and its Aftermath (https://www.hrw.org/reports/1996/Rwanda.htm, 2021 年 3 月 10 日閲覧).

Jefferson, L. R. [2004] "In War as in Peace," *Human Rights Watch World Report 2004* (https://www.hrw.org/legacy/wr2k4/download/wr2k4.pdf ,2018 年 6 月 24 日閲覧).

Maedl, A. [2011] "Rape as Weapon of War in the Eastern DRC? The Victims' Perspective." *Human Rights Quarterly*, 33, pp. 128-147.

Mandara, M. U. [2000] "Female Genital Cutting in Nigeria: Views of Nigerian Doctors on the Medicalization Dabate," in B. Shell-Duncan and Y. Hernlund eds., *Female " Circumcision" in Africa: Culture, Controversy, and Change*, London, UK: Lynne Rienner Publishers.

Mullins, C. W. [2009] " 'He Would Kill Me With His Penis' : Genocidal Rape in Rwanda as a State Crime," *Critical Criminology: An International Journal*, 17(1), pp.15-33.

SIPRI (Stockholm International Peace Research Institute)[2020] *SIPRI Year Book 2020*, Oxford: Oxford University Press.

Olujic, M. B. [1998] "Embodiment of Terror: Gendered Violence in Peacetime and Wartime in Croatia and Bosnia-Herzegovina," *Medical Anthropology Quarterly*, 12 (1), pp.31-50.

Robinson, Geoffrey [2003] "East Timor 1999 Crime against Humanity: A Report Commissioned by the United Nations Office of the High Commissioner for Human Rights (OHCHR)," http://www.etan.org/etanpdf/2006/CAVR/12-Annexe1-East-Timor-1999-GeoffreyRobinson.pdf, 2021 年 3 月 10 日閲覧).

UN Commission on Human Rights [1996] *Report on the situation of human rights in Rwanda submitted by Mr. René Degni-Ségui, Special Rapporteur of the Commission on Human Rights, under paragraph 20 of resolution S-3/1 of 25 May 1994, 29 January 1996*, E/CN.4/1996/68 (http://hrlibrary.umn.edu/commission/country52/68-rwa.htm, 2021 年 3 月 10 日閲覧).

———— [1997] *Report on the Situation of Human Rights in Rwanda Submitted by Mr. René Degni-Ségui, Special Rapporteur of the Commission on Human Rights, under Paragraph 20 of Resolution S-3/1 of 25 May 1994, 20 January 1997*, E/CN.4/1997/61 (https://www.refworld.org/docid/3ae6b1060.html, 2021 年 3 月 10 日閲覧).

Ward, Jeanne [2002] *If not Now, When?: Addressing Gender-Based Violence in Refugee, Internally Displaced, and Post-Conflict Settings : A Global Overview*, The Reproductive Health for Refugees Consortium (http://www.peacewomen.org/assets/file/Resources/NGO/Disp-HR_IfNotNowWhen_Ward_2002.pdf, 2021 年 3 月 10 日閲覧).

＜新聞・ウェブサイト＞

AFP[2015]「国連 PKO 要員，中央アフリカで少女暴行か　潘総長，責任者を更迭」2015 年 8 月 13 日（https://www.afpbb.com/articles/-/3057231, 2021 年 3 月 10 日閲覧).

Amnesty International [2015] "Nigeria: Abducted women and girls forced to join Boko Haram attacks," (https://www.amnesty.org/en/latest/news/2015/04/nigeria-abducted-women-and-girls-forced-to-join-boko-haram-attacks/, 2021 年 3 月 10 日

閲覧).

――――［2021］"Nigeria: Seven years since Chibok, the government fails to protect children | Amnesty International" https://www.amnesty.org/en/latest/news/2021/04/nigeria-seven-years-since-chibok-the-government-fails-to-protect-children/ 2021 年 6 月 6 日閲覧.

Burbach, D.［2016］"The Coming Peace: Africa's Declining Conflicts." Oxford Research Group "Sustainable Security," 22 September 2016（https://www.oxfordresearchgroup.org.uk/blog/the-coming-peace-africas-declining-conflicts, 2021 年 3 月 10 日閲覧）.

Kleinfeld, P.［2018］"Central African Republic, part3: 'I have no power to complain', Victims of sexual abuse by UN peacekeepers find little support or justice."（https://www.irinnews.org/special-report/2018/07/25/central-african-republic-peacekeeper-sexual-abuse-investigation, 2021 年 3 月 10 日閲覧）.

NHK［2005］「NHK スペシャル　21 世紀の潮流　アフリカ　ゼロ年　第 1 回ジェノサイドを止めるのは誰か」（2005 年 7 月 9 日放送）.

小泉大士［2018］「コンゴ各地　被害多数」『毎日新聞』（大阪朝刊），2018 年 12 月 11 日.

トリスタン・マコーネル［2015］「『レイプキャンプ』の衝撃，南スーダン内戦」（http://www.afpbb.com/articles/-/3066876, 2021 年 3 月 10 日閲覧）.

国連広報センターホームページ　安保理決議 1325［2000］（http://www.unic.or.jp/files/s_res_1325.pdf, 2021 年 3 月 10 日閲覧）.

三浦秀之［2015］「無差別性暴力，内戦の闇　コンゴ民主共和国，救済進まず」『朝日新聞』　2015 年 11 月 19 日朝刊.

文部科学省［2020］「令和 2 年度学校基本調査（確定値）の公表について」（https://www.mext.go.jp/content/20200825-mxt_chousa01-1419591_8.pdf, 2021 年 6 月 6 日閲覧）.

Newsweek［1993］"A Pattern of Rape,"（https://www.newsweek.com/pattern-rape-192142, 2021 年 3 月 10 日閲覧）.

UNESCO［2020］"Education in Africa"（http://uis.unesco.org/en/topic/education-africa, 2020 年 2 月 12 日閲覧）.

UN Women ホームページ "In Focus: Women, peace and security"（http://www.unwomen.org/en/news/in-focus/women-peace-security, 2021 年 3 月 10 日閲覧）.

＜映画＞

シェリー・セイウェル監督［1996］『戦場のレイプ』カナダ国立フィルム省制作．シネマトリックス.

第 II 部

事例からのアプローチ

第 *6* 章

歴史認識をめぐるアポリア問題と歴史和解
——日韓「歴史問題」をめぐる論点を中心に——

菅　英　輝

はじめに

　日韓国交正常化交渉は紆余曲折を経ながらも，1965 年に日韓基本条約と請求権協定が締結された．日韓基本条約および請求権協定にもとづく日韓関係の枠組みはしばしば，「65 年体制」と称される．しかしその後，内外の環境が大きく変化する中，1990 年代に入って，歴史認識問題が再び顕在化し，「65 年体制」を揺るがす事態となっている．

　韓国政府は当初，請求権問題は「すべて完全にそして最終的に消滅する」との理解であり，外交保護権も個人請求権も放棄したとの立場であった．日韓基本条約および日韓請求権協定の締結交渉の責任者もそう考えていた．孔魯明（コン・ノミュン）元駐日大使，外相は合意内容について次のように述べている．① 請求権協定をめぐる韓国側の主張の中には，徴用工への未払い賃金の問題が含まれていた．② 日本側は「単純計算では 7000 万ドル余りにしかならない」と主張．③ 日本統治 36 年間に起きたさまざまな事案も考慮し，政治的な妥協として「無償供与 3 億ドル，有償援助 2 億ドル，民間借款 1 億ドル以上」で決着した.[1)]

　孔外相の上記発言から明らかなように，交渉に関わった当事者の理解としては，法的根拠と証拠資料にもとづく単純計算だと日本政府の補償金が少額になるので，「日本統治 36 年間に起きたさまざまな事案も考慮」したうえで，「政治的な妥協」として成立した．これが「65 年体制」だった．すなわち，日韓請求権協定は，植民地支配の是非に関する意見の一致が見られないなかで実現した政治的妥協の産物である．それゆえ，この協定は双方に都合の良い解釈を

可能にする曖昧さを残した．孔魯明外務部長官自身，1995 年 9 月 20 日の韓国国会統一外務委員会で野党の質問に対して，個人的請求権は認めていると答弁するようになった[2]．

　最大の問題は，植民地支配をめぐる双方の見解の隔たりが大きく，日本政府が，1910 年の日韓併合条約は当時としては有効だったと主張したのに対して，韓国政府は，当初から無効だと主張して譲らず，結局，同条約は「もはや無効（already null and void）」という表現であいまい決着した点だ．

　このような経緯から，韓国側は後年，この問題を再び持ち出すことになる．したがって，植民地支配をめぐる双方の立場の違いは，日韓歴史認識に関するアポリア問題（アンチノミー）の根源をなすといってよい．

　以下においては，日韓両政府の見解の変化が，日韓請求権問題でのアポリア状況を生み出した経緯を検討する．そのさい，公開された文書，関連する報告書，国会答弁などと照らし合わせることを通して，請求権協定の条文に関する両政府の解釈，政策形成者の発言，裁判所の判決の妥当性を吟味するという方法を重視する．

　第 1 節では，日韓請求権協定でいう「請求権」とは何かという観点から，協定第 2 条にいう「請求権」と「財産，権利および利益」との関係，「請求権」と実体的権利としての個人請求権との関係について整理する．続いて第 2 節で，日本政府の立場の変化を検討する．日本における戦争被害者訴訟において，日本政府が訴えを退けるために個人請求権は残っているとの法理を展開したことが，皮肉にも，韓国政府の請求権についての立場を変化させ，韓国人被害者が後年，個人請求権を根拠に裁判闘争を行うことを可能にした経緯をたどる．次に第 3 節では，韓国側の立場の変遷を考察する．特に「65 年体制」の部分的見直しを開始した盧武鉉政権の主張を整理し，同政権の見直しが，韓国裁判所による新たな判決という，予期せぬ結果（パラドックス）招き，歴史認識の司法化によって，韓国内で政府と裁判所が法的アンチノミー状況に陥った経緯を考察する．最後に第 4 節で，日韓双方が陥っている歴史認識問題のアポリア状況から両国が脱却するための方途について検討する．

1　日韓請求権協定における「請求権」とは何か

　請求権概念については，いろいろな使われ方をしているので，ここでは，日

韓請求権協定の中で使用されている「請求権」について，日韓両国の政府および裁判所がその意味をどのように理解していたのか，両者の解釈や理解に違いはあるのかどうか，どう変化したのかについて簡単に整理しておきたい．

日韓請求権協定は第1条で，無償3億ドル・有償2億ドルの経済協力について規定し，第2条で，両締約国は，両締約国およびその国民の「財産，権利および利益……並びに請求権」に関する問題が，「完全かつ最終的に解決された」ことを「確認」している．続いて，協定第3条で，「財産，権利および利益」に関して，「他方の締約国の管轄下にあるものに対する措置」並びに「一方の締約国およびその国民の他方の締約国およびその国民に対するすべての請求権であって同日以前に生じた事由にもとづくものに関しては，いかなる主張もすることができないものとする」と述べている．そのうえで，合意議事録において，協定第2条に関し，「財産，権利および利益」とは，「法律上の根拠に基づき財産的価値を認められるすべての種類の実体的権利をいうことが了解された」．また，合意議事録2項（g）において，協定1条にいう「完全かつ最終的に解決された」ことになる「財産，権利および利益……並びに請求権」に関する問題には，「『韓国の対日請求要綱』（いわゆる八項目）の範囲に属するすべての請求が含まれており」，したがって，この8項目に関しては，「いかなる主張もなしえない」ことを確認している．

韓国・韓国国民および日本国・日本国民の「すべての請求権」で協定締結日「以前に生じた事由にもとづくものに関しては，いかなる主張もすることができない」という文言を字義通りに解釈すれば，日韓請求権協定は，交渉の対象にしなかったものや，将来発生するかもしれない問題も含めて包括的に解決されたということになる．現在問題となっている慰安婦問題や元徴用工の慰謝料問題などは，交渉時に知られていた問題であるか否かに関わらず，また交渉で取り上げられた問題であろうがなかろうが，請求権協定によって，「すべての請求権」は「完全かつ最終的に解決された」ということになる．現在日本政府がとっている解釈はこれに当たる．

その一方で，次のような解釈も理論上はありうる．日韓両国政府は，要求できるかもしれないすべての事項について交渉したのではなく，その一部についてだけ交渉し，交渉した範囲の財産・請求権問題を解決することとしたのである．この解釈によれば，交渉当時に知られていなかった問題や，知られていたけれども交渉の対象にしなかった問題は，協定の対象外だという主張になる．

慰安婦問題は当時知られていなかったという文在寅大統領の大統領就任100日記者会見発言は前者に該当し，2012年5月24日の韓国大法院判決にいう元徴用工の慰謝料問題は後者に該当するということになる．

請求権は一般的には，被害国・被害者が加害国・加害者に対して被害の補償を求める権利である．日韓請求権協定には，個人請求権という言葉は見当たらないが，請求権は国家（政府）の請求権と個人の請求権に分けられるという点では，日韓両政府とも認識を共有している．国家の請求権は，政府が国民に代わって補償を請求する外交的保護権を意味するという点でも，両政府間に見解の違いはない．その一方で，国家の請求権は，個人の請求権とは区別されるようになっている．個人請求権とは，被害者個人が加害国・加害者に対して補償を請求する権利である．

日韓請求権協定の解釈で留意すべきは，個人の請求権は実体的権利とその他の「請求権」に区別されていることだ．合意議事録において，「財産，権利および利益」とは，「法律上の根拠に基づき財産的価値を認められるすべての種類の実体的権利」と定義されているが，具体的には元徴用工の未収金，有価証券などである．韓国側が提出した「請求要綱8項目」も「実体的権利」としての個人請求権に含まれる．この定義に該当しないものについては，「財産，権利および利益」の範疇に含まれず，「請求権」に含まれるとされる．請求権協定でいうところの「請求権」に該当する事項としては，慰安婦や元徴用工に対する慰謝料がある．日本政府は，この点について，以下のように説明している．慰謝料などは，法律的根拠にもとづく財産的価値を有すると当時みなされていなかったとして，「クレームを提起する地位」であり，慰謝料請求が根拠法に基づき妥当であるか否かは裁判所が判断することになる．言い換えると，裁判所の確定判決を得ていない個人の損害賠償請求権は，「請求権」だということになる．

請求権協定締結時においては，韓国側も同様な認識に到達していたと考えられる．請求権協定第2条および合意議事録に関する，韓国主席代表と韓国外務部とのやり取りの中で，次のように外務部長官の了承を求めている．交渉期限が迫っている中で作成された第7次日韓会談（請求権関係会議　報告および訓令）を記録した韓国側文書によると，1965年6月21日，協定第2条に関連して，日本側は，「財産，権利および利益」（法律上の根拠に基づき財産的価値を認められるもの）に含まれないものは，外交的保護権にもとづく政府請求権だと解釈して

いるので，個人の債権等のような個人の請求権は「財産，権利および利益」に含まれるという意味の合意議事録を作成するとして，本省に訓令を求めている．交渉締め切り期限ぎりぎりのタイミングで本省からは，「請求権第二条問題に関しては，貴見のように処理されたい」との回答が寄せられた．したがって，法的根拠にもとづく財産的価値のある個人請求権は「財産，権利および利益」に含まれ，これに該当しない，個人請求権は「請求権」の範疇に入るが，それは「クレームを提起する地位」であり，クレームの妥当性については最終的には裁判所の判断次第という点について，韓国側も日本と認識を共有していたと思われる．最も，2012年5月24日の韓国大法院判決は両者の違いを検討していないので，この点について多数派見解がどのような理解をしていたか定かではないが，元徴用工の慰謝料請求は「請求権」に該当するという前提で議論を進めているという意味において，日本政府の「請求権」理解と異なるところはないといえよう．

　請求権協定および合意議事録でいうところの「いかなる主張もすることができないものとする」の意味については，(1) 国家の請求権（外交的保護権）を放棄したかどうか，(2) 個人の請求権は消滅したのか，残っているのか，(3) 個人請求権は実体的には消滅していないが，裁判上訴求する権能を失わせた，という三通りに整理できる．日本政府は現在のところ，(1) と (3) の立場をとっている．他方で，韓国政府は現在では，(1) の立場をとり，(2) に関しては，消滅していないと主張するようになっている．一方，韓国大法院判決は (1) も (2) も放棄していないという立場をとっているが，それは1945年までの日本の朝鮮半島統治が違法だったという前提に立っているからだ．この前提に立たなければ，日本の植民地支配は請求権協定の対象外だったという結論を導きだすことには無理がある．そのうえで大法院は改めて，(1) も (2) も放棄されていないとの判断を示したものである．

　しかしながら，請求権協定締結以降，両政府の立場は変遷しており，以下の節では，その変遷の過程を検証していくことによって，どのような経緯で両国が歴史認識問題のアポリア状況に陥ることになったのかについて考察する．

2　請求権協定に関する日本政府の見解とその変遷

(1)　原爆被害者訴訟判決の法理－個人請求権は放棄されていない

　原爆被害者は 1955 年，サンフランシスコ平和条約第 19 条（a）にもとづき日本政府が「連合国およびその国民に対する日本国および日本国民のすべての請求権」を放棄したことで，原告が米国政府に賠償請求することができなくなったことを理由に，日本政府が損害賠償するべきであるとして，原爆裁判を起こした．

　これに対して日本政府は，以下のような陳述を行った．第一に，原爆投下は「必ずしも国際法違反であるとは断定し難い」としたうえで，米国に対する損害賠償請求権は日本国にあり，個人にはなく，「具体的に条約によって承認された場合に」個人の国際法上の権利主体は認められるとした．第二に，日本政府は外交保護権を放棄したので，相手国政府に被害者補償を請求することができないが，対日平和条約第 19 条（a）の規定によって個人の請求権が放棄されたことにはならない．第三に，個人請求権は残っているので，日本政府は被害者に対して補償する義務はない．原爆裁判に関する東京地裁判決（1963 年 12 月 7 日）は，上述のような国側の主張を支持した．[5]

(2)　1965 年日韓請求権協定に関する政府見解

　以上の経過に関連して，日本政府は 1965 年の日韓請求権協定についても，同協定で放棄したのは外交保護権であり，個人請求権を消滅させたものではないとの立場をとるようになった．

　この法理は朝鮮半島に資産を残してきた日本人に対しても適用され，日本政府は補償責任を負うものではないとの立場であったが，日本在住の韓国人の資産にもこの解釈を適用するために，請求権協定第 1 条 3 項に基づき，国会で 1965 年に「大韓民国等の財産権に対する措置に関する法律」（「財産権措置法」）を改めて成立させた．同法は，日韓請求権協定で「完全かつ最終的に解決」した「財産，権利および利益並びに……請求権」のうち，「財産，権利および利益」を消滅させるものである．

　一方で，同法は，個人の「実体的権利」（すでに実体的に存在し，法的根拠がある財産，権利および利益）のみを消滅させることを意味し，一般的，抽象的な意味

での個人請求権は消滅していないとの見解を示した．このことは，「実体的権利」としての個人請求権は消滅させたが，請求権協定第1条にいう「請求権」は残っているという意味に解釈できる．しかし，請求権協定締結後に財産権措置法で「実体的権利」を消失させなければならなかったことは，請求権協定では，実体的権利も含めて個人請求権が消滅していないことを意味するとの解釈の余地を残した．

　日本政府はその後も，「個人請求権」は消滅していないとの見解を繰り返しているが，その意味するところは，請求権協定に言う「請求権」を指していると考えられる．他方で「完全かつ最終的に解決された」とも主張している．その意味するところは，法的・実体的な根拠のある個人請求権を指していると解される．外務省の柳井俊二条約局長は1991年8月27日の参議院予算委員会において，日韓請求権協定では，日韓両国は外交保護権を相互に放棄したが，「個人の請求権そのものを国内法的な意味で消滅させたものではございません[6]」と答弁し，さらに92年3月9日の答弁では，「慰謝料請求等の請求が我が国の法律に照らして実体的な根拠があるかないかということにつきましては，これは裁判所でご判断になることだと存じます[7]」と述べている．言い換えると，慰安婦問題での慰謝料請求権については，請求権協定第2条1項でいうところの「財産，権利および利益」の中に含まれていない「請求を提起するという地位」であり，その地位までも否定しておらず，「そのような権利を消滅させていない」が，「実体的に法律上の根拠を持った財産的価値を認める権利であるとは当時観念されなかった[8]」ということである．要するに，慰安婦問題での慰謝料請求権は「財産，権利および利益」の中でいう個人請求権には該当しないが，同じ協定2条1項にいう一般的，抽象的な意味での「請求権」の中には含まれるという説明である．

　1993年5月26日の衆議院予算委員会では，丹波實外務省条約局長が，請求権協定の第1条第1項の無償3億ドルと有償2億ドルの経済協力，それと同第2条第1項の「財産，権利および利益」並びに「請求権に関する問題」の解決との間には「法的な直接のつながり」はないが，「政治的なパッケージ」の関係にあったと述べ，同協定が政治的妥協の産物だということを示唆した[伊藤1994: 106][9]．丹波局長は，請求権については，「外交的保護の放棄ということにとどまっておる」のであり，「個人請求権」は存在しているとの立場を確認したうえで，「財産，権利および利益」と「請求権」との関係について両者を法

的に区別する説明をしている．「財産，権利および利益」というのは，「法律上の根拠に基づき財産的価値を認められるすべての種類の実体的権利」を意味する．他方で，この協定でいう「請求権」は，「財産，権利および利益」に該当しないような，「法律的根拠の有無自体が問題になっているような……クレームを提起する地位」を意味する．要するに，「個人的請求権」は残っているが，それは，「法律的根拠の有無自体が問題になっているような」性格のもので，裁判所にクレームを提起することは可能な権利ということになる．丹波局長発言は，韓国側が植民地支配に関する補償を再び持ち出してくることへの警戒心を示しており，その懸念に対する予防線をはったとものと思われる．

　さらに，三上正裕外務省国際法局長は 2018 年 11 月の外務委員会で，日本政府の「完全かつ最終的に解決された」（請求権協定第 2 条 1 項）という主張の根拠として，合意議事録の 2 項（g）を引き合いに出し，この 2 項（g）は，「明確に個人の請求権が法的に救済されない」という理解だと答弁している[11]．この主張が妥当性を持つためには，植民地支配の問題も含めて請求権協定で包括的に解決したという前提に立たなければ成り立たない議論であり，後述するように，現在の韓国政府の主張や大法院の見解とは異なる．

(3)　中国人強制連行・強制労働訴訟と「サンフランシスコ平和条約の枠組み」論 ——民事裁判上の権利行使はできない——

　さらに，2007 年 4 月 27 日，日本の最高裁判所は中国人「慰安婦」事件と西松建設中国人強制連行・強制労働訴訟において，72 年の日中共同声明第 5 条で，中華人民共和国が戦争賠償の請求を放棄したことを理由に，被害者らの請求を棄却した．

　さのさい，最高裁は「サンフランシスコ平和条約の枠組み」論を展開した．サンフランシスコ平和条約は，「個人の請求権を含め，戦争の遂行中に生じたすべての請求権を相互に放棄することを前提として，日本国は連合国に対する戦争賠償の義務を認めて連合国の管理下にある在外資産の処分を連合国にゆだね，役務賠償を含めて具体的な戦争賠償の取り決めは各連合国との間で別個に行うという日本国の戦後処理の枠組みを定める」ものであった．この枠組みは，「サンフランシスコ平和条約の当事国以外の国や地域との間で平和条約を締結して戦後処理をするにあたっても，その枠組みとなるべきものであった」．この枠組みが定められたのは，「平和条約を締結しておきながら戦争遂行中に生

じた種々の請求権に関する問題を，事後的に個別的な民事裁判上の権利行使を
もって解決するという処理にゆだねたならば，将来，どちらの国家又は国民に
対しても，平和条約締結時には予測困難な過大な負担を負わせ，混乱を生じさ
せる恐れがあり，平和条約の目的の妨げになるとの考えによるものと解される
」．最高裁はこのように述べて，被害者らの請求を退けた．

　サンフランシスコ平和条約の枠組みにおける請求権放棄が上記の趣旨だとす
れば，ここでいう請求権の「放棄」とは，請求権を「実体的に消滅させる」こ
とまでを意味するものではなく，当該請求権に基づいて「裁判上の権能を失わ
せるのにとどまるもの」と解するのが相当であるとして，日中共同声明によっ
て，「民事裁判上の権利を行使することはできない」との判断を示した．[12] すな
わち，サンフランシスコ平和条約により放棄された個人の請求権とは，救済を
求めて裁判に訴える権利を意味するとして，被害者が裁判に訴える法的回路を
閉ざしてしまった．

　この判決によって，韓国人被害者の請求権も，日韓請求権協定にもとづく裁
判上の請求ができなくなったとして，請求が棄却されることになった．これ以
降，日本の法廷で外国人戦争被害者の権利回復が不可能となったことは，禍根
を残すことになった．韓国人被害者としては，自国の裁判所に救済を求める他
に権利回復ができなくなったからだ．

　この最高裁判決に対しては，以下のような批判がある．サンフランシスコ平
和条約には「個人の請求権について民事裁判上の権利行使することはできない
ことにする」という文言は存在しない．それゆえ，同判決は，「サンフランシ
スコ平和条約の枠組み」を立法者（締結者）意思解釈として導いている点で問
題がある．[13] また，個人の請求権がなくなったとまでは言わないのに，救済を求
めて裁判に訴える権利はないという最高裁判決の法理は，日本国憲法第32条
「裁判を受ける権利」，「何人も，裁判所において裁判を受ける権利は奪われな
い」という条文から見ても，かなり強引な判断だという印象は否めない．

　4.27最高裁判決以前までの日本政府の日韓請求権協定に関する解釈は，在
日韓国人被害者の「財産，権利，利益」（実体的権利）は財産権措置法で消滅し
たが，財産権措置法では「請求権」そのものは消滅していないとされていた．
日本政府の説明によると，その意味するところは，「法律上の根拠に基づき財
産的価値を認められるすべての種類の実態的権利（合意議事録2a）である「財産
（および権利，利益）」に該当しないような，法律的根拠の有無が問題となってい

るいわゆる『クレームを提起する地位』をさす概念」であり，そのような場合には，「裁判所に提訴することまで妨げていない」というものであった［伊藤1994: 113］．しかし 4.27 最高裁判決後，日本政府は，請求権協定に基づき裁判上請求する権能が失われ，かつまた韓国政府は外交保護権も放棄したと主張するようになっている．

▌3　請求権協定に関する韓国政府の見解とその変遷

(1)　請求権協定締結当初の韓国政府の解釈

　日韓請求権協定締結をめぐる交渉過程で，1952 年に韓国側から 8 項目の対日請求要綱が提出されたが，それには「被徴用韓国人未収金」および「戦争による被徴用者の被害に対する補償」が含まれていた[14]．また，当時の交渉の中で，被害者個人に対して直接補償を行いたいとの日本側提案に対して，韓国側は日本政府から補償金をまとめて受け取り，それを韓国政府の責任で韓国人被害者に配分すると主張した．日本側としては，被害者個人に補償金が届かないのは困ると述べたのに対して，韓国側は，あくまで「国として請求して，国内での支払いは国内措置として必要な範囲でとる」との立場を繰り返した[15]．韓国政府は，請求権資金を韓国経済の発展のために使用するという意図があり，国家目的を優先したのである．日本側が韓国側の強い要望を受け入れたことは，その後実施された韓国政府の被害者補償の不十分さも手伝って，被害者の不満を背景に，個人請求権問題が，後日改めて浮上する原因となった．

　また，8 項目の対日請求要綱の第 6 項は，韓国人（自然人，法人）の対日本政府または法人請求であったが，1961 年 12 月 21 日に開かれた一般請求権小委員会第 8 回会談において，韓国側首席代表はこの第 6 項に関して，従来の主張とは異なる提案を行った．請求権 8 項目のうち第 1 項から第 5 項までの内容に含まれる個人請求権は国家が処理し，それ以外の個人請求権については，日韓交渉成立後でもこれを個別的に行使できるものとする，というものだった．この新たな提案は，日本の植民地支配・戦争の被害者の補償要求を議論することをあくまで回避する日本側の交渉姿勢を前に，将来新たに生じるかもしれない補償要求の可能性を残しておこうとする意図があったと考えられる．しかし日本側は，「請求権一切がこの交渉で解決」されなければならないとの立場に終始し，韓国側の新たな提案に反対したため，決着がつかなかった［太田 2003:

192-193; 吉沢 1998: 300]．以上の経緯を踏まえて，日本側は日韓請求権協定に関する合意議事録2項（g）において，「日韓会談において韓国側から提出された『韓国の対日請求要綱』（いわゆる8項目）の範囲に属するすべての請求が含まれており，したがって，同対日請求要綱に関しては，いかなる主張もなしえないこととなることが確認された」[鹿島平和研究所編 1984: 593-95]と念を押したのである．このような経緯が，請求権問題は解決済みという日本政府の現在の主張につながっている．

　被害者個人への配分は国内措置として処理するとの韓国側の意向に基づき，韓国政府はその後，次のような措置を講じた．韓国で制定された「請求権資金の運用および管理に関する法律」（1966年）第5条第1項は，「大韓民国が有する1945年8月15日以前までの日本国に対する民間請求権はこの法に定める請求権資金の中から補償しなければならない」と規定．その後，71年の「対日民間請求権申告に関する法律」と74年の「対日民間請求権補償に関する法律」に基づき，被徴用死亡者の遺族に対して一人当たり30万ウォン（約19万円）の補償金が支払われた[16]．ここで使用されている「民間請求権」は，請求権協定第2条にいう「財産，権利および利益」すなわち，実体的個人請求権であると解することができる．

　以上の経緯から明らかなように，この時期の韓国政府は，請求権協定2条2項で規定された在日韓国人の個人請求権以外の個人請求権は解決済みと理解していた．韓国政府が65年7月5日に作成した「日本国と大韓民国との間の条約と協定解説」が，請求権協定第二条について次のように述べていたことはその証左である．「財産および請求権の問題に関する条項により消滅する当方の財産および請求権の内容を見ると，我々が最初に提示したところである八項目の対日請求要綱で要求したものはすべて消滅することになり，したがって被徴用者の未収金および補償金，韓国人の対日本政府および日本国民に対する各種請求などがすべて完全にそして最終的に消滅することになる」[17]．この説明は当時，外交的保護権だけでなく，実体的権利としての個人請求権も消滅すると韓国政府が解釈していたことを示している[18][太田 2006: 3]．

　他方で，すでに検討したように，日本政府はこの時期まで，被害者の個人請求権は消滅していないと主張してきたが，その意味するところは，実体的・法的な根拠のある権利は消滅したが，それ以外の「請求権」は消滅していないということだと理解すべきだろう．したがって，この時期においては，実体的個

人請求権については双方に解釈のズレがあり，実体的，法的な根拠のある個人請求権は消滅したということに関して意思の一致があったということはできない．しかしながら，この時点で，実体的権利としての個人請求権以外の「請求権」については消滅していないという点で，日本側と韓国側で解釈において齟齬はなかったと考えられる．

(2)　韓国政府による請求権協定の解釈の見直し

ところが，90年代に入ると，盧武鉉政権のもとで解釈に変化が生じるようになり，「請求権」問題が新たに持ち上がった[19]．その典型的な事例が，2005年1月に日韓会談関係文書が韓国側で公開されたことに伴い，盧武鉉政権のもとで行われた請求権協定の一部見直しである．

「韓日会談文書公開の善後策に関する民間共同委員会」（以下「民間共同委員会」）は2005年8月26日，65年日韓請求権協定の効力範囲について，次のように整理した[20]．それによると，日韓請求権協定は「日本の植民地支配賠償を請求するための協定ではなく，サンフランシスコ平和条約第4条に基づき日韓両国間の財政的・民事的債権・債務関係を解決するためのもの」であったとの考えを示した．したがって，ここでは，実体的権利としての個人請求権については，「民間共同委員会」と日本政府との間に認識の違いは認められない．問題となるのは，「日本軍慰安婦問題等，日本政府と軍隊等の国家権力が関与した反人道的不法行為については，請求権協定で解決されたとみることはできず，日本政府の法的責任が残っており，サハリン同胞問題と原爆被害者問題も請求権協定の対象に含まれなかった」という見解を表明したことだ[21]．

民間共同委員会の整理は，以下の点で，日本政府とは異なる請求権協定の解釈を提起するものであった．第一に，実体的，法的根拠にもとづく個人請求権については，「民間共同委員会」と日本政府との間に違いが認められないので，未解決とされている3つの案件は，請求権協定でいう，それ以外の「請求権」に位置づけられていると考えられる．このため，同委員会は「反人道的行為」という新たな論拠を持ち出し，しかも，請求権協定は「日本の植民地支配の賠償を請求するための協定ではない」と述べ，3つの案件は請求権協定では未解決であると主張していることである．請求権協定交渉では植民地支配の問題をめぐる双方の意見の対立ゆえに，韓国側がこの問題を交渉アジェンダから外して，政治的妥協によって問題の解決を図ったという経緯がある．1953年10月

に開かれた第三次交渉で，日本側が在韓日本人私有財産請求権を主張したのに動揺し，韓国側代表はこの要求を取り下げるように求めて，「元来韓国側は，36年間の日本の支配下で韓民族が受けた被害（中略）などに対する補償を要求する権利を持っているが，韓国側はそれを要求しなかった」のであり，韓国側は植民地支配に対する「賠償」ではなく，「純粋な法律的権利」を要求しているのだ，と述べた［太田 2006: 3］．韓国側は交渉戦略として，植民地支配問題を封印して交渉することを明確にしたうえで，政治的妥協によって問題解決を図ったのに，そのような経緯を無視して，植民地問題を新たに持ち出した．第二に，道義的・政治的責任ではなく，「法的責任」を問うていることである．しかし，慰安婦問題は法的根拠があいまいな「クレームを提起する」カテゴリーに属するものであり，最終的には裁判所がその是非を判断すべきだというのが，日本政府の立場である．第三に，この時点では，「反人道的行為」の範囲は上記の三つの事例に限定されているが，将来その対象が拡大される可能性を残した．後述するように，韓国大法院は，新たに徴用工に対する慰謝料請求を認め，日本企業に支払いを命じる判決を下した．

　盧武鉉政権は2005年になって，「過去清算」の見直しに取り組み，民間共同委員会の見解にもとづき，請求権協定は「日本の植民地支配賠償を請求するためのものではなかった」との前提の下に，国家権力が関与した「非人道的不法行為」（「慰安婦」問題，サハリン残留韓国人問題，在韓被爆者問題）は65年の請求権協定の範疇には入らないとして「非人道的不法行為」論展開し，日本側に解決を促すようになった．

　しかし注目すべきは，民間共同委員会の見解は，請求権協定を通して日本から受領した無償3億ドルの中に，「強制動員被害者」（元「徴用工」）補償問題解決の性格の資金などが包括的に勘案されたと見るべきだとの見解を示したことだ．また，請求権協定は，請求権の各項目別金額決定ではなく政治交渉を通じて総額決定方式で妥結されたため，各項目別の受領金額を推定することは困難だが，政府は受領した無償資金のうち相当金額を強制動員被害者の救済に使用すべき「道義的責任があると判断される」と整理した．このため，盧武鉉政権の下では，「慰安婦」問題，サハリン残留韓国人問題，在韓被爆者問題に限定して日本政府に善処を求めたものの，「徴用工」の被害補償は決着済み，すなわち「実体的権利」としての個人請求権の問題は解決済みだとの立場であったし，慰謝料の問題も提起されていなかった．

　ところが，民間共同委員会と盧武鉉政権の見直し作業は，予想外の事態に発展した（アイロニー）．2011年8月30日，韓国憲法裁判所は，慰安婦問題に関連して違憲判決を下した．請求権協定の解釈に異議が生じた際，同協定第3条の規定に基づいて，韓国政府は日本政府と協議するべきであったにもかかわらず，それをしなかったのは，憲法違反だとの判断を示したのである．

　この違憲判決を受けて，韓国政府は特に慰安婦問題で，日本政府に問題の解決を強く迫るようになった．違憲判決に伴い，韓国政府は2011年9月と11月，二度にわたり請求権協定第3条第1項による両者協議を日本に要請したが，日本側は応じなかった．

　李明博政権のもとでも協議は難航し，妥協を見出すことができなかった．2012年3月8日から9日にかけて佐々江賢一郎外務事務次官が韓国を訪問し，安豪栄交通部第一次官と協議を行ったさい，佐々江メモが示された．同メモは，①総理の謝罪表明，②政府予算による医療費支援など人道的措置の実施，③駐韓日本大使の被害者訪問と謝罪の内容で構成されていた．しかし，韓国政府は国家責任を認めることが必要だと主張し，日本側は，慰安婦問題は請求権協定で解決済みとの観点から韓国側の要求を拒否したことで合意に至らなかった[22]．周知のように，その後慰安婦問題は，安倍政権と朴槿恵政権のもとで，2015年12月に日韓慰安婦合意をみた．

　この政治的合意によって，この問題は解決の方向に向かうと期待されたが，その後に誕生した文在寅大統領はこの合意を反故にする決定を行った．文在寅政権による「和解・癒し財団」の解散の根拠となった慰安婦問題合意検討タスクフォース報告書は，結論として，①被害者中心のアプローチでなかったこと，②慰安婦問題と日韓関係全般を連動させたことで両国関係全般を悪化させた交渉戦略上の不手際，③「韓国側の負担となりえる」非公開内容の存在，④大統領・交渉責任者，外交通商部の意思疎通の不足を挙げている[23]．

　これらの指摘は基本的に朴政権の対応を批判する内政問題であることを示している．にもかかわらず，文政権は，合意内容に国内から批判が生まれたことを理由に両国間の政治合意を一方的に空文化した．このような文政権の対応は，日本側に不信感を植え付け，その後に出現する「徴用工」問題の解決にも悪影響を及ぼすことになる．

　文政権が問題にした「被害者中心のアプローチ」の欠如に関して，タスクフォース報告書は，注目すべき指摘を行っている．朴政権は「消耗的な法理論

争を繰り広げるよりは，被害者を中心に考えつつ，被害者が納得できる解決法案を導き出すという姿勢で創意的な解決法案を模索することが望ましい」という立場で交渉を進めた．上記報告書は，文政権首脳や旧挺隊協の批判とは裏腹に，朴政権が「被害者中心のアプローチ」を取ったと指摘しているのだ．続いて同報告は，外交通商部は局長級協議開始決定の後，全国の被害者団体，民間専門家などに面会したこと，2015 年の 1 年だけで 15 回以上被害者および関連団体と接触したと述べている[24]．したがって，被害者中心でなかったという文大統領の主張およびタスクフォースが導き出した結論は説得力に欠ける．文在寅政権の問題は，旧挺対協など支援団体および行動を共にする被害者が，日本政府による国家賠償と公式謝罪（閣議決定による謝罪）を求めたにもかかわらず，これらの要求が合意内容に反映されなかったことを問題視し，47 名の生存者中 36 名が受理または受け取りの意思を表明した事実を無視し，被害者中心でなかったと主張している点にあるといえよう．

(3)　2012 年 5 月 24 日の韓国大法院判決
——「植民地主義不法論」と歴史認識問題の司法化——

　2011 年 8 月 30 日の慰安婦問題に関する韓国憲法裁判所判決に続いて，2012 年 5 月 24 日に韓国大法院（最高裁判所）が下した「徴用工」に関する差し戻し判決は，盧武鉉政権下で行われた請求権協定の見直しの延長線上にある．すでに指摘したように，民間共同委員会は，植民地支配の問題を新たに提起していたからだ．しかもその後，同年 10 月 30 日の大法院判決は日本の植民地支配は不法だと断言したうえで，元徴用工に対する慰謝料請求を日本企業に命じる判決を下した．日本の最高裁判所にあたる韓国大法院が植民地不法論の立場にたってこのような判決を下したことで，植民地支配の違法性を認めない日本政府との間で，日韓関係は歴史認識問題をめぐって法的アポリア状況に陥った．

　大法院はまず，1965 年の請求権協定は，「日本の植民地支配賠償を請求するためのものではなく，サンフランシスコ条約第 4 条に基づき日韓両国間の財政的・民事的債権・債務関係を政治的合意により解決するものためのものである」と述べ，民間共同委員会の報告と同じ認識を示した．また請求権協定第 1 条の日本の経済協力資金は，第 2 条の権利問題の解決と「法的対価関係があるとはみられない」と述べ，元徴用工の慰謝料問題は請求権協定で未解決であることのもうひとつの根拠とした．そのうえで，5.24 大法院判決は，日韓両国

政府が「日帝の韓半島支配の性格について合意に至ることができなかった」状況で，「日本の国家権力が関与した反人道的不法行為や植民地支配と直結した不法行為による損害賠償請求権が請求権協定の適用対象に含まれていたとは解しがたい」，それゆえ「原告らの損害賠償請求権については，請求権協定で個人請求権が消滅してなかったのはもちろん，大韓民国の外交的保護権も放棄しなかったと解するのが相当である」との判断を示した[25)]．ここで大法院判決が言及している「個人請求権」は慰謝料請求であるから，請求権協定でいう「請求権」に該当するものであり，「財産，権利および利益」(実体的権利としての個人請求権) ではないと理解してよいだろう．

　上記大法院判決は，以下の点で日韓の歴史和解をさらに複雑かつ困難にした．第一に，大法院判決は，外交的保護権は放棄したという韓国政府の従来の見解とは異なり，「個人請求権」のみならず，外交的保護権も放棄していないと踏み込んだことだ．第二に，大法院は，日本の植民地支配を不法だと断定し，改めて賠償問題を持ち出した．第三に，大法院が日本の法的責任を問うているのは，日本の植民地支配が違法だという前提に立っているからだと考えられる．しかし，65 年の日韓基本条約・請求権協定交渉は，日韓双方がこの問題で真っ向から対立した結果，韓国側が早期妥結を目指して植民地支配に対する被害者補償問題を封印して交渉したことで，ようやく合意にいたったものである [太田 2003: 163; 2006: 7]．このような交渉の経緯からするならば，韓国大法院が改めて植民地支配の違法性を問う判断を示したことは，日本側が受け入れることができないと主張してきた植民地支配の不法性を改めて持ち出したという意味において，法的アポリア状況を生み出した．

　日本政府の立場は，第 1 条と第 2 条は「法的対価関係」になく，「政治的パッケージ」の関係にあるというものである．当時の日本政府の基本姿勢は，法的根拠と証拠資料をもとに補償を行うというものであり，植民地支配に関しては不法ではなかったという見解であったことから，法的責任を問われることはないという立場であった．このため，第 1 条と第 2 条は「法的対価関係」にはないとの立場をとり，「政治的パッケージ」として解決を図ったものと考えられる．問題は，第 1 条と第 2 条が「法的対価関係」にないことが，そく植民地支配の被害補償は考慮の枠外にあったということになるのか否かである．政治的に妥協することで解決をみたということからすれば，必ずしも大法院の結論に至るとは言えない．「財産，権利および利益」というのは，「法律上の根拠

に基づき財産的価値を認められるすべての種類の実体的権利」だが，「請求権」
は，「財産，権利および利益」に該当しないような，「法律的根拠の有無自体が
問題になっているような……クレームを提起する地位」を意味する．それゆえ，
請求権協定では，実体的・法的な根拠のある個人請求権は解決済みだが，それ
以外の「請求権」については考慮の余地を残しておくというのが，日本政府の
立場であった．

　請求権協定は，植民地支配をめぐる見解の対立が解けない中で合意された政
治的妥協の産物であり，同協定が「政治的合意」文書であることは大法院判決
も認めている．韓国大法院判決はまた，請求権協定における第1条と第2条の
関係が「法的対価」関係にないという日本政府の主張とも認識を共有している．
そして，そのことを前提とするならば，植民地支配の被害補償は考慮の枠外に
あったという結論を導いている．

　本来であれば，民間企業の民法上の不法行為責任を認定するのに，植民地支
配の違法性を持ち出す必要性はないはずである．だが，5.24大法院判決は，
先の民間共同委員会見解（日本軍慰安婦問題等「反人道的不法行為」論）を，「植民
地支配に直結した不法行為」にまで拡大した新判断を示した．植民地支配の違
法性を持ち出さなければ，個人請求権も国家の外交的保護権も放棄されていな
いという大法院の法理は成立しない．大法院判決は，日本の朝鮮半島に対する
植民地支配違法性を前提としてはじめて生じる「請求権」である．それゆえに，
大法院は，植民地支配の違法性を持ち出すことになったと考えられる．

　大法院のアプローチは，裁判所による歴史認識問題の司法化である．このこ
とは，政治的に解決された請求権協定に法的観点から介入し，一国の最高裁判
所が，「戦争責任」を超えて，「植民地責任」を問うことを意味する．他方で，
日韓基本条約では，植民地支配の違法性をめぐって双方が折り合わなかったこ
とから，「もはや無効」ということで決着している．大法院判決はそうした請
求権協定成立の経緯を踏まえているようには見えない．

　5.24大法院判決を受けて，2018年10月30日の「徴用工」問題での韓国大
法院判決は新日鉄住金に対して，元「徴用工」4人に1億ウオン（約1000万円）
の支払いを命じる判決を下した．そのさい，大法院多数派意見は，新日鉄住金
徴用工事件判決において，植民地支配が合法であるとの規範認識を前提とする
日本の裁判所判決は，韓国の「善良な風俗や社会秩序に違反する」ものであり，
その効力を認めることはできないと述べているが，この認識は正確ではない．

　日本の裁判所の判決は植民地支配には言及することなく，旧日本製鉄が原告らを強制労働させた事実を認定し，その不法行為責任を負うことを肯定したからだ．そのうえで，旧日本製鉄と戦後に同社を分割して設立された新会社のひとつである新日鉄住金との間に法的同一性がないとの理由で請求を棄却したものである．すなわち，民間企業の不法行為責任を認定するのに，からなずしも日本の植民地支配の違法性を持ち出す必要性はないはずであるが，大法院判決はあえてこの問題を持ち出しているところに政治的な意図が感じられる．

　大法院判決で留意すべきは，日本の不法な植民地支配および侵略戦争の遂行と直結した日本企業の反人道的な不法行為を前提とする「強制動員被害者の日本企業に対する慰謝料請求権（「強制動員慰謝料請求権」）であり，未払い賃金に対する補償を請求しているのではないという点だ[26]．この点は日本国内では十分認識されているとは言えず，いたずらに混乱を招くことになっている．だが，上記判決は，日本政府が過去の植民地支配に対する不法行為の存在と賠償責任の存在を否定する状況で，「被害者側である大韓民国政府が自ら強制動員慰謝料請求権までも含む内容の請求権協定を締結したとは考えられない」と主張し，慰謝料を問題にしている．

　一方で，大法院判決が主張するように，植民地支配の下で「徴用工」が体験した精神的苦痛の問題が交渉段階で議論にならなかったのかというと，そうではないことは交渉文書から明らかである．10.30 の大法院判決もこうした経緯を検討している．その中で，同判決は，1961 年 5 月 10 日に開かれた第 5 次日韓会談予備会談の過程で韓国側が，「他国民を強制的に動員することによって負わせた被徴用者の精神的，肉体的苦痛に対する補償」に言及した事実，1961年 12 月 15 日の第 6 次日韓予備会談の過程で韓国側が，「八項目に対する補償として総額 12 億 2000 万ドルを要求し，そのうちの 3 億 6400 万ドル（約 30％）を強制動員被害者に対するものとして算定」した事実に言及している．にもかかわらず，この交渉経緯について，①「上記のような発言内容は大韓民国や日本の公式見解ではなく，具体的な交渉過程における交渉担当者の発言に過ぎない」，②「交渉で有利な地位を占めようという目的による発言に過ぎない」，③韓国側が 12 億 2000 万ドルを要求したのに，実際は 3 億ドルで妥協したことをもって，すなわち補償額が少ないことに鑑み，「強制動員慰謝料請求権」も「請求権協定の適用対象に含まれていたとはとうてい認めがたい」という結論を導いている．

　②は論外であるとしても，韓国側要求額より妥結額が大幅に下回ったこと
を理由にする③も，説得力があるとはいえない．請求権協定をめぐる交渉で，
日本側は法的根拠と証拠資料に基づいた積み上げ方式で算定した金額を出すよ
う求めた．これに対して，朝鮮戦争で資料を喪失したこともあり韓国側は，孔
元外相も後日のインタビューで証言しているように，一括算定方式の方が金額
を上乗せできるとの日本側提案を受け入れたという経緯がある．それゆえ，金
額の多寡を根拠に慰謝料が含まれなかったとする主張は，交渉の経緯に照らし
て必ずしも説得力があるとは言えない．この点について，外務省条約局法規課
長（当時）の伊藤哲雄は，次のように述べている．「我が国は，法的根拠があり，
かつ，事実関係も十分に立証されたものについてのみ支払を認めるとの前提に
立って交渉を進めたが，韓国側が提出した，いわゆる『対日請求8項目』の内
容を検討した結果，法的根拠の有無に関する両者の見解には大きな隔たりがあ
り，また戦後十数年が経過して朝鮮動乱等による資料の散逸もあって，事実関
係を立証することも金額を確定することもきわめて困難であることが判明した．
そこで，この様な『積み上げ方式』では問題を解決することができないことが
明らかとなったので，両国間の友好関係を確立するとの大局的見地に立って，
韓国の民生安定，経済発展に貢献することを目的として」交渉を行った［伊藤
1994: 106］．　また，金額の多寡についても，韓国外交通商部で東北アジア局長
を務め，文在寅政権下で外務第一次官を務めた趙世暎も著書の中で指摘してい
るように，「請求権資金は法外に少ない金額ではなかったともいえる」．請求権
資金5億ドルは，1965年の韓国政府予算総額約3億2000万ドル，輸出総額1
億7000万ドル，外貨準備高1億4000万ドル，国内総生産30億ドル，一人当
たりの国民所得105ドルであったことをふまえる必要があろう，と述べている
［趙 2015: 33-34］．
　①に関してはどうか．この理由付けは，②と同様に，韓国政府が正式に任
命した交渉者の発言を否定することになるだけでなく，交渉担当者は必要に応
じて，伺いをたて，本省の訓令にもとづいて交渉を行っているという事実およ
び交渉の内実を無視するものである．1961年5月10日に開かれた第5次日韓
会談予備会談の文書からは，交渉中韓国側代表は繰り返し「精神的，肉体的苦
痛」に対する補償を要求していることが確認できる．「交渉担当者の発言に過
ぎない」とか，交渉を有利に進めるための方便に過ぎないという次元のやり取
りではない．韓国側は「新しい基礎」のもとに「精神的，肉体的苦痛」に対す

る補償を要求する，と繰り返している．日本側がその意味を問いただしたさい
に，韓国側は「まったく強制的に動員され，又非常に虐待をうけたのであるから
らその意味で考え方を変えて理解していただきたい」と返答している．そうし
た経緯を踏まえ，1961 年 12 月 15 日の第 6 次日韓予備会談の過程で韓国側は，
「八項目に対する補償として総額 12 億 2000 万ドルを要求し，そのうちの 3 億
6400 万ドル（約 30％）を強制動員被害者に対するものとして算定」した．上記
の金額の中に，慰謝料が含まれているかどうかの判断は難しいが，日本側が考
えていた金額とは大きくかけ離れていた．被徴用者の補償金に関する双方のや
り取りの中で，日本側が，「韓国側は精神的な苦痛への補償を請求しているが，
当時韓国人の法的地位が日本人であったということから，日本人に支払われて
いない補償金を支払うことはできない」[太田 2003: 187-188] と述べていること
をふまえると，慰謝料は含まれていないとも考えられる．

　第 5 次日韓予備会談では，韓国側が「国として請求して，国内での支払いは
国内措置として必要な範囲でとる」との立場であったのに対して，日本側は補
償金が被害者個人に渡らないようでは困るとの懸念から，被害者個人への直接
支払いを求めたことにはすでに言及したとおりである．「新しい立場」に関し
て，日本側は，「韓国側のいわれる新しい基礎に立つ補償とか，支払いの方法
も個人ベースによらないということはわれわれの terms of reference と離れて
しまったように思う」と否定的であったが，結局のところ，「個人ベース」
云々の問題に関しては，韓国側の要求を受け入れている．

おわりに――日韓歴史認識問題の脱アポリアに向けて――

　東京裁判で植民地支配の問題が考慮の外に置かれていたように，その後のサ
ンフランシスコ講和会議でも，植民地問題は対象外として扱われた．韓国は日
本と交戦状態にあったとは認められず，しかも 1942 年 1 月の連合国宣言の署
名国ではなかったことをもって，講和会議の署名国に該当しないとされ，正式
参加ではなく，非公式参加を認められただけであった．その背景には，米英両
国が抱いた懸念があった．両国は，対日講和で植民地統治責任問題が議論され
ることを望ましくないと考えた．植民地を保有する英国は，サンフランシスコ
講和会議の参加資格問題で，韓国が「日本の領土であったことは疑いのない事
実」だとして，法的な観点から正式参加に反対すると主張し，韓国の過剰な要

求に懸念を抱いた米国も英国に同調することになった［金 2002: 133-47］.

韓国は救済措置として，平和条約第 4 条 (a) で別途特別取り決めによって戦争被害の補償が認められ，日本との交渉に臨むことになった．この特別取り決めの主たる対象となるのは，「財産」および「請求権（債権を含む）」とされたが，「請求権」は定義されておらず，その中に何が含まれるかは必ずしも明らかでなかった.

日本政府は，サンフランシスコ講和会議は国家間の戦争に起因する「財産」と「請求権」を協議する枠組みであるとの立場から，もともと韓国の正式参加には反対であった．このため，日本政府は，韓国は交戦国ではなかったとの観点から日韓国交正常化交渉に臨んだ．両国は植民地支配の違法性をめぐって激しく対立した．このため，韓国側が植民地支配の違法性の議論を封印して交渉に臨んだことで，双方はようやく請求権協定の締結にこぎつけた．にもかかわらず，韓国側がこの問題を改めて持ち出したことで，請求権協定は解決済みだとする日本側と真っ向から対立する状況が再現されることになった.

1960 年 12 月に国連総会決議で「植民地独立付与宣言」が採択され，植民地主義は「基本的人権と国連憲章に違反する」と宣言されて以降，植民地主義を否定する国際規範はさらに強まった．請求権協定の翌 66 年に国際人権規約が国連総会で採択され 1976 年に発効し，日本も 1979 年に批准した．その潮流に乗る形で，韓国側は改めて日本の植民地支配の被害・苦痛の補償を求めるようになった.

しかしながら，第一に，法的賠償や政府の公式謝罪に固執する韓国側の立場は，第二次世界大戦後に強まった国際規範を事後的に，戦前の植民地主義問題に適用可能だと主張する点で問題をはらんでいる．韓国がサンフランシスコ講和会議への正式参加国として招聘されなかった理由もこの問題が背景にあったことはすでに指摘した通りである．国際法上は，植民地主義の違法性をめぐる論争は現在まで続いている［木村 2002: 1-9］.[27] 第二に，日韓請求権協定の交渉のさいに，早期解決を目指した韓国側は，植民地支配の違法性の問題を封印して臨み，そのことを交渉当事者は認識していたにも関わらず，改めてこの問題を持ち出した．第三に，三菱，新日鉄両事件に関する 2012 年 5 月 24 日の大法院判決は，請求権協定で個人請求権も外交的保護権も放棄していないという判断を示し，両企業に慰謝料の支払いを命じたが，民間企業の不法行為責任の有無を認定するのに，あえて日本の朝鮮半島における植民地支配の違法性と結びつ

けるという方法に訴えた．大法院が，政治的妥協の産物である日韓請求権協定
に国際法上論争が続いている植民主義の問題を持ち込み，植民地支配の違法性
を問うたことは，日韓双方で法的アポリア状況を生み出し，問題の解決をさら
に遠のかせることになり，結果として，被害者救済の視点が失われることに
なった．

　他方で，日本の最高裁判所は，個人の請求権を否定することなく，被害者が
裁判に訴えることができないという判決を下した．この判決は，何人も裁判を
受ける権利があるとする日本国憲法32条の規定の趣旨に照らすと，かなり無
理筋の判断である．法的にそのような解釈が可能だとしても，被害者救済の道
を閉ざしてしまったことが，彼らをして，自国内で救済を求めて裁判所に提起
せざるを得なくしたものであり，そのことが，現在の日韓関係の悪化を惹起す
る重要な要因になっていることも否定できない．しかも，請求権協定が植民地
主義支配の補償の問題に正面から取り組むことなく，あいまい決着を図ったこ
とも確かである．

　韓国側があくまで植民地支配の違法性に固執し，法的賠償を求め，他方日本
側がこれを認められないとする立場を変えない中，現状はある種のアポリア隠
し（似非アポリア）の状況にある．このアポリア状況から脱却するためには，道
義的な責任という観点から，被害者中心の問題解決を政治的に図ることが現実
的ではないだろうか．

　韓国政府も慰安婦問題に関する日本の国家責任は「厳然として存在する」と
しながらも，未来志向で問題の解決を図るという立場をとっていたことがあっ
た．野党議員が提出した質問書に対する2000年10月25日の答弁書において，
李廷彬外交通商部長官は次のように答弁している．慰安婦問題に関して，韓国
政府も日本政府に「法的責任がある」という立場だが，「日本政府が法的責任
を否定しているなか」，被害者救済の観点から，韓国政府としても国内的に救
済措置をとる一方，「日本に対しては消耗的な法理論争と賠償要求」を求める
よりも，「より徹底した真相究明と真正な謝罪・反省を要求することにした」[28]．

　実際のところ，日韓双方は2015年12月28日，日韓慰安婦合意（「和解・癒し
財団」の設置，10億円の拠出，総理の道義的謝罪など）にこぎつけた．慰安婦合意は
協定ではなく，政治的合意である[29]．このことは，政治的，道義的な観点から日
本政府がこのような措置をとることを，日韓請求権協定が妨げるものではない
ことを示している．だとすれば，植民地支配をめぐる両国の対立に由来する法

的ディレンマ状況からの脱却の方途としては，法的な解決ではなく，双方の政治的なリーダーシップの発揮を通じた政治的解決策が現実的な被害者救済への道だと思われる．

　三菱，新日鉄両事件に関する2012年5月24日の大法院判決が，請求権協定で個人請求権も外交的保護権も放棄していないという判断を示したのに対して，文大統領の立場は，個人請求権は残っているが，外交的保護権は放棄したというもので，両者には違いがある．だが，文大統領は外交的保護権を放棄したという立場であることから，三権分立の観点から司法の判断を尊重するという主張を繰り返し，政治的なリーダーシップを発揮しているようには見えない．また，文政権が2015年の慰安婦合意を一方的に反故にしたことは，日韓両首脳の間の信頼関係を損なった．さらに，文大統領は，「被害者中心のアプローチ」を韓国世論に印象付けようとしているが，すでに検討したように，韓国内で慰安婦間に意見が分かれているという現実を無視し，「旧挺対協」および同組織に同調する一部の慰安婦の立場を「被害者中心のアプローチ」と同一視している．また，文在寅大統領は大統領就任100日記者会見の席で，記者の質問に答える中で，「お話の中の日本軍慰安婦の部分は，韓日会談当時，知りえなかった問題でした．いわば，その会談で扱われなかった問題です」と述べたが，この発言は事実とは異なる．従軍慰安婦に関しては，日本側文書「日韓交渉報告（請求権関係部分）」（1953年5月11日〜6月18日）の中に「（四）南方占領地域慰安婦の預金，残置財産」という項目があり，同年9月19日の第二次日韓会談請求権会談の場で，張基栄代表が徴用工問題の他に，「海軍が管轄していたシンガポール等南方に慰安婦として赴き，金や財産を残してきたものがある」と述べたあと，韓国政府は，そのような人達に金銭を都合したこともあると提起したと記録されている[30]．

　日本政府もまた，この問題は65年の請求権協定で解決済みだと主張するばかりで，問題解決のためにリーダーシップを発揮しているとは言えない．日本の朝鮮半島における植民地主義支配の違法性の問題は別としても，当時の被害者が現に存在し被害救済を求めているという現実に真摯に向き合ってきたようには見えない．くわえて，2019年7月4日，安全保障上の理由で半導体などの材料三品目について輸出手続きを厳格化する措置を発表，続いて同年8月2日に輸出管理上の優遇措置を適用する「ホワイト国」から韓国を除外する閣議決定を行った．こうした措置は，韓国への制裁措置だと受け止められ，双方の

不信感を増幅することになっている.

　そうした膠着状態の中で，2019年12月18日，韓国国会に提出された文喜相韓国国会議長（当時）の徴用工問題解決案は廃案になったとはいえ，注目に値する．この案の骨子は三点ある．(1)「強制動員被害者」（元徴用工）への慰謝料を支給する「記憶・和解・未来財産」の創設，(2)韓国政府はその運営費を支出し，日韓双方の企業や国民から「自主的な寄付金」を募り，財源に充てる，(3)支給対象としては，韓国大法院で日本企業に対する勝訴が確定した原告の他，係争中や今後提訴を予定する元徴用工らも含む．この法案の特徴は，財団が，原告の承諾を得て被告企業への賠償請求権を放棄させる仕組みである．訴訟が進行中の原告には，訴訟の取り下げを条件に慰謝料を支給する．

　2018年10月30日の新日鉄住金徴用工事件判決の後に韓国政府は，関係部署間の協議と各界人士の意見や世論の聴取を行ったうえで解決策を模索したが，そのさい日本企業を含む日韓の企業が自発的に出資し，その財源で確定判決の被害者に慰謝料相当額を支払う案が提起された．韓国政府は，日本側がこのような案を受容するなら，日本政府が要請している日韓請求権協定第3条1項の協議手続きの受容を検討する用意があるとして，このような立場を日本政府に伝達したことがある．文議長案は，日韓双方の企業から自主的な出資金を募るという核心的な部分において韓国政府の考えと共通する点で注目される[31]．

　文議長案の内容は，過去の植民地支配の被害・苦痛に対する法的賠償を日本政府に求めるものではない．また，被告の日本企業に負担を強制させない点でも日本政府の要求に適っている．日本政府は，個人請求権は残っていると主張するが，最高裁判決によって，裁判所による被害者救済の道は国内的に閉ざされている．そのような状況下で日本は，植民支配の下で精神的苦痛を被った元徴用工に対して謝罪と補償をする道義的責任がある．植民地支配に対する法的な責任をとる必要はないというのであれば，日本政府に残された選択肢は，政治的な解決策を探る以外にない．

　しかし，かりに文議長案をベースに解決方法を探るとしても，障害をクリアーする必要がある．それゆえ，韓国政府と日本政府は，文議長案に随伴する懸念材料を取り除くために，ともに政治的リーダーシップを発揮することが求められる．第一に，「自主的な寄付金」とされていることから，韓国の被害者の間には，被告の日本企業が寄付金を出さない可能性を懸念する声がある．原告側はこの点を問題視しているので，そうした懸念を払拭する必要がある．第

二に，韓国議長案に対しては，日本側の謝罪が含まれていないとの批判が出たことから，文議長は，小渕恵三総理（当時）と金大中大統領が1998年の日韓共同宣言で示した「日本政府の反省・謝罪の意を再確認し，これに基づいて，悪化の一途をたどっている日韓の両国関係が，過去を直視すると同時に，未来志向の関係に進むよう，呼び水の役割を果たす政治的・立法的な解決策として法案を提案する」と説明し，そうした批判に応えようとした．日本政府としても，90年代初頭になって，細川護熙総理演説（1993年8月23日の国会所信表明演説），慰安婦問題での河野洋平官房長官談話（1993年8月）に続き，村山富市総理の戦後50年談話（1995年8月15日），小泉純一郎総理の戦後60年談話（2005年8月）において，「心よりの反省と謝罪」，「心からのおわびと反省」，「痛切な反省」と「心からのお詫び」といった表現を繰り返してきた．その意味で，謝罪に関しては，日本政府から明確な謝罪がなかった請求権協定当時と今日では，状況はかなり違ってきている．だが，韓国側は不十分だと考えており，謝罪のあり方について，知恵を出すことが日本政府に求められる．第三に，勝訴した原告の一部が財団の慰謝料を受け取らず，被告企業から直接，慰謝料を得る手続きを進める可能性もある．この点に関しては，そうならないように韓国政府の努力が求められる．

　以上述べたような方向で，両国の指導者が政治的リーダーシップを発揮することができれば，被害者救済への道が拓けるのではないか．

注

1）『朝日新聞』2018年11月15日．

2）「大韓民国第177回国会統一外務委員会」（1995年9月20日）（http://justice.skr.jp, 2019年8月18日閲覧）．

3）「他の締約国の管轄の下にあるものに対する措置」とは，たとえば，在日韓国人の財産がこれに該当する．後述するように，日本政府はこの規定にしたがって，「大韓民国等の財産権に対する措置に関する法律」（「財産措置法」）を成立させ，在日韓国人の「財産，権利および利益」を補償なく消滅させた．

4）李洋秀「日韓会談と『請求権問題』」（http://www.f8.wx301.smilestart.ne.jp/nihonkokai/kiri/kojinnseikyuukenn.pdf, 2019年7月30日閲覧）．

5）原爆裁判については以下のサイト（https://bluemilesjp.jimdofree.com/原爆判決, 2019年7月14日閲覧）で読むことができる．

6）第121回国会参議院予算委員会会議議事録第3号，1991年8月27日．

7）第123回国会衆議院予算委員会会議議事録第15号，1992年3月9日．

8）同上.

9）同様な見解は，日韓請求権協定締結時に外務省条約局法規課長であった伊藤哲雄によっても確認されている.

10）第 126 回衆議院予算委員会会議録第 26 号，1993 年 5 月 26 日.

11）第 197 回国会衆議院外務委員会会議録第 2 号，2018 年 11 月 14 日.

12）日本戦後補償裁判総覧「中国人強制連行・強制労働訴訟」(justice.skr.jp/souran-jp-pdf.pdf, 2019 年 7 月 14 日閲覧).

13）山本晴太「日韓両国の日韓請求権協定解釈の変遷」(http://justice.skr.jp/seikyuken.pdf, 2019 年 7 月 14 日閲覧).

14）「韓国の対日請求要綱（8 項目）」(http://www.f8.wx301.smilestart.ne.jp, 2019 年 7 月 30 日閲覧).

15）第 5 次日韓全面会談予備会談の一般請求権小委員会の第 13 回会合（1961 年 5 月 10 日，北東アジア課）（極秘）. 秘密指定解除，情報公開室.

16）「請求権資金の運用および管理に関する法律」(1966 年)，「対日民間請求権申告に関する法律」(1971 年)，「対日民間請求権補償に関する法律」(1974 年). 上記三文書については，以下のサイト (https://www.nichibunren.or.jp/activity/human/nikkan-shiryo.html, 2019 年 7 月 14 日閲覧) を参照されたい.

17）「日本国と大韓民国との間の条約と協定解説」の引用箇所については，新日鉄住金徴用工事件再上告審判決文（大法院 2018 年 10 月 30 日）を参照されたい.

18）外務部長官は，1964 年 5 月 2 日，経済企画院長官の問い合わせに対して，次のように回答している.「日本と請求権問題を解決することになれば前期の個人請求権も含まれ解決されることになり，したがって政府は，個人請求権保有者に対して補償義務を負うことになる」，「当部としては個人が正当な請求権を持っている場合には政府がこれを補償しなければならないと考える」[太田 2006: 3].

19）「大韓民国 177 回国会統一外務委員会 1995 年 9 月 20 日」における孔魯明外務部長官発言 (http://justice.sker.jp, 2019 年 8 月 18 日閲覧).

20）「韓日会談文書公開の善後策に関する民間共同委員会（「民間共同委員会」）報告. 日本弁護士連合会：戦後補償のための日韓共同資料室 (https://www.nichibenren.or.jp/activity/human/nikkan-shiryo.html, 2019 年 7 月 14 日閲覧).

21）同上.

22）日韓日本軍慰安婦被害者問題合意検討タスクフォース「日韓日本軍慰安婦被害者問題合意（2015.12.28）検討結果報告」(2017 年 12 月 27 日) (justice.skr.jp/report/report.html, 2019 年 12 月 17 日閲覧). "2010 'comfort women' proposal revealed" *The Japan Times*, December 17, 2019.

23）同上. ここでいう「非公開の内容」とは，以下の三点である. 第一に，今回の合意内容に関連団体などが不満を表明した場合，韓国政府としては説得のために努力する. 駐韓日本大使館前の少女像については，「可能な対応方針に関して関連団体との協議等を

通して適切に解決されるよう努力する」．この第一の点については，表現は公開部分と非公開部分は同じだが，非公開部分では，「少女像をどのようにして移転するのか，具体的な韓国政府の計画を聞きたい」という日本側の発言に対応する形になっていることから，少女像は民間団体主導で設置されたものであるから政府が関与して撤去することは困難であるという従来の韓国政府の立場からは後退した内容となった．第二に，第三国での慰安婦被害者に関する石碑・像の設置問題について，韓国政府は「このような動きを支援することなく，今後日韓関係が健全に発展できるよう努力する」．第三に，韓国政府は，この問題に関する正式名称は，「日本軍慰安婦被害者問題」のみであることを再度確認するとした．最後の点については，「性奴隷」という表現を使わないことを約束したものではないが，日本側が表現の問題で関与できる余地を残した．外交通商部は，第三国の追悼碑，「性奴隷」という表現の二つについて国内から批判がでることを予想して内部検討会議で削除を求めたが，大統領府にはこの要求は容れられなかった．

24）出典は注（22）と同じ．

25）「三菱事件大法院第一部判決」（2012 年 5 月 24 日）については，以下のサイト（nichibenren.or.jp/library/ja/kokusai/humanrights_library/sengohosho/saibanrei_04_1.pdf., 2020 年 1 月 13 日閲覧）を参照されたい．

26）「新日鉄住金徴用工事件再上告審判決」（大法院 2018 年 10 月 30 日判決）．韓国戦後補償裁判総覧ホームページ（justice.skr.jp，2019 年 8 月 18 日閲覧）を参照されたい．

27）木村によると，韓国学会のイニシアティブで「韓国併合再検討国際会議」が 2001 年に 3 回ほど開催され，植民地主義支配の合法性・違法性をめぐる議論が戦わされたが，違法だと主張する韓国側参加者の見解は，国際法を専門とする欧米の研究者には「全く受け入れられなかった」という．

28）「李廷彬外交通商部長官答弁書」文書番号議案 2981．（justice.skr.jp/koreagovern-ment.html, 2019 年 7 月 8 日閲覧）．

29）「韓国外交部『慰安婦合意憲法訴願却下』意見書提出」『中央日報』（日本語版）（2018 年 11 月 10 日）（http://Japanese.joins.com/article782/246782.html, 2019 年 7 月 8 日閲覧）．2016 年 3 月，韓国外交通商部は「慰安婦合意は形式上条約ではなく政治的合意で，国民の権利義務を直接扱っていない．合意の是非を離れ理上憲法訴願対象ではない」という理由で，訴えを却下するよう裁判所に意見提出を行っている．

30）出典は注（4）と同じ．

31）韓国外交通商省アジア太平洋一課「強制徴用判決問題，韓国政府の立場」（2019 年 6 月 19 日）（justice/skr.jp/koreagovernment.html, 2019 年 8 月 2 日閲覧）．

◆**参考文献**◆

伊藤哲雄［1994］「第二次世界大戦後の日本の賠償・請求権処理」『外務省調査月報』1.

太田修［2003］『日韓交渉　請求権問題の研究』クレイン.

────［2006］「日韓財産請求権問題の再考──脱植民地主義の視角から──」『文学部論集』90.

鹿島平和研究所編［1984］「日韓請求権協定合意議事録（1）」『日本外交主要文書・年表（2）1961-1970』原書房.

金民樹［2002］「対日講和条約と韓国参加問題」『国際政治』131.

木村幹［2002］「第3回韓国併合再検討国際会議──『合法・違法』を超えて──」『日本植民地研究』14（http://www.lib.kobe-u.ac.jp/handle_kernel/90000398, 2020 年 2 月5 日閲覧）.

趙世暎［2015］『日韓外交史』平凡社.

吉沢文寿［1998］「日韓会談における対日請求権の具体的討議の分析」『一橋論叢』120（2）.

第 *7* 章

平和とデモクラシーの間のジレンマの検証
——「神話」は崩壊したのか？——

杉 浦 功 一

 は じ め に

　冷戦後の平和構築においては，常にデモクラシー（民主主義）の実現（＝民主化）がその主要な目標のひとつとして掲げられてきた．その根拠としては，国際レベルでは民主国家同士は戦わないという民主的平和論と，国内レベルでは民主政治は統一と安定をもたらすというロジックがあった．しかし，2003 年のイラク戦争はデモクラシー推進を目的に挙げたものの，イラクでは今なお紛争が続いている．また，2003〜4 年にかけての「カラー革命」で民主化されたはずのウクライナでは，クリミア半島へのロシアの軍事介入と内戦を招き（クリミア危機），2011 年の「アラブの春」で欧米諸国が民主化のために軍事支援を行ったリビアやシリアは，長期の内戦に陥っている．さらに，アメリカやイスラエルのように民主的な国家がむしろ戦争を始めたり，好戦的な姿勢を示したりすることがある［三浦 2012］．加えて，民主化の途上にある国家はむしろ紛争に陥りやすいことが明らかになっている［Mansfield and Snyder 2005］．

　以上のような状況のなかで，最近では，デモクラシーがはたして平和をもたらすのかについて懐疑的な見方が広がっており，平和とデモクラシーの間で「ジレンマ」が生じつつあるように思える．このジレンマが正しい場合，平和を取るかデモクラシー（あるいは民主化）を取るかという選択を迫られることになるはずである．実際，カンボジアなどの紛争後国家の一部では，平和＝政治的安定の優先を主張して政権へのメディアの批判を制約したり，野党や NGOの活動を規制したりといった政策が政権によって正当化され，それを欧米諸国も受け入れざるをえなくなっている［杉浦 2020a］．しかし，このジレンマは

「真の」ジレンマであろうか．詳細に検証すると，「偽の」ジレンマであることが明らかになるかもしれない．他方，国連の平和活動の実務では，平和とデモクラシーの関係に関する従来の想定への疑念が検証されることのないまま，問題解決へ向けた改革が検討されている．このように，平和とデモクラシーの関係に対する根源的なジレンマの疑いが強まる一方で，現場ではその動向を直視しないまま表面的な改革を模索するという乖離状況が生じている．

　そこで本章では，平和とデモクラシーの間に生じつつあるとされるジレンマを改めて検証する．もちろん，研究の対象はきわめて広範に及ぶ．ここでは，「アポリア」の概念を通じて平和とデモクラシーの関係の論理構造を明確にすることで，両者の関係を今後考察する際の新しい視点を提供することを試みる．アポリアとは解決しえない難問のことであり，すでにたびたび出ている「ジレンマ」の概念もそのひとつの表現形態である．アポリアの概念（本章では特にジレンマの概念）が用いられることではじめて，それが本当に解決しえないアポリアなのか，それとも単なる「偽の」アポリアなのかが，徹底して検証されることになる．その際にはジレンマの論理構造が精査される．そして，その検証の過程を通じて，ジレンマはないと思っていた関係性に実はジレンマの可能性があること示すだけではなく，ジレンマがあると思っていた問題が，実はジレンマではなく「解決」可能であることがわかるかもしれない．このようにアポリアの可能性を疑い検証する過程こそが，特定のテーマについての考察を前進させ，解決の道を示すことにつながる．

　本章のテーマでいえば，平和とデモクラシーの間の「ジレンマ」が検証されることになる．まず，1990年代に強く信じられていた平和とデモクラシーの間の好ましい相関関係という「神話」がいかに形成され，そして最近それがいかにジレンマとして疑われるようになったのか，その経緯と実態を明らかにする．そのうえで，生じているとされる両者の間のジレンマがどのような論理構造をしており，どの部分がどの程度「正しい」といえるのかを，事例の検証や既存の研究成果を通じて考察したい．それによって，平和とデモクラシーの間の好ましい関係に対する「神話」と同様，両者の間の「ジレンマ」とされるものも，実際は「偽の」ジレンマとして解決が可能な部分があることが示されよう．

　本章で扱う「平和」の概念について，国連では，国際平和は，ヨハン・ガルトゥング（Johan Galtung）のいういわゆる「消極的平和」を指すことが多いが，

内戦が主である紛争後平和構築では，消極的平和のみならず，構造的暴力がない「積極的平和」までが視野に入れられることが多い［篠田 2002］．また，「デモクラシー」は，さしあたり「人民による統治」という最も一般的な意味で捉えたうえで，民主主義と互換的に用いて，一般的な日本語の言い回しに合わせて使い分ける．デモクラシーは多様な意味をもち，それ自体が国際的な争点であるため，平和の概念と同様，固定的な定義の提示はひとまず避けたい．また，「民主化」は，そのデモクラシー実現へ向けた過程であるが，比較政治学では，政治体制が競合的選挙を中心に制度的に民主的なものへと「移行」し「定着」する過程を指すことが多い．「移行」は最初に競合的選挙が行われたとき，「定着」はより曖昧であるが，平和的に政権交代が行われたときをひとつの判断基準とする用法がよく用いられる．「民主化支援」については，ここでは日本や欧米（いわゆる西側）の先進国政府や国際機構（EU や国連），国際 NGO など多様なアクターによる，技術・資金援助のみならず，外交的な手段を含む民主化の促進・擁護を目的とした活動全般という広義の意味で用いる［杉浦 2010］.

1 平和とデモクラシーの「神話」の成立と崩壊？

平和とデモクラシーは好ましい相関関係にあるという「神話」は長らく存在してきた．ドイツの哲学者であるエマニュエル・カント（Immanuel Kant）は，18 世紀末に刊行した『永遠の平和のために』において，国内の共和制は国家間に平和をもたらすという主張をすでに行っている．20 世紀初頭にアメリカの大統領となったウッドロー・ウィルソン（Woodrow Wilson）も平和とデモクラシーの好ましい関係を想定して，国際連盟の設立の根拠とした．第二次世界大戦後の国連憲章の背景にある思想も，憲章自体にデモクラシーという語は存在しないものの，平和とデモクラシーは相互に支えあうという考えであった．冷戦期においても，日米同盟や NATO（北大西洋条約機構），欧州共同体（EC）といった西側の協力関係では，民主国家の間では平和な関係が促進・維持され，その逆も然りという想定が明示的に条約に織り込まれていった．しかし，平和とデモクラシーの「神話」が公式の政策になり，国際社会において「主流化」し定着したといえるのは，1990 年代になってからである．

冷戦の終結により，デモクラシーと市場経済を重視するリベラリズムと国内・国際両方の平和の関係を正の関係にあるとする「リベラルな平和（liberal peace)」といわれる思想が国際的な支持を集めるようになった［Richmond and Franks 2011 ; Paris 2004］．リベラルな平和の思想では，平和とデモクラシーは好ましい相関関係にあり，そこでのデモクラシーは，競合的選挙と政治的自由が重視されるものであり［Paris 2004 : 20］，いわゆるロバート・ダール（Robert A. Dahl）の「ポリアーキー」の内容に近いものである．同時に，法の支配や三権分立，立憲主義，代表制を取り入れることで国家権力の暴走や多数者の専制を制約すること（＝リベラリズム）も重視した，いわゆる自由民主主義体制を意味する．

　そのような平和とデモクラシーの好ましい関係を「リベラル・モデル」とすると，国際関係論では，ブルース・ラセット（Bruce Russett）らによって，民主国家観では戦争を行わないとする民主的平和のテーゼを検証する研究が進められていく［Russett et. al. 1993］．また，国内平和にとってもデモクラシーは好ましい影響をもたらすという考えも，必ずしも実証されたわけではないものの［Hegre et.al. 2001］，冷戦終結による楽観主義のなかで広く西側先進国政府や国際機構の政策担当者の支持を集めていった．そして，1992 年のブトロス・ブトロス＝ガリ（Boutros Boutros-Ghali）国連事務総長の『平和への課題』でもこのリベラル・モデルの発想が織り込まれ［Boutros-Ghali 1992］，以降，国際的な平和活動の基本的な想定であると同時に，活動の目的になっていく．

　リベラル・モデルは，国連の平和維持活動を通じて，1990 年代初頭からカンボジアやモザンビーク，アンゴラなどに適用されていく．しかし，必ずしも成功したわけではない．アンゴラの 1992 年の第二次国連アンゴラ検証団（UNAVEM II）では，性急な民主的な選挙の実勢がむしろ紛争再発のきっかけのひとつになったとされる．また，ルワンダでは，選挙の実施を含めたミッションのために派遣されていた PKO 部隊の面前で民族虐殺が展開された．そこでのデモクラシーは，「特定のモデルは存在しない」とブトロス＝ガリ事務総長が『民主化への課題』（1996 年）で述べたにもかかわらず［Boutros-Ghali 1996］，実際には競合的な選挙の実施による政権の選択を柱として，そのために必要な人権の保障，法の支配，自由なメディア，市民社会の存在，市場経済を軸とした，欧米流の自由民主主義体制を対象国で実現することが目標とされた．

　しかし，平和とデモクラシーの神話は，今世紀になった 2001 年の 9・11 同時多発テロ後，アメリカが単独行動主義によってイラク戦争を開始することで揺らぐようになる．イラク戦争では，戦前は大量破壊兵器の開発の有無が争点

だったのが，開戦時には，イラクにデモクラシーを推進することが目標として掲げられるようになった．その後も，当時のアメリカのブッシュ Jr.（George W. Bush）政権は，デモクラシーがテロの防止につながるという理由から，対テロ戦争と関連させて，デモクラシーを国際的に推進していく．しかし，イラクでは，憲法の制定と議会選挙の実施にもかかわらず国内で暴力が続き，不安定な状態が続いた．2014年ごろにはイスラム過激派勢力のいわゆる「イスラーム国」が支配を拡大する事態に陥った．また，平和とデモクラシーの両立が成功したかと思われていた国家で，武力衝突や政変といった問題が起きるようになった．たとえば，カンボジアでは，1997年に暴力を伴う政変が起き，その後フン・セン（Hun. Sen）政権の権威主義化が進んでいった．

　このような状況のなかでリベラル・モデルに対する批判が強まっていった．デモクラシー推進政策への批判［Carothers 2004］，リベラルな平和構築活動への批判［Paris 2004；土佐 2009］，「ハイブリッド」な国家建設の提案［藤重ほか 2019］などが研究者や実務家より提起されるようになった．それでも，国連などの主要な政策文書と実践では，リベラル・モデルは依然支持され続けている．2015年平和活動に関するハイレベル独立パネルが国連事務総長に報告書『平和のために我々の力を合わせる（*Uniting Our Strengths for Peace*）——政治，パートナーシップ，人々——』を提出し，平和活動での政治的解決の重視，現地の需要の変化への柔軟な対応，地域機構などとの平和・安全保障パートナーシップの重視，現場重視で人々中心の活動への重点の移行を求め，紛争予防や文民保護，実力行使や役割における明確さ，和平過程への政治的警戒の継続といった新しいアプローチを提案した．しかし，デモクラシーや民主化への言及は見られず，平和とデモクラシーのリベラル・モデル自体は問われていない．実際，リビアでは，2011年のいわゆる「アラブの春」で独裁者カダフィー（Muammar ai-Qadhafi）の政権が崩壊し，12年には制憲議会選挙が実施されたが，その後東西に分裂して内戦になっている．それでも，その和平交渉では新たな選挙の実施がたびたび提案され，リビア国民の間でもデモクラシー自体への支持は根強い［小林 2020］．

　このように，平和とデモクラシーのリベラル・モデルは依然広く支持されつつも，平和とデモクラシーがともすれば対立しジレンマがあるという印象も次第に強まってきている．

2　平和とデモクラシーのジレンマの構造

　しかし，平和とデモクラシーの関係がジレンマというアポリアに陥っていて，本当に両立が難しいかどうかを判断するためには，ジレンマの構造を明確にしたうえで，それぞれ精査することが必要である．

　まず，誰にとってのジレンマか，何がジレンマなのか，何と何が対立するのかを明確にする必要がある．ここでは，まず誰にとってのジレンマかを当該国と国際アクターに分ける．また，平和についても国内平和と国際平和に分けることができる．もちろん，イラク紛争と「イスラーム国」勢力，シリア紛争とヨーロッパでの難民問題など，両者がむしろ強くつながっている事例も多い．しかし，コスモポリタン・デモクラシー論など国際的なデモクラシーの構想はカントを含めて古くよりあるものの，平和とデモクラシーの関係で扱われる程度に現実の制度として具体化されているものは限られている．デモクラシーと平和の関係をめぐる議論の大半は，国内の政治体制や政治制度にかかわる．そのため，デモクラシーに対応する平和についても，国内と国際に分けた方が両者のジレンマの構造を理解しやすくなる．

> A1 当該国にとって，国内平和とデモクラシーの関係
> 　A1 ①デモクラシーの実現⇒国内平和の達成
> 　　→ジレンマ A1 ①「民主化されると，むしろ政治対立や治安が悪化」
> 　A1 ②国内平和の達成⇒デモクラシーの実現
> 　　→ジレンマ A2 ②「政治的安定，治安の改善が政権の強権化につながってしまう」

　まず，国内平和について，当該国にとっては，従来のリベラル・モデルの想定では，政治体制としてのデモクラシーを国内で実現すること，すなわち民主化は，政治的安定，治安の改善，内戦の再発防止につながると期待されてきた（A1 ①）．しかし，現実は，対テロ戦争後のアフガニスタンやイラクで起きたように，制度的にデモクラシーが導入されたにもかかわらず，かえって部族間や宗教勢力間の対立が激化し武力衝突に至ったり，治安が悪化したりする事態がみられる（ジレンマ A1 ①）．特に，民主化にとって重要な目標である競合的な選挙の実施が，民族勢力間や宗教勢力間の対立を悪化させ，暴力事件を引き起こ

す事例がよくみられる [Claes 2016]. たとえば，リビアでは，先述のように，「アラブの春」でカダフィ政権が倒された後，2012 年 7 月に初めて民主的な選挙として制憲議会選挙が行われ，14 年 7 月には代表議会選挙が行われたが，その後，両議会が対立して国内が東西に分裂し，イスラム過激派勢力「イスラーム国」を巻き込んでの内戦が発生した.

　逆に，国内での少なくとも消極的平和の実現は，デモクラシーの実現，すなわち民主化に貢献すると想定されてきた（A1 ②）. しかし，ロシアのプーチン（Vladimir Putin）政権やカンボジアのフン・セン政権，ルワンダのカガメ（Paul Kagame）政権のように，国内の治安が改善され，政治的安定がもたらされて経済発展が進んだにもかかわらず，政権の強権化が進み，デモクラシーの観点からの評価が悪化していく国がみられる（ジレンマ A1 ②）.

　　A2 国際アクターにとって，国内平和とデモクラシーの関係
　　　A2 ① デモクラシーの推進 ⇒ 国内平和の促進
　　　　→ジレンマ A2 ①「デモクラシーの推進が国内平和を脅かす」
　　　A2 ② 国内平和の促進 ⇒ デモクラシーを推進
　　　　→ジレンマ A2 ②「国内平和を安定させる活動がデモクラシーを後退させる」

　西側先進諸国や EU，国連，国際 NGO など国際アクターは，デモクラシーの推進（＝広義の民主化支援）は国内平和の促進につながると想定してきた（A2 ①）. 従来の国連による平和維持活動の多くで，競合的選挙の実施がその目標に掲げられてきたのは，当該国の民主化こそが国内平和をもたらすと考えられたからである. しかし現実には，国際アクターが支援する選挙の実施が，たびたび，むしろ国内の政治対立を煽る結果となっている（ジレンマ A2 ①）. 国連平和維持活動のもとでの競合的選挙が目指されていた 1994 年 4 月にルワンダで虐殺が発生したように，民族主義的な言動や相手勢力に対する誹謗中傷が流布され，対立勢力間の緊張が強まり，暴力に至ってしまう. 2004 年のウクライナでの政変を含めたいわゆる「カラー革命」では，選挙における不正を指摘する欧洲安全保障協力機構（OSCE）による選挙監視の結果が野党勢力を勢いづかせ，反政府デモが拡大して，政治対立を強める結果となった. カラー革命の過程で起きた，2005 年のキルギスタンにおけるいわゆる「チューリップ革命」では，選挙後に野党勢力による抗議デモが起きて，略奪を伴う暴動にまで発展

している.

平和とデモクラシーのリベラル・モデルでは，国際アクターによる国内平和の促進は，当該国のデモクラシーの質を改善し，民主化に貢献するとされてきた（A2②）．実際に，その想定に沿って，国連による平和維持活動では，DDR（武装解除・動員解除・社会統合）や SSR（治安・安全保障部門改革）を通じて，国内平和の回復が試みられている．しかし，国内平和を促進させるための活動が，かえってデモクラシーを後退させる事態が起きている（ジレンマ A2②）．たとえば，ボスニア・ヘルツェゴビナでは，民族紛争開始後の 1995 年にデイトン合意が締結されたが，以後，EU 諸国など国際アクターによる長期の関与が行われている．しかし民族間の対立が収まらず，国際アクターによる関与は継続された．1997 年には，いわゆる「ボン・パワー」が和平履行評議会の上級代表に付与され，以後，民主的選挙で選ばれた議会での民族間の対立をあおるような法案の採択に拒否権が行使されたり，やはり選挙で選ばれた公職者が解任されたりなど，上級代表による介入が行われていて，「非民主的」であるという批判を受けるようになった［橋本 2004］．

B 国際平和とデモクラシーの関係
　　B ①デモクラシーの拡大⇒国家間での戦争の減少
　　　→ジレンマ B ①「デモクラシーの推進が国家間の緊張を高めている」
　　B ②国際平和⇒デモクラシーの拡大
　　　→ジレンマ B ②「国際平和にもかかわらずデモクラシーの質は低下している」

平和とデモクラシーの関係のリベラル・モデルでは，民主国家の増加は国家間の平和としての国際平和をもたらすことが想定されている（B ①）．諸説はあるものの，民主国家間の戦争は減少していることがさまざまな研究で確認されてきた［Reiter 2017］．確かにここ 10 年を振り返っても民主国家間の戦争はまれである．しかし，民主国家と権威主義国家の間の戦争の可能性はそのようには低くない．むしろ，民主国家によるデモクラシーの推進が，かえって国家間の緊張を強めることがある（ジレンマ B ①）．たとえば，ロシアは，カラー革命以降，積極的に欧米からの民主化支援を防ごうとするようになっているが，そのような規制をめぐって欧米諸国との関係が緊張することがたびたび起きるようになっている．2014 年のクリミア危機からウクライナの東部での紛争の背景

にもなった．また，上海協力機構（SCO）のように，内政不干渉を主張する国際的な連携が，国際社会の「ブロック化」を生んでいる．

　また，国際平和は，経済や文化などさまざまなリンケージの強化をもたらし，デモクラシーを質的にも量的にも拡大させることが想定されてきた（Ｂ②）．たしかに，冷戦終結でもたらされた西側先進諸国との各種リンケージは，東欧をはじめ世界に民主化の波をもたらした［Levitsky and Way 2010］．しかし，国家間の紛争の数は引き続き少ないにもかかわらず，ここ 10 年，デモクラシーの拡大は止まり，むしろ「デモクラシーの後退」が広がっている［杉浦 2020c］（ジレンマＢ②）．フリーダムハウスの自由度指標は，各国の政治的権利と市民的自由を測ってスコアを付けるもので，デモクラシーの評価でよく用いられるが，スコアが悪化した国の数が改善した国より多い状態が，2006 年以降連続している．20 年も 28 カ国でスコアの改善が見られた一方，73 カ国で悪化した［Freedom House 2021］．民主国家から構成される EU では，確かに国家間の平和は維持されているが，排外主義的な主張が強まり，極右・極左のポピュリスト政党が勢力を拡大するようになっている．

　以上，平和とデモクラシーのジレンマを分解して，その例証と思われる事例を挙げながらその構造を明らかにした．しかし問題はそれらが本当にジレンマであるかである．

3　平和とデモクラシーのジレンマの検証

　アポリアとは解決しえない難問を意味する．そのアポリアのひとつであるジレンマは，ここでは平和とデモクラシーという 2 つの項目が対立して両立しえないことを意味する．改めて問われるべきは，はたして本当にジレンマなのかということである．まずは，「偽の」ジレンマであるの可能性を検討する必要がある．

(1)　解決可能な「偽ジレンマ」

　偽のジレンマは，政治権力者など特定のアクターによる「誘導」や事実関係の複雑さによる「誤認」から生じるもので，ジレンマに見えても実は解決が可能なものである．実際，上で取り上げたジレンマの表出と思われる事例は，異なる政策を採ることで解決が可能となるものがある．ジレンマ A1 ①にあるよ

うな，民主的選挙に伴って暴力が発生する危険性については，過激なヘイトスピーチを規制したり，選挙日前日に冷却期間を置いたり，治安機関と協力したり，選挙運動に一定のルールを敷いたりすることで防ぐことが可能である [Claes 2016]．また，同じジレンマ A1 ①については，強権的な政権による政治利用にすぎない可能性もある．すなわち，2018 年 7 月の総選挙の過程も含めて，カンボジアのフン・セン首相がたびたび強調してきたように，内戦の再発を防止するためには，政府への批判や結社の自由など一定の自由の制限もやむを得ないというロジックである．しかし，そのような自由を制約する政策は，国連などから人権侵害として批判されている [杉浦 2020c]．

　デモクラシーの推進が対象国の国内平和をかえって脅かすという，国際アクターにとってのジレンマ A2 ①についても，優先順位の工夫でジレンマと思われた問題が解決しうる．実際，アンゴラの 1992 年の選挙では，先述のように性急な選挙の実施が紛争の再発を招く要因のひとつとなったが，1994 年のモザンビークの選挙では，その教訓から選挙期間を十分にとり先に DDR を進めることで平和的に選挙が実施され，新政権が誕生した．フランシス・フクヤマ (Francis Fukuyama) は，平和構築において，政治の自由化よりも，政府の行政能力や法制度整備など制度構築 (institution-building) を先行させることを提案している [Fukuyama 2004]．

　国内平和を安定させるための国際アクターの活動がかえってデモクラシーを後退させるというジレンマ A2 ②も，国際アクターが地元アクターと対話を深めながら，当該国に適した関与戦略を探ることによって，解決が可能である．東ティモールでは，1999 年のインドネシアからの国民投票を皮切りに紛争が発生し，国連による暫定統治が行われた．国連の暫定統治下で憲法制定と大統領選挙が実施されて，2005 年 5 月に独立が達成されたが，06 年 4 月に待遇に不満をもった兵士による騒乱が起きて治安危機に陥り，オーストラリア軍を中心とする介入が行われた．その後，国連は，せめぎあいながらも地元アクターと対話を続けて SSR を行い，07 年には民主主義体制の定着のひとつの目安である平和的な政権交代が行われ，その後の政情は安定している [花田 2015；クロス 2019]．また，国内の政治的安定，治安の改善が政権の強権化につながるという当該国にとってのジレンマ A1 ①についても，国際社会が比較的長期にわたって関与を続けることで解消しうる場合があることを，東ティモールの事例は示している．

それに関連するが，国際アクターによるデモクラシーの推進が国内平和を脅かすというジレンマ A2 ①にかかわる事例も，国内平和を安定させる活動がかえってデモクラシーを後退させるというジレンマ A2 ②にかかわる事例も，本質的というよりも，関与に対する国際アクターの政治的なコミットメントや適切な戦略の欠如が原因というものが多い．

ジレンマ A2 ①に関していうと，実践される民主化支援の「非政治化」がデモクラシー推進の有効性を低下させている．国際協力におけるオーナーシップ原則の強化がいっそう進み，さらにデモクラシーの後退が顕著になると，西側政府が，二国間関係への配慮から，権威主義化した政権が好まないような，政党支援や民主化・人権 NGO への援助，メディア支援をあえて避ける傾向が強まっている．国際 NGO も，自らが規制のターゲットになりやすいデモクラシー後退の状況下で，西側政府など資金提供機関へ客観的な結果を残す必要から，政治的に無難だが民主化にはつながらないような支援が多くなりつつある［杉浦 2020b］．

ジレンマ A2 ②の場合も，国際アクター側の財政面での予算不足や対象国との関係悪化という政治的リスクの回避のために，関与の「出口戦略」として早期の選挙実施を急ぐなど，平和維持活動や平和構築における民主化への配慮が不十分であることが，民主化が失敗に終わるひとつの原因となっている［Carothers 2015；Kurki 2013］．これらは，国際アクターが関与のコミットメントを強め，関与の内容を変更することで「解消」できる可能がある．

デモクラシーの推進がかえって，民主国家と対象国の間の緊張を高めてしまうというジレンマ B ①についても，多国間の枠組みを用いたり，秘密裏に関与を行ったりといった対応で解決が可能な場合がある．たとえば，EU は，「デモクラシーと人権のための欧州インストゥルメント」（EIDHR）に，人権擁護活動家のための緊急基金を設けて，抑圧の危機に直面した活動家を即座にかつ秘密裏に資金援助できるようにした．実際，2010 年から 16 年にかけて，45 カ国の 386 件に資金が提供された［杉浦 2020a］．このようなデモクラシーの後退を対象にした民主化支援の改善と強化は，国際平和の存在にもかかわらずデモクラシーの質が低下しているというジレンマ B ②の解消にも貢献しうる．EU 域内におけるデモクラシーの後退は，リスボン条約で規定された EU の関与のメカニズムによって，一定の歯止めが効くはずである．

(2)　代替案の模索によるジレンマの解決

　前項では，ジレンマと思われていた状態が実は「偽」で，解決可能な場合があることを示した．ほかにも，従来通りの概念では確かにジレンマがあるものの，概念や発想を大きく変えた代替案（オルタナティヴ）を模索し実行することで，ジレンマがジレンマでなくなる可能性がある．

　リッチモンド（Oliver P. Richmond）は，リベラルな平和に対して「ポスト・リベラルな平和」を提案している（Richmond 2011）．そこでは，対象国の政府を対象としたトップダウン型のリベラルな平和の促進から発想を変えて，むしろローカルな文脈やネットワークを重視して，平和の促進を行うことを提案している．実際にスリランカでは，スリランカ平和評議会（National Peace Council: NPC）によるエスニック集団間の和解の試みが行われた．このポスト・リベラルな平和の提案が，国際アクターによる国内平和の促進がかえってデモクラシーを後退させてしまうというジレンマ A2 ②の解決にどの程度つながるかはわからない．実際，上記のスリランカの事例は，権威主義的な政府からの圧力が加わり，活動が困難になっていった．しかし，従来のリベラルな平和の概念について，中心的な原則を維持しつつも，方法に関する発想を根本から変えることで，ジレンマが解消される可能性が示されている．藤重らが，国際社会と現地社会の間，トップダウン（国家）とボトムアップ（草の根）の間の「ハイブリッドな国家建設」の可能性を探っているのもそのひとつであろう［藤重ほか 2019］．

　同様に，ジレンマのもう一方のデモクラシーの概念自体を再考する方法がある．従来の平和とデモクラシーの関係のリベラル・モデルでは，基本的にダールの「ポリアーキー」の概念をベースにしたデモクラシーの概念が用いられてきた．民主的平和論など計量的な分析や民主化支援の効果の評価では，やはりポリアーキーの概念にもとづく先述のフリーダムハウスの自由度指標などのデータセットが用いられている［杉浦 2010］．しかし，デモクラシーの概念は多様である．政治的平等にもとづく参加というデモクラシーの原理さえ満たせば，多様な形態がありうる．

　近年も，規範・概念レベルにおいて，熟議民主主義や討議民主主義，結社民主主義，ラディカル民主主義，監視民主主義，コスモポリタン・デモクラシーといった新しいデモクラシーの議論が生まれてきた［Keane 2009］．たとえば，リベラル・デモクラシーの「リベラル」の部分に注目し，その多義性を踏まえ

て，新たな代表制（抽選代表や言説代表）を取り入れることで，リベラル・デモクラシーの「乗り越え」を考える議論がある［田村 2020］．ステークホルダー・デモクラシー論は，「被影響利害原理」に基づいて問題ごとにステークホルダーを選んで決定を行うという，新たな民主的な意思決定のあり方を考察している［松尾 2019］．また，実際の開発援助や民主化支援で対象となる項目や効果測定の際に用いられるデモクラシー評価やガバナンス評価など，「運用されるデモクラシー」をみる限り，選挙など政治システムのインプットの側面よりも，人民の要求を実現するというアウトプットの側面を重視して，政府の能力（＝狭義のガバナンス）に重きを置く「非政治的」なデモクラシー像が現れつつある［杉浦 2018］．

このようなデモクラシーの概念を採用すれば，民主化としての選挙の実施によってむしろ政治対立や治安が悪化してしまうというジレンマ A1 ①を解消できるかもしれないし，選挙を急ぐあまり国内平和を脅かすという，国際アクターにとってのジレンマ A2 ①も起きなくなるかもしれない．実際，開発援助機関は，開発に影響される人々が主体となる参加型開発や，政府の能力に重点を置いたガバナンス支援を行っている．ただし，権威主義的な政府にとって都合の良いデモクラシーの概念が用いられる可能性にも注意しないといけない．

おわりに

本章では，平和とデモクラシーの間に生じつつあるとされるジレンマを検証した．ジレンマの構造を分解して検証してみると，ジレンマとして挙げられるものの大半は，解決可能な「偽ジレンマ」であるか，代替案の模索による解消が可能なものであることが示された．このような結論は，本当に解決できないのかを徹底して検証しようとする「アポリアの視座」をもつことによって初めて可能となったものである．

それでも，「真の」ジレンマが潜んでいる可能性もいまだ捨てきれない．たとえば，ジレンマ A2 ①の「偽ジレンマ」を解消するために行われる，国際アクターによる民主化支援の改善は，中国の「台頭」とアメリカなど西側諸国の「衰退」という国際構造の変動によって，いっそう困難になっていく可能性がある．また，デモクラシーの概念の再考によるジレンマの解消も，同じ国際構造の変動で，デモクラシーの「中国モデル」が規範として支配的になってしま

うと，もはやできなくなるかもしれない．

　その点では，平和とデモクラシーのジレンマが「国際関係のアポリア」とし
て成立するかは，国際関係自体の変動によって左右される面がある．本章の考
察の枠を超えるが，そのようなアポリアを生み出す国際関係の変動が人為に
よって変更できないものであるならば，それは「アポリアとしての国際関係」
ということができるかもしれない．いずれにせよ，本章の考察は，平和とデモ
クラシーの関係の本格的な検証へ向けた第一歩である．

◆参考文献◆
＜邦文献＞
クロス京子［2019］「東ティモール——国連と政府のせめぎあいから生まれた国家建設の
　　方向——」，藤重博美・上杉勇司・古澤嘉朗編『ハイブリッドな国家建設』ナカニシ
　　ヤ出版．
小林周［2020］「紛争下のリビアにおける国家観——「断片化」と統合の狭間で——」，末
　　近浩太・遠藤貢編『グローバル関係学4　紛争が変える国家』岩波書店．
篠田英朗［2002］「平和構築概念の精緻化 に向けて——戦略的視点への準備作業——」
　　『広島平和科学』24．
杉浦功一［2010］『民主化支援—— 21 世紀の国際関係とデモクラシーの交差——』法律文
　　化社．
————［2014］「デモクラシー重視の開発援助——ポスト 2015 年へ向けた民主的ガバナ
　　ンスの評価と援助戦略——」『国際開発研究』（国際開発学会），23（1）．
——［2018］「デモクラシーの概念の変容の考察——民主化支援活動の現状から——」『和
　　洋女子大学紀要』（和洋女子大学），58．
————［2020a］「民主化支援の今日的課題——市民社会スペースの制約の問題を中心に
　　——」『平和研究』（日本平和学会），53．
————［2020b］「国際政治の構造変化と民主化支援の動向」『和洋女子大学紀要』（和
　　洋女子大学），61．
————［2020c］「民主主義体制の脆弱化と権威主義体制の強靭化における国際的要因の
　　考察」『日本比較政治学会年報』（日本比較政治学会），22．
田村哲樹［2020］「『自由民主主義を超えて』の多様性」『年報政治学 2019-Ⅱ』．
土佐弘之［2009］「破綻・脆弱国家の国際統治におけるジレンマ」，稲田十一編『開発と平
　　和——脆弱国家支援論——』有斐閣．
橋本恵市［2004］「ボスニア・ヘツツェゴヴィナ——国際支援の課題——」，稲田十一編
　　『紛争と復興支援——平和構築に向けた国際社会の対応——』有斐閣．
花田吉隆［2015］『東ティモールの成功と国造りの課題——国連の平和構築を越えて——』
　　創成社．
藤重博美・上杉勇司・古澤嘉朗編［2019］『ハイブリッドな国家建設』ナカニシヤ出版．

松尾隆佑［2019］『ポスト政治の政治理論——ステークホルダー・デモクラシーを編む——』法政大学出版局.

三浦瑠麗［2012］『シビリアンの戦争——デモクラシーが攻撃的になるとき——』岩波書店.

＜欧文献＞

Boutros-Ghali, B. [1992] *Agenda for Peace*, U.N.Doc.A/47/277-S/24111.

———— [1996] *Agenda for Democratization*, U.N. Doc.A/51/761.

Carothers, T. [2004] *Critical Mission: Essays on Democracy Promotion*, Washington, D.C.: Carnegie Endowment for International Peace.

———— [2015] "Democracy Aid at 25: Time to Choose," *Journal of Democracy*, 26(1).

Claes, J. ed. [2016] *Electing Peace: Violence Prevention and Impact at the Polls*, United States Institute of Peace.

Freedom House [2021] *Freedom in the World 2021: Democracy under Siege*, Freedom House.

Fukuyama, F. [2004] *State-building: Governance and World Order in the 21st Century*, Ithaca, New York: Cornell University Press.

Hegre, H., Ellingsen, T., Gates, S. and Gleditsch, N. P. [2001] "Toward a Democratic Civil Peace? Democracy, Political Change, and Civil War, 1816-1992," *American Political Science Review*, 95(1).

Keane, J. [2009] *The Life and Death of Democracy*, London: Simon & Schuster UK（森本醇訳『デモクラシーの生と死』上下巻, みすず書房, 2013年）.

Kurki, M. [2013] *Democratic Futures: Re-Visioning Democracy Promotion*, Abingdon: Routledge.

Levitsky, S. and Way, L. A. [2010] *Competitive Authoritarianism: Hybrid Regimes after the Cold War*, New York: Cambridge University Press.

Mansfield, E. D. and Snyder, J. [2005] *Electing to Fight: Why Emerging Democracies Go to War*, Cambridge, Mass.: MIT Press.

Paris, R. [2004] *At War's End: Building Peace After Civil Conflict*, New York: Cambridge University Press.

Reiter, D. [2017] "Is Democracy a Cause of Peace?" *Oxford Research Encyclopedia of Politics*, published online in Jan 2017.

Richmond, O. P., and Franks, J. [2011] *Liberal Peace Transitions: Between Statebuilding and Peacebuilding*, Edinburgh: Edinburgh University Press.

Russett, B. with the collaboration of William Antholis et al. [1993] *Grasping the Democratic Peace: Principles for a Post-Cold War World*, Princeton: Princeton University Press.

第 *8* 章

人道支援のアポリア
——人道支援の行動規範に対する擁護と反発の観点から——

上 野 友 也

はじめに

　冷戦終結後，紛争被災者に対する人道支援が精力的に行われる一方，そのような人道支援が武力紛争の争点のひとつとなり，武力紛争を激化・長期化させているのではないかと疑問が提起された．本章が対象とする「人道支援のアポリア」とは，紛争被災者のための人道支援が，武力紛争の激化と長期化を引き起こし，紛争被災者にとって否定的な結果をもたらすアポリアである．

　本章では，人道支援のアポリアについて論じるために，以下の四つの点について述べていく．第一に，人道支援の基本概念を説明し，人道支援のアポリアが人道支援の行動規範である公平性の原則に起因すると認識されていることを示す．具体的には，公平性の原則のひとつである無差別原則と比例原則が両立しない場合にアポリアが生じると考えられている．第二に，その人道支援のアポリアは，その解決方法をめぐる人道支援機関の間の路線対立を生み出し，一部の人道支援機関が人道支援のアポリアを解決するための「新しい人道主義」を提唱したことを紹介する．これは，人道支援のアポリアの要因である人道支援の行動規範を放棄する立場である．第三に，「新しい人道主義」が「新しい人道支援のアポリア」を生み出したことを明らかにする．「新しい人道主義」は，人道コミュニティを分断し，紛争被災者に否定的な結果をもたらす「新しい人道支援のアポリア」を引き起こす．最後に，「人道支援のアポリア」と「新しい人道支援のアポリア」は，「偽装された人道支援のアポリア」であることを指摘する．これらは，実際には人道支援の行動規範に起因するのではなく，人道支援の行動規範を尊重しない現地の紛争当事者や紛争地域への介入を進め

る欧米諸国などの行動に起因する.

なお,「人道支援のアポリア」,「新しい人道支援のアポリア」,「偽装された
人道支援のアポリア」という用語は,人道支援機関によって用いられているも
のではなく,本章で新たに用いた表現である.

1 人道支援の基本概念

(1) 人道支援の定義

　人道支援は,自然災害・人為的災害・武力紛争の被災者に対する援助と保護
を意味する.援助には,医療支援,公衆衛生支援,食糧・栄養支援,避難所や
被災者の生活支援などが挙げられる.一方,保護には,暴力的行為からの物理
的保護,法的権利の尊重,難民の受入と資格認定,難民の恒久的解決（自発的
帰還,庇護国定住,第三国定住）などが含まれる.

(2) 人道支援の主体

　このような人道支援活動を展開する主体は,外国政府・地域機関,国際機関,
国際赤十字,非政府組織,個人に区別できる.人道支援を専門とする非国家主
体を人道支援機関と呼び,これらの人道支援機関の集合体を人道コミュニティ
という.

(3) 人道主義の行動規範

　人道主義の行動規範とは,人道支援機関が援助や保護を行う場合に遵守する
べき規範である.一般的に,人道支援の行動原則として認識されているのは,
人道（humanity）,公平（impartiality）,中立（neutrality）の3つの原則である.

　人道主義の諸原則は,赤十字国際委員会や各国赤十字・赤新月社の人道支援
の経験を踏まえて歴史的に醸成されてきたものであり,赤十字国際委員会の法
律家ジャン・ピクテ（Jean Pictet）が起草し,赤十字国際会議で承認されたもの
である.これらの原則は,国連総会において人道支援の調整に関する指針の中
で確認され [UN 1991],国際赤十字・赤新月社連盟と主要な非政府組織（国際カ
リタス,カトリック・リリーフ・サービス,セーブ・ザ・チルドレン,オックスファムな
ど）が策定した「人道支援に関する行動規範」（Code of Conduct）でも受け入れ
られている [IFRC 1994].以下,人道支援の行動原則は,赤十字基本原則の定

義が参照されるのが一般的であるので，これに基づいてこれらの原則の意味を明らかにしておく．

　人道原則は，人道支援を道義的に基礎づける規範である．赤十字基本原則によれば，人道原則は「人間の苦悩を除去・緩和し，生命や健康を保護し，人格の尊重を保障し，人類の相互理解，友情，協力，永続的な平和を促進する」[Pictet 1979: 邦訳 17] ものである．

　公平原則は，人道支援機関と紛争被災者との関係を規定する規範である．赤十字基本原則によれば，「国籍，人種，宗教的信条，階級・政治的主張による差別をしない．もっぱら被災者の必要に応じて個人の苦悩を緩和し，最も切迫した被災に対して最優先で取り組む」ものである [Pictet 1979: 邦訳 42]．ピクテによれば，公平原則のなかでも前段の「国籍，人種，宗教的信条，階級・政治的主張による差別をしない」の部分を無差別原則といい，後段の「被災者の必要に応じて個人の苦悩を緩和し，最も切迫した被災に対して最優先で取り組む」の部分を比例原則という．ピクテは，この無差別原則と比例原則をひとつの公平原則にしたことは不正確であったと述べており [Pictet 1979: 邦訳 57]，本章でも二つを別の原則として考えることにしたい．それは，人道支援のアポリアが，無差別原則と比例原則が両立しない場合に生じると考えられるからである．

　無差別原則については，国際人道法にも規定がある．国際人道法の規定は，国家が文民を保護することを義務づける規定であるが，無差別原則を考えるうえで参考になるであろう．国家間戦争や内戦にも適用されるジュネーヴ条約共通第 3 条には，以下のような規定が置かれている．

　　敵対行為に直接に参加しない者（武器を放棄した軍隊の構成員及び病気，負傷，抑留その他の事由により戦闘外に置かれた者を含む．）は，すべての場合において，人種，色，宗教若しくは信条，性別，門地若しくは貧富又はその他類似の基準による不利な差別をしないで人道的に待遇しなければならない．

　一方，比例原則についても，国際人道法に規定がある．たとえば，文民の保護に関するジュネーヴ条約第 16 条には，以下のような規定がある．

　　傷者，病者，虚弱者及び妊産婦は，特別の保護及び尊重を受けるものとする．

つまり，無差別原則によれば，すべての文民は差別なく人道的な待遇の対象となるが，文民のなかでも，傷病者や妊産婦などについては特別の保護が与えられることになっている．これは，比例原則に基づいた対応である．また，文民の保護に関するジュネーヴ条約では，状況に応じて女性，子ども，高齢者も特別の保護の対象とされている．

中立原則は，人道支援機関と紛争当事者との関係を規定する規範である．赤十字基本原則によれば，「紛争当事者の一方に付いたり，政治的・民族的・宗教的・イデオロギー的性質を有する論争に巻き込まれたりしない」というルールである［Pictet 1979: 邦訳 61］．これは，人道支援機関が紛争当事者の一方だけを支援することで，自らを紛争当事者にしないことを意味する．赤十字国際委員会や各国の赤十字社・赤新月社の人道支援が，戦争を遂行する紛争当事者の戦略や戦術に組み込まれた苦い経験を踏まえたものであろう．それには，日本赤十字社が日本政府や軍による戦争遂行のために，その命令を受けて戦地に多くの看護師を派遣し，戦争に加担した経験も含まれる．

(4) 人道的空間

人道的空間（humanitarian space）は，人道支援機関が活動する物理的場所を意味するのではなく，「人道支援活動を円滑に行うための環境を確立し，維持するのに重要な要素である．これは，人道支援の基本的原則である中立原則と公平原則を忠実に堅持するものである」［UNOCHA 2008: 32］．人道的空間は，人道支援の行動原則を維持しながら，人道支援機関が活動できる自由裁量の余地を意味する．

2 人道支援のアポリア

人道支援の無差別原則と比例原則が両立せずに矛盾する結果を引き起こす場合がある．それは，差別のない支援が被災の度合とは無関係な支援になる場合や，被災の程度に応じた支援が差別的な支援となる場合があるからである．このように無差別原則と比例原則が両立しない場合に，武力紛争の激化と長期化を引き起こし，紛争被災者にとって否定的な結果をもたらす．

人道支援のアポリアが生じるのは，以下の二つの場合である．ひとつは，人道主義の無差別原則と比例原則が両立しない場合に，「紛争当事者間の対立と

緊張」が高まることがある．人道支援が紛争当事者間の政治的・戦略的争点となり，紛争当事者の対立を促進し，紛争を激化・長期化させる場合である．もうひとつは，人道主義の無差別原則と比例原則が両立しない場合に，「紛争当事者と紛争被災者との支配・従属関係」が強化されることがある．人道支援が紛争地域の紛争当事者と紛争被災者との関係を悪化させて，紛争を激化・長期化させる場合である．

　第一の「紛争勢力間の対立と緊張」の場合について考えてみよう．無差別原則に基づいた人道支援であれば，武力紛争に関与する諸勢力とは無関係に被災者を支援しなければならない．一方，比例原則に基づいた人道支援であれば，武力紛争で劣勢にあり，多くの被災者を抱えている勢力に対してより厚い支援を支援しなければならない．武力紛争に関与する勢力間に被災の不均衡があればあるほど，無差別原則と比例原則が両立しづらくなる．

　無差別原則に基づいた人道支援が，比例原則に反する場合がある．たとえば，1991 年からのボスニア内戦に際して，ムスリムを中心とするボスニア政府，セルビア人勢力，クロアチア人勢力の間で，人道支援の規模をめぐる戦略的駆け引きが展開され，国連難民高等弁務官事務所が各勢力間の人口比に応じた人道支援の物資規模を決定するという事態に至った［Cutts 1999: 14-16］．これは，民族を差別しない人道支援であったので，無差別原則に適合的であったが，被災していない住民にまで援助物資が配給されることになり，被災に応じた支援という比例原則を逸脱する結果となった．ボスニア内戦では，ボスニア政府の支配地域において戦争の被害が大きかったので，このような無差別原則にもとづく人道支援が，より支援を必要としたボスニア政府からの反発を招いたことは容易に想像できる．

　比例原則に基づいた人道支援が，無差別原則に反する場合がある．たとえば，1994 年のルワンダ・ジェノサイドに際して，人道支援の主たる受益者はジェノサイドの生存者であるトゥチ人であったが，ルワンダ新政権樹立後，ジェノサイド行為に対する報復を恐れてタンザニアやザイールに避難したフトゥ人難民に移行した．これは，被災の程度に応じた支援であったので比例原則に適合的であったが，同政権は人道支援がジェノサイドの被害者よりも加害者に集中したことを非難している［de Waal 1997: 262］．無差別原則からすれば，人道支援は民族とは無関係に提供されるべきであるが，武力紛争に際しては被災が民族間において偏るために，紛争当事者から見れば差別的支援であると認識される．

このようにして人道支援をめぐる紛争当事者間の対立が激化し，人道支援のアポリアが生じる．

　第二の「紛争地域における支配と従属」の関係について考えてみよう．無差別原則に基づいた人道支援であれば，被災者の政治的・社会的地位などとは無関係に提供されなければならない．一方，比例原則に基づいた人道支援であれば，政治的・社会的地位の上位にいる武力紛争の指導者よりも，被災の影響を受けやすくて政治的・社会的地位が低く経済的に窮乏している紛争被災者に対して実践されなければならない．このことは，紛争当事者が戦争遂行を目的として，紛争被災者から金銭や物品などを収奪し，搾取している場合であればあるほど，無差別原則と比例原則が両立しづらくなる．

　無差別原則に基づいた人道支援が，比例原則に反する場合がある．人道支援は，被災者の社会的地位や経済的条件などとは無関係に差別なく提供されるべきであるが，紛争地域の支配と従属の関係の影響によって，社会的地位が低く経済的に困窮状態にある被災者の救済には十分な支援とはならない場合がある．たとえば，1991年からのソマリア内戦では，人道支援機関は被災地において氏族などの出自や社会的身分とは関わりなく援助していたが，人道支援要員の護衛，援助物資の輸送業者，伝統的支配層や武装集団が人道支援機関から援助物資を搾取したので，本来の受益者である被災者には十分に援助物資が行き渡らないこともあったいう [Sahnoun 1994: 2-3; de Waal 1997: 169-170; Natsios 1997: 83-84]．比例原則に従えば，紛争被災者が人道支援の最大の受益者となるべきであったが，人道支援が武装集団や武器携行者などに利益をもたらした可能性は否定できない．その結果として，武装集団や武器携行者などが人道支援物資を市場で武器と交換することで紛争を激化・長期化させる人道支援のアポリアが生じた．

　比例原則に基づいた人道支援が，無差別原則に反する場合がある．人道支援は，社会的地位が低く経済的に貧しい被災者の福祉を向上させる一方で，被災者を支配し武力紛争を推進する階層や集団の反発を招くことがある．たとえば，1993年，ボスニア政府が統治するスレブレニッツァなどの都市をめぐる攻防戦が，政府軍とセルビア人勢力との間で展開されていた．セルビア人勢力に包囲されて，水や電気の供給も停止されて餓死の危険が迫ったスレブレニッツァから，国連難民高等弁務官事務所が一部の避難民をトラックで救出したところ，ボスニア政府は，この救出活動をセルビア人勢力によるジェノサイドに荷担す

る行為であると非難し，救出活動を停止に追い込んだ［UN 1999: paras 48-50］．この救出活動は，比例原則に基づいた行為であり被災者の利益に適うものであったが，あらゆる階層や集団の利益を促進するのではなく，特に，戦争を遂行する支配層の反発を引き起こすこともある．このように人道支援をめぐる紛争当事者と紛争被災者の関係を悪化させることで，紛争が激化し，人道支援のアポリアが生じた．

　このように人道支援のアポリアは，人道支援の行動規範である無差別原則と比例原則が両立しない場合に生じ，人道支援が紛争を激化・長期化させて，紛争被災者に否定的な結果をもたらしたという批判を受けることになった．ただし，ここで留意するべきことは，このような人道支援がどれほど否定的な効果をもたらしたのかを検証することは困難であるということである．それは，紛争の激化や長期化の要因は多様であるからである．むしろここで重要なことは，武力紛争における人道支援が紛争を激化・長期化させていると批判されて，人道支援のあり方について問われたという事実である．そこで，人道支援のアポリアを解決する手段として提起されたのが，人道支援の行動規範を放棄する「新しい人道主義」という考え方である．

3　人道支援のアポリアを解決するための「新しい人道主義」

　国際政治学者のトマス・ワイス（Thomas Weiss）は，人道支援の行動規範に対する人道支援機関の立場を二つに分けている．ひとつは，人道支援の行動規範を堅持する「古典派（Classicists）」であり，もうひとつは，人道支援のアポリアの要因となっている人道支援の行動規範を放棄して，欧米諸国や国連などの介入勢力と一体的に行動する「連帯派（Solidarists）」である．

　「古典派」人道主義は，中立原則と公平原則を堅持し，紛争当事者間の論争に関与せず，政治的理由による紛争被災者の差別を容認しない立場である．また，人道支援の円滑な運営のために，紛争当事者からの同意を得て人道支援活動を展開することを原則としている．ワイスは，それを代表する人道支援機関として赤十字国際委員会を挙げている［Weiss 1999: 2-4］．

　「連帯派」人道主義は，中立原則と公平原則が人道支援のアポリアを生み出すと考えるため，人道支援の行動規範を放棄する．人道危機を早期に収束させるために，和平プロセスに積極的な紛争当事者に人道支援を提供する一方，消

極的な紛争当事者を批判して人道支援を停止することが望ましいと考える．つまり，「新しい人道主義」は，人道支援を紛争の解決方法のひとつとして捉えている．ワイスは，それを代表する人道支援機関として国境なき医師団を挙げている．国境なき医師団は，ルワンダ難民キャンプにおいて武装勢力が人道支援を戦闘準備に利用していると非難し，人道支援活動を停止した．ワイスは，この行動を評価した上で，人道支援が行動規範に束縛されることで武力紛争の激化・長期化をもたらさないように，行動規範を放棄してでも武力紛争の解決を促進するべきであると主張した［Weiss 1999: 4］．

　実際には，国境なき医師団は人道支援の公平性と中立性の原則を憲章にも掲げており，赤十字国際委員会と立場を一致させている［Tanguy 1999 : 19］．むしろ，新しい人道主義に基づいた活動を展開しているのは，相対的に小規模のNGO である．これらの人道支援機関は，活動資金を寄付ではなく欧米諸国の政府からの援助に大きく依存しており，欧米諸国が人道支援を紛争解決の手段として利用することを容認する．また，CARE といったアメリカの一部のNGO は，アメリカ政府との関係が歴史的に密接であり，新しい人道主義に基づいた人道支援を実施しているといってよいであろう．ここで重要なことは，「新しい人道主義」という考え方が，人道支援機関による被災者支援と，欧米諸国や安全保障政策との統合を正当化する根拠となり，「新しい人道支援のアポリア」を生み出すことである．

4　新しい人道支援のアポリア

(1)　大国の安全保障政策としての人道支援

　1990 年代の「新しい戦争」における人道危機は，破綻国家自体の問題であって，欧米諸国の安全保障にとって重要な問題であると認識されていなかった．そのため，欧米諸国は自国の利害に関連する場合には人道的介入を実施し，そうでない場合には，紛争解決を先送りして人道支援機関に対応を委ねた［Terry 2002: 19］．ところが，破綻国家の存在は，難民・移民やテロリストの流入，麻薬や武器の取引を助長し，欧米諸国にとって安全保障上の脅威と認識されるようになってきた．そこで，人道支援は破綻国家の被災状況を改善するだけでなく，欧米諸国の安全保障政策に不可欠な要素とみなされるようになった．このことが，欧米諸国の安全保障にとって直接の脅威であることが明白になっ

たのは，2001年9月11日のアメリカ同時多発テロリズム事件であった．この事件は，アメリカの安全保障の認識を一新させるだけでなく，「新しい人道主義」が求めた人道支援と紛争解決の統合を推進し，人道支援が国際統治の手段として活用される大きな原動力となった．

(2)　アフガニスタンにおける対テロリズム戦争と人道支援の統合

　アフガニスタンでの人道支援において最大の問題は，欧米諸国がタリバーン勢力を敵視し，タリバーン勢力の支配地域における人道支援にきわめて消極的な政策を採用したことにある．欧米諸国はアフガニスタン和平を推進するために暫定政権を軌道に乗せて，国際治安支援部隊によって治安を回復し，地方復興チームと国連アフガニスタン支援ミッションを通じて復興を促進しようとした．

　ところが，アフガニスタン和平にとっての最大の障害は，タリバーン勢力によるテロリズムであった．欧米諸国はタリバーン勢力の弱体化を図るために，人道支援機関に対する資金提供に際してコンディショナリティを課し，テロリスト集団や個人に対する利益供与を禁止した．そのため，資金提供を受けている人道支援機関の中には，タリバーン勢力と人道支援活動に関する交渉を行うこと自体を差し控える組織もあったという［Featherstone 2012: 4］．

　欧米諸国による対テロリズム戦争と人道支援機関の援助政策が統合されることにより，人道支援はアフガニスタン政府を側面から支援し，タリバーン勢力の影響力を削ぐための手段となった．欧米諸国の援助機関が課したコンディショナリティは，アフガニスタンの被災状況とは無関係に政治的な配慮から決定されたものであり，アフガニスタン政府の支配地域にいる「援助に値する被災者（deserved victims）」と，タリバーン政権の支配地域にいる「援助に値しない被災者（undeserved victims）」を分け隔てるものであった［Fox 2001: 282］．従来であれば，中立原則と公平原則に基づいて，政治的配慮なしに被災に応じて被災者を支援することが求められるが，人道と政治が統合されて，人道的空間が損なわれてしまえば，そのような人道支援は実現できない［Fox 2001: 282; Atmar 2001: 328］．

　ただし，人道支援の規範を堅持している人道支援機関（古典派）にとって，この事態は人道支援のアポリアであるが，新しい人道主義を採用した人道支援機関（連帯派）にとっては，人道支援のアポリアとして認識されないであろう．

それは，連帯派は，政治的に配慮した人道支援がむしろ望ましいと考えるからである.

(3)　国連における統合アプローチの展開

このような政治的な戦略と人道支援の統合は，国連機関の政治・安全保障部門と人道支援部門においても進んだ．ポスト冷戦期における国連の紛争対応が多様化するにつれて，紛争対応の一貫性や効率性を高めるために国連諸機関の調整が必要となってきた．国連平和維持活動における多様なアプローチに一貫性と包括性を持たせるために，「調整 (coordination)」から，より踏み込んだ「統合 (integration)」という言葉を用いて，その必要性を説いたのが，1997 年のアナン国連事務総長報告書『国連の再生——改革への計画——』(Renewing the United Nations: A Programme for Reform) であった [UN 1997]．平和と安全保障に関する事務局改革の提案の中で，統合アプローチという表現が用いられ，紛争地域に派遣されている国連事務総長特別代表の役割を強化する改革案が示されている．

たとえば，2002 年には，国連アフガニスタン支援ミッションにおいて，人道調整官の実質的な事務局を務めていた国連人道問題調整事務所の現地事務所が，国連平和維持活動の現地事務所に統合されることになった．2004 年には，国連リベリアミッションにおいても両者が統合されることで，よりいっそう政治部門と人道支援部門の組織的統合が強化された．

しかし，このような組織的統合に対しては，国連や国連以外の人道支援機関から懸念が示されることになった．つまり，国連平和維持活動と人道支援活動との統合が，人道支援の中立性を損なうことにはならないのかという懸念である．たとえば，国連平和維持軍が現地の紛争当事者や地元住民と武力衝突を起こした場合に，その被災者を救援するのが国連の人道支援機関であるという場合も容易に想定される．さらに，国連事務総長特別代表が武力紛争を解決するという政治的・軍事的目標を実現するために，被災者支援という人道的目標をないがしろにするのではないかと疑問が提起されることになった．

ただし，人道支援の行動規範を遵守する人道支援機関（古典派）にとっては，このような状況は人道支援のアポリアである一方，新しい人道主義を掲げる一部の人道支援機関（連帯派）にとっては人道支援のアポリアではない．それは，紛争解決と人道支援は統合されるべきであると考えるからである．

(4)　人道コミュニティの分断

　ただし，国連や国連以外の人道支援機関から構成されている機関間常設委員会や人道支援機関の多くは，国連の統合アプローチに対して懐疑的である．国連人道問題調整事務所の統合に関する政策指針によれば，国連の統合アプローチが人道支援活動に否定的な効果を及ぼしうると示されている［UNOCHA 2011: Ch 5.1］．

　それが人道コミュニティの分断による人道支援活動の停滞である．いわば，「新しい人道支援のアポリア」である．これは，人道支援の規範を堅持する人道支援機関（古典派）と，それを放棄した人道支援機関（連帯派）との対立が，紛争被災者に対する人道支援にとって否定的な効果をもたらす新たなタイプのアポリアである．つまり，「人道支援のアポリア」を解消するための新しい人道主義が「新しい人道支援のアポリア」を生むということである．いわば，国連の統合アプローチによる人道コミュニティの分断である［UNOCHA 2011: Ch 5.3］．国連平和維持活動の政治的・軍事的部門と，国連の人道支援機関との統合が深化することによって，国連以外の人道支援機関が組織の中立性を失うことを恐れて，国連の人道支援機関との協力さえ拒否する事態が生じてきている．つまり，国連の統合アプローチが，人道コミュニティの凝集性を弱め，結果的に被災者の生命や健康の維持にとって不利益をもたらすというアポリアである．これについては，人道支援の古典派にとっても連帯派にとってもアポリアといえる．

　たとえば，多くの人道支援機関が，国際治安支援部隊や国連アフガニスタン支援ミッションと協力関係にあると，タリバーンなどの紛争当事者や地元住民から判断され，人道支援活動が妨害された．このため，国連と国連以外の人道支援機関の協議体である人道カントリチーム[1]が，次席国連事務総長特別代表からの人道調整官の分離を要求した．しかし，この要求は受け入れられず，次席国連事務総長特別代表が，常駐調整官と人道調整官を兼務する "triple hatted" アプローチ[2]は依然として継続したままである［Metcalfe 2011: 28］．

　このような状況に対して，多くの NGO が国連事務所への訪問を制限したり禁止したりし，一部の NGO は国連主導の人道支援調整システムから離脱することにもなった．これには，人道支援の機能別調整を行うクラスターアプローチ[3]や人道カントリチームからの引き揚げが含まれる［Metcalfe 2011: 28］．前述したように人道支援の多くは，赤十字国際委員会や現地の赤十字社・赤新月社，

国際・国内 NGO に依存しており，被災者にとって効果的な人道支援のためには，国連と国連以外の人道支援機関の協力と連携が不可欠である．しかし，アフガニスタンにおいては，この条件が満たされていたとはいいがたい．

　このように新しい人道主義に基づいた人道支援は，政治と人道支援の統合を目指したが，人道コミュニティの分断をもたらし，紛争被災者に対する人道支援に対して否定的な効果をもたらす「新しい人道支援のアポリア」を生み出した．

おわりに

　紛争被災者に対する人道支援は，人道支援の行動規範に基づいて実施されてきた．しかし，人道支援の無差別原則と比例原則が両立しない場合に，人道支援が紛争当事者間の対立と緊張を高め，紛争地域における支配と従属の関係を強化し，紛争を激化・長期化させる「人道支援のアポリア」が生じる．このアポリアを解消するために，人道支援の行動規範を放棄し，欧米諸国や国連の安全保障政策に追随した「新しい人道主義」が登場したが，人道コミュニティの分断を通じて，紛争被災者に対する否定的な効果をもたらす「新しい人道支援のアポリア」を生み出した．

　しかし，これらのアポリアは，人道支援の行動規範を厳守したことによって生じたものでもなく，人道支援の行動規範を放棄したから生じたものでもない．それは，紛争当事者や介入側の欧米諸国が，人道支援機関に公平で中立な活動を認めず，人道的空間を尊重しなかったために生じたといえるからである．人道支援が紛争の激化や長期化といった否定的な効果をもたらすのは，紛争当事者や介入軍が人道支援を戦略的・戦術的な道具として利用する場合である．「人道支援のアポリア」と「新しい人道支援のアポリア」について非難されるべきは，人道支援機関ではなく人道支援を利用する紛争当事者と介入側の欧米諸国や国連の安全保障部門である．その意味で，「人道支援のアポリア」と「新しい人道支援のアポリア」は，「偽装されたアポリア」である．

　最後に本章のアポリア研究に対する意義を簡単に説明しておきたい．第一に，アポリアは，対抗する二つの規範の間で生じることがある．本章では，無差別原則と比例原則が両立しない場合にアポリアが生じると述べた．片方の規範に適合的な行為が他方の規範に不適合な行為になるので，アポリアが生じる．私

達が直面しているアポリアのなかには，このような規範間の離齬がもたらすものがある．第二に，人道支援のアポリアは，人道支援という活動がその後の紛争の激化・長期化をもたらすと述べた．これは，ある行為が，その行為の目的にとって否定的な結果をもたらす場合に生じるアポリアである．一般的にいって，このように行為の目的とその帰結にギャップが生じるアポリアも考えられる．第三に，第一のアポリアと第二のアポリアは別のものではなく，一体的なものである．それは，たとえば，無差別原則に照らして妥当な行為が，比例原則に照らして妥当な行為よりもよりよい結果がもたらされると予想して無差別原則に一致した行為を選択することがあるからである．二つの選択肢のなかからひとつに絞り込むためには，その選択による帰結の善し悪しで決定するであろう．第四に，そのように判断した行為の目的と結果は，単純な因果関係にあるのではなく，その関係に多様な要因が介在するので，アポリアであると思われた行為がじつはアポリアではないことがありうる．つまり，偽装されたアポリアである．人道支援のアポリアは，人道支援の無差別原則と比例原則に関連するとしても，紛争当事者や欧米諸国や国連が人道的空間を尊重せず，つまりは，人道支援機関の自由裁量の余地を狭めることによって自らの政治的な目標のために人道支援を利用する場合に生じる．そのために，人道支援のアポリアは，紛争当事者や介入する欧米諸国や国連の選択によるところが大きく，人道支援機関の責任を追及するのは誤りである．このようにアポリアであると思われる事態が，実際には他の要因によって生じており，アポリアではないということは大いにあり得る．そのため，複雑な国際社会においてアポリアと思われる事態が，本当にアポリアなのかを批判的に検証する必要があろう．

付記

本章は，以下の論考を修正し加筆したうえで再構成したものである．

上野友也「武力紛争下の人道支援要員の安全性に関する一考察」（『国連研究』7，2006年），「国連の統合アプローチと人道的利益──統合がもたらす分断の危機──」（『法学』76(6)，2013年），「新しい人道主義──国際管理と統治の手段として人道支援──」（『公益学研究』13(1)，2013年）．

注

1) 国連カントリチームは，フィールドレベルにおける開発援助に関連する国連機関の調整グループである．これには，国連難民高等弁務官事務所や国連児童基金などの人道支

援機関も参加している．一方，人道カントリチームは，フィールドレベルにおける人道
支援に関連する組織の調整グループであり，クラスターの主導機関に指名された NGO
も参加することになっている．それゆえ，人道カントリチームは，国連カントリチーム
とは異なり，国連と国連以外の人道支援機関から構成される組織である．

2）"triple hatted" アプローチとは，国連平和維持活動の長である国連事務総長特別代表
を補佐する次席国連事務総長特別代表が，開発支援を専門とする多くの国連機関を調整
する常設調整官と，人道支援を専門とする多くの国連機関を調整する人道調整官を兼務
するアプローチである．

3）クラスターアプローチとは，人道支援の機能別調整システムである．クラスターは，
グローバルレベルのグローバル・クラスターとフィールドレベルでのクラスターに分か
れる．食糧，難民，教育などの機能別にクラスター主導機関（cluster lead agencies）
とクラスター調整官（cluster coordinator）が置かれ，グローバルレベルとフィールド
レベルでの人道支援活動の調整に責任を負う仕組みである．

Cutts, M. [1999] "The Humanitarian Operation in Bosnia, 1992-95: Dilemmas of
    Negotiating Humanitarian Access," *New Issues in Refugee Research*, Working Paper,
    No. 8, the United Nations High Commissioner for Refugees.

de Waal, A. [1997] *Famine Crimes: Politics & the Disaster Relief Industry in Africa*,
    London: African Rights & the International African Institute.

Featherstone, A. [2012] *Afghanistan: A Case Study: Strengthening Principled Humanita-
    rian Response Capacities*, 2012（http:// www.odi.org.uk/resources/docs/7615.pdf,
    2020 年 11 月 15 日閲覧）.

Fox, F. [2001] "New Humanitarianism: Does it Provide a Moral Banner for the 21st
    Century?," *Disasters*, 25(4).

International Federation of Red Cross and Red Crescent (IFRC) [1994], *Code of Conduct
    for the International Red Cross and Red Crescent and NGO in Disaster Relief*, 1994,
    IFRC,（http://www.ifrc.org/publicat/conduct/, 2020 年 11 月 15 日閲覧）.

Metcalfe, V. Giffen A. and Elhawary S. [2011] *UN Integration and Humanitarian Space: An
    Independent Study Commissioned by the UN Integration Steering Group*, Humanita-
    rian Policy Group, Overseas Development Institute and Stimson Center.

Natsios, A. S. [1997], "Humanitarian Relief Intervention in Somalia: The Economics of
    Chaos," in Walter S. Clarke and Jeffrey Ira Herbst, (eds.), *Learning from Somalia: the
    Lessons of Armed Humanitarian Intervention*, Boulder, Colo.: Westview Press.

Pictet, J. [1979] *The Fundamental Principles of the Red Cross: Commentary*, Geneva:
    ICRC（井上忠男訳『解説 赤十字の基本原則──人道機関の理念と行動規範──』,
    東信堂, 2006 年）.

Sahnoun, M. [1994] *Somalia: the Missed Opportunities*, Washington, D.C.: United States Institute of Peace Press.

Tanguy, J. and Terry, F. [1999] "Humanitarian Responsibility and Committed Action: Response to "Principles, Politics, and Humanitarian Action"," *Ethics & International Affairs*, 13.

Terry, F. [2002] *Condemned to Repeat? The Paradox of Humanitarian Action*, Ithaca, New York.: Cornell University Press.

UN [1991], A/RES/46/182.

——— [1997] *Renewing the United Nations: A Programme for Reform, Report of the Secretary-General*, A/51/950.

——— [1999], A/54/549.

UNOCHA [2008] 'Humanitarian Operating Environment,' in ReliefWeb, *Glossary for Humanitarian Terms*, Draft Version, August 2008（http://www.who.int/hac/about/reliefweb-aug2008.pdf, 2020 年 11 月 15 日閲覧）.

——— [2011] *Policy Instruction: OCHA's Structural Relationships within an Integrated UN Presence*, VNOCHA.

Weiss, T. G [1999] "Principles, Politics, and Humanitarian Action," *Ethics & International Affairs*, 13.

第 **9** 章

難民保護のアポリア？
——ノン・ルフールマン原則と国家安全保障——

杉 木 明 子

はじめに

　近年，国際難民レジームは機能不全に陥り，危機に瀕している．その最たる問題が国家が難民保護の義務を放棄することであり，それを象徴する事象のひとつがノン・ルフールマン（non-refoullement）原則の違反である．同原則は，生命や自由が脅かされかねない人々が，入国を拒まれたり，又はそれらの場所に追放したり，送還されたりすることを禁止する原則である[2]．1951 年「難民の地位に関する条約」（以下，1951 年難民条約），1969 年アフリカ統一機構（Organization of African Union: OAU）難民条約，拷問禁止条約などさまざまな国際条約に記され，逸脱不可能（non-derogation）な国際慣習法として広く認知されてきた．だが，現実には多くの国は庇護希望者の入国・入域を阻止し，庇護申請者を送還したり，難民を強制的に帰還させる，ルフールマンを行っている[3]．

　このような行為が増加した背景には難民の「安全保障化」がかかわっている．これは，軍事侵略，テロ，犯罪などから国民の生命・財産を軍事的・外交的手段を駆使して守る「国家安全保障」とは異なる［来栖 2013: 29］．難民の「安全保障化」は安全保障化理論に依拠している[4]．政治指導者である「安全保障化アクター」が難民を「脅威」として指定し，聴衆が受容し，特別措置が実施されることで難民の「安全保障化」が完了する［Buzan et al. 1998: 12］．その際，実存的脅威として提示されたものが，実際に脅威であるとは限らない［塚田 2013: 12］．重要なのは，難民が国家の安全保障に脅威であるか，否かという事実ではなく，難民が安全保障を脅かす存在であるという認識が共有されることである．本章では難民が「直接的脅威」であるのか，「認識的脅威」であるのかを

区別して分析する．難民がテロや紛争に関わり，受入国の治安や安全を脅かしている状況を「直接的脅威」とよぶ．他方，「認識的脅威」とは，難民と治安悪化や紛争との関連性が希薄にもかかわらず，安全保障上の脅威とみなされている状態を指す．

　国際難民レジームが機能するには，すべての人が基本的人権を有し，難民を保護することは人類の一員として，誰もが果たすべき義務であるという普遍的な価値観が共有され，規範が履行されることが必要である．世界政府や超国家国際機関が存在しない世界において，難民保護を担う第一義的主体は国家である．誰を入国させ，追放するか，誰を難民として認定し，どのような支援を提供するかは国家の裁量に委ねられている．それゆえ国際難民レジームにおける難民保護の文脈で表出するのが，難民保護という国家の義務と国家安全保障の対立・相克である．国民の生命と財産を守るという国家安全保障は国家の最優先事項であり，国家安全保障のリスクを伴う難民の受入は回避・拒否すべきという主張は一定の説得力を有している．また受入国の安全や治安が保持されていなければ，難民は自らの権利を享受できない．1951 年難民条約第 1 条 F や第 32 条第 1 項・第 2 項では受入国の安全保障に脅威となる者，犯罪者，人道に反する行為を犯した者はノン・ルフールマン原則の適用から除外されることが記されている．それゆえ安全保障を根拠とする庇護希望者の入域拒否や庇護申請者の送還が正当化されてきた．

　このように難民保護の文脈で国家の義務と国家安全保障の間には両立しがたいアポリアが生じているように見える．しかし，さまざまな先行研究では，難民の移動と紛争やテロリズム（以下，テロ）[5] 発生の因果関係は希薄であると論じられてきた［Sahyan and Gleditch 2006; Licher 2000; Hammerstad 2014］．本章では，アポリアの概念を援用し，難民保護と国家安全保障の関係性を検討したい．第 1 節で難民保護という国家の義務が履行されていない状態としてルフールマンの実態を分析する．ケニアの事例から第 2 節で難民の安全保障化に伴う難民政策の変遷を概観し，第 3 節で難民の受入と安全保障の関係性を考察したうえでアポリアの実体を明らかにする．最後に，これまでの考察を通して，アポリアの分析から浮上する国際難民保護に内在する構造的問題を提示したい．

　本章でケニアに焦点をあてる理由は主に 2 つある．第 1 は欧米諸国における難民の安全保障化を考察した研究は多くみられるが，途上国を対象とした研究はあまり多くないことである．第 2 に，ケニアは世界有数の難民受入大国であ

るとともに，難民や移民が第2次，第3次移動といった非正規移動を行う際の
経由国である［RMMS 2013］．本章では，民族としてのソマリ人と国名としての
ソマリアを区別して使用する．ソマリ人は主にアフリカ大陸北東部の「アフリ
カの角」と呼ばれる地域に暮らし，植民地化の過程で5つの地域（イギリス領ソ
マリランド，イタリア領ソマリランド，フランス領ソマリランド，エチオピアのオガデン地
域，およびケニア北東部⁶⁾）に分かれて住むことになった．また，ケニアにはソマ
リ人以外にも40以上の民族が暮らしている．ここではケニア国籍を有するす
べての住民をケニア人，ケニア国籍を所持するソマリ人をソマリ系ケニア人，
ケニア国籍を有するソマリ人以外の住民を非ソマリ系ケニア人と表記する．

1　ルフールマンの実態

　ノン・ルフールマン原則は難民の保護という国家の責務と難民受入国の主権
の間で生じる齟齬の局面における難民保護の「かなめ石」である［川村 2019：
137］．国際難民保護の最も重要な条約である1951年難民条約の第33条第1項
には同原則が「締約国は，難民を，いかなる方法によっても，人種，宗教，国
籍もしくは特定の社会的集団の構成員であることまたは政治的意見のためにそ
の生命または自由が脅威にさらされる恐れのある領域の国境へ追放または送還
してはならない」と記されている．また同条約第32条には，送還する場合も，
法律の定める手続に従って決定が行われ，不服申し立てや代理人の出頭を認め
ること，執行猶予期間の設定などが記されている．
　むろん国家は常にノン・ルフールマン原則を遵守してきたわけではない．し
かし，第2次世界大戦後の一時期は冷戦という国際構造を反映し，アジアや中
東地域などでの例外はあるものの，多くの国で極端な入国制限や送還は概ね回
避されていた．だが，1990年代以降，さまざまな国で同原則の違反や逸脱し
た政策が遂行されるようになった．ルフールマンの形態は主に2つのタイプに
大別できるであろう．第1のタイプは，庇護希望者の入域・入国を阻止する，
「押し戻し」政策であり，第2は，治安が不安定であったり，深刻な人権侵害
がみられる出身国や第三国へ難民を帰還させることである．紙幅の都合上，本
節では後者をみていく．

　難民の非自発的帰還はノン・ルフールマン原則の違反として深刻な問題となっている．1951 年難民条約には明記されていないが，ノン・ルフールマン原則との兼ね合いから，UNHCR 規程第 1 条や 1969 年 OAU 難民条約第 5 条には難民の自発的意思にもとづく自発的帰還が難民の帰還の指針として定められている．自発的帰還の「自発性 (voluntariness)」とは何かという点に関しては論議があるが，一般的には，出身国に関する十分な情報と帰還以外の多様な選択肢が与えられたうえで，難民が身体的，心理的，物理的圧力を受けることなく，自ら決定することと解されている [UNHCR 1996; Long 2013 : 158-64]．難民出身国の政治情勢が変化し，治安や平和が維持され，民主化や民主主義体制が進展している中で難民が自らの意思で帰還することが必要である．だが，1990 年代以降，難民が帰還に合意しなくても，安全かつ尊厳が担保できれば難民の帰還を推進すべきであるという主張が目立つようになった．

　難民の地位が付与されるのは，個人が紛争や人権侵害により迫害を受けている又はその恐れがあることに由来しており，その状況が変化した場合，難民として保護される必要はない．難民の出身国で紛争が終結したり，平和になったならば，難民の意思の有無にかかわらず，難民としての法的地位は消滅するため難民は帰還すべきだという主張が難民受入国，難民出身国などから提示されている [Long: 164-165]．1951 年難民条約第 1 条 C 項には「終了条項」がある．難民の地位が消滅する理由として，「難民であると認められる根拠となった事由が消滅したため，国籍国の保護を受けることを拒むことができなくなった場合」および「常居所を有していた国に帰ることができるとき」と記されている．国際難民法の第一人者であるハサウェイ [Hathaway 2005: 919-920] は，ノン・ルフールマン原則に付随する原則は「自発性」ではなく，「安全」であると論じている．また彼は「終了条項」の基準が満たされ，難民として認められる根拠が消滅したならば，受入国は難民を出身国へ帰還させてよいと述べている [Hathaway 1997: 551-552]．

　他方，UNHCR が刊行した 1996 年の帰還に関するハンドブックには難民の帰還は「安全かつ尊厳ある帰還」を行うべきだと記されている．ここでは，「安全」を幅広い概念として捉えており，具体的には，法的安全（個人的安全の確保，差別の禁止，帰還時の処罰や懲役からの免除など），身体的自由（治安や武装組織からの攻撃がないこと），物的自由（土地や生計手段へのアクセス）が含まれている．

また「尊厳」ある帰還とは，難民が粗略に扱われないこと，難民が無条件で帰還できること，家族から恣意的に引き離されないこと，敬意ある処遇を受け，完全な権利回復をもって当局から迎えられることを意味する [UNHCR 1996].

　現実には，これまでにさまざまなノン・ルフールマン原則に違反する帰還が実施されてきた．1970 年代末から 80 年代にかけてタイ政府が行ったカンボジア難民の強制的帰還，1990 年代のクルド難民のイラクへの帰還，バングラディシュへ避難したロヒンギャ難民のミャンマーへの帰還，ルワンダ政府が強行したルワンダ難民の帰還などは，軍事的手段や政治的圧力を行使して帰還が強行された事例の一部にすぎない．2010 年代後半以降，ＥＵ諸国からのアフガニスタン難民，シリア難民の帰還なども非自発的帰還である．また難民居住地や難民キャンプの閉鎖，食糧援助などの難民支援の縮小または停止，庇護国や難民受入地域における治安の悪化や人権侵害などにより難民が帰還をせざるをえない状況に追い込まれている．時には恣意的な逮捕・拘禁，金銭供与なども帰還を促す手段として用いられている [Gerver 2016].[7)]

(2)　難民の帰還がもたらすパラドックス

　1980 年代後半以降，難民問題の恒久的解決策の中で難民の帰還は最も望ましい解決策だとみなされてきた．しかし，難民の帰還は必ずしも難民問題の解決を意味するものでない [Black and Koser 1999: 8-9]．これまでのさまざまな調査から十分な受入体制が整わないまま実施された難民の帰還は，紛争や内戦の再発や治安の悪化を招いたり，経済，社会的問題を引き起こし，新たな難民問題の要因となり，弊害をもたらすことが明らかになっている．

　これまでの難民の帰還は，主に 6 つのタイプに分類できるだろう [Stein 1994: 54]．

① 難民出身国の政治体制が変化し，民主主義体制が樹立された後で帰還
② 難民出身国の和平交渉や民主化への移行が進んでいる状況下での帰還
③ 難民出身国または出身地域で紛争が継続中で，反政府武装勢力が実質的に統治している地域へ帰還
④ 難民発生要因である武装組織が実効支配を行っている地域への帰還
⑤ 出身国の状況は改善していないものの，庇護国での政治・治安状況の悪化に伴い帰還

⑥ 紛争・戦闘行為が継続している中での帰還

理想的な帰還は①である．①以外の状況で難民の帰還が実施された場合に伴う安全保障上の問題は（1）難民の帰還が戦闘の再開や紛争の誘発と直接的に関連する問題と（2）難民が帰還する出身国の統治機能や政治体制と関連する問題に大別できる [Camarena 2016]．（2）の場合，付随する2つの問題がある．第一は，政治体制が権威主義体制で人権侵害や特定の集団に対する弾圧や迫害が行われている場合，多くの帰還難民が再難民化する可能性がある．第二に，統治機能が脆弱で，政府が帰還難民と現地住民を十分に支援できない場合，帰還難民が新たな経済的，社会的，政治的負担となり，安全保障問題が生じる [Tegenbos and Vlassenroot 2018; International Refugee Rights Initiative and etc. 2019]．頻繁に生じる問題は，土地や不動産，水や薪など生活に不可欠な資源のアクセスをめぐる対立などである．過去に実施されたルワンダ，ソマリア，コンゴ民主共和国，南スーダン等での帰還プログラムでは，多くの帰還難民が国内避難民や再び難民となり，帰還が持続していない [Sugiki 2020]．

2 ケニアにおける難民政策と難民の安全保障化

1963年の独立以降，ケニアは近隣諸国から比較的寛容に難民を受け入れてきた．だが，1991年以降，ソマリア難民が急増すると，ケニア政府は難民隔離政策を開始し，難民の安全保障化が進展していった．2002年にモンバサのパラダイス・ホテルで13名が死亡する自爆テロ事件が発生すると，ケニア政府はソマリア難民をテロや犯罪と結びつけ，ステレオタイプ化する傾向が強まった [Adelman and Abdi 2003]．

さらに2013年以降，難民の「安全保障化」は強化されている．その発端は，2013年9月にナイロビでおきたウエストゲート・ショッピング・モール襲撃事件で，約72名が殺害され，約240名が負傷した．ソマリアに拠点をおく武装組織，アル・シャバーブ（Al-Shabaab）が犯行声明を出している．事件発生後，政府内および一般市民の間に難民法改正，難民の受入停止と難民の帰還を求める声が高まった．2013年11月，ケニア政府はソマリア連邦政府とUNHCRとの間で難民の帰還に関する三者間協定を調印し[8]，ソマリア難民の帰還を強行した．2014年4月には「平和監視作戦（Operation Usalama Watch）」を

開始し，警察や治安維持当局はソマリ系ケニア人，ソマリア難民を対象とする強引な捜査と恣意的な逮捕を行った．ソマリ系ケニア人やソマリア難民が集住しているナイロビのイシリー地区やモンバサ等の都市で約 4000 人が逮捕され，[9]6 月半ばまでに，ソマリ系ケニア人を含む 360 名がソマリアへ強制送還された．同年 12 月には，難民・庇護申請者の受入数の上限を 15 万人に設定した条項を含む 2014 年安全保障法が採択された．野党連合である「改革と民主主義のための連合（Coalition for Reforms and Democracy: CORD）」や「ケニア国家人権委員会（Kenya National Commission on Human Rights: KNCHR）」などが中心となり，この法案に対する違憲審査を訴え，2015 年 2 月にケニア高等裁判所は同法を対して違憲判決を出した[10]．

　2015 年 4 月，ダダーブ難民キャンプから 100km ほど離れたガリッサ・カウンティのガリッサにあるガリッサ大学で襲撃事件が発生し，約 148 名がアル・シャバーブによって殺害された[11]．2016 年 4 月，内務大臣のカイセリ（Joseph Nkaissery）はソマリア難民の Prima Facie Refugee（集団認定）の資格を取り消した［RoK 2016a］．2016 年 5 月，ケニア政府は公式にダダーブ難民キャンプを 6 ヶ月以内に閉鎖すると発表した［RoK 2016b］．KNCHR や NGO 等の申し立てに対して，2017 年 2 月に高等裁判所はダダーブ難民キャンプの閉鎖やソマリア難民の帰還はノン・ルフールマン原則や 2006 年難民法に違反するとして，違憲判決を出した[12]．しかし，ケニア政府は高等裁判所の判決を無視している．

3　難民保護と国家安全保障をめぐるジレンマの検証

(1)　ケニアにおける安全保障問題とソマリア難民

　グローバル・テロリズム・データベース（GTD）によると，1970 年から 2018 年までに 743 件のテロがケニアで発生しているが，テロが急増したのは 2010 年以降である．1970 年から 2010 年までのテロ発生件数は 133 件であるが，2010 年から 2018 年までの発生件数は 613 件に及ぶ[13]．2010 年以降にテロが増加したのは，2010 年 10 月半ばにケニア軍がアル・シャバーブ掃討を目的とした「国防作戦（Operation Linda Nchi）」をソマリア南部で開始したことが連動している[14]．アル・シャバーブはケニアへの報復を宣言し，主にケニア旧北東部州（ガリッサ，ワジア，マンデラなどが該当），ナイロビ，モンバサなどで中・小規模の爆弾事件が急増した．

　難民と安全保障との関連でケニア政府が危惧する主要な問題は，（A）テロリストが難民に偽装して潜入すること，（B）難民がテロリストや武装組織に勧誘され，テロに関与すること，（C）難民キャンプや特定の地域が軍事基地となること，（D）難民がテロ等の資金を提供することである．これらの問題の中でケニア政府が特に憂慮しているのは（A）と（B）である．

　（A）に関しては，ケニア政府の関係者はしばしばソマリアからの庇護希望者に対して prima facie refugee として集団認定してきたことに原因があると主張している．しかし，1951 年難民条約や 2006 年難民法の規定で犯罪者や武装勢力のメンバーなどは庇護対象から除外されている．安全保障との関わりでより重要な問題は，国境における厳格な入国管理が行われていないことである．入国審査官や警察官などの腐敗や汚職が横行しており，難民のＩＤカードが不正に捏造されたり，売買されていることも度々問題となっている．(B) との関連では，確かにこれまでに発生した爆弾事件やテロにソマリア難民が関与していたケースはある．たとえば 2013 年のウエストゲート・ショッピング・モール襲撃事件では，実行犯とされた 4 名のうちの一人，ノルウェー国籍のモハメッド・サイード（Mohammed Abdinur Said）はかってカクマ難民キャンプに住んでいた．ダダーブ難民キャンプでアル・シャバーブが難民を勧誘しているという報告もある［RCK 2012: 63］

　だが，これまでケニアで発生した大規模なテロ事件や爆発事件に大多数のソマリア難民は関与していない．2002 年のパラダイス・ホテルでのテロ事件の容疑者はスーダン人一名を除き，全員非ソマリ系ケニア人であった［Botha 2013: 5］．2011 年 10 月におきた 2 件の爆弾事件（ナイロビのパブとバスターミナルでの爆弾事件）の実行犯として容疑を認めたオリアチャ（Elgiva Bwire Oliacha）は非ソマリ系ケニア人である．一般的にソマリア難民やソマリ系ケニア人がアル・シャバーブのメンバーとしてプロファイリングされているが，アル・シャバーブは非ソマリ人を積極的に勧誘し［Anzalone 2012, Nzes 2012］，非ソマリ系ケニア人のメンバーがケニア，ソマリアや他国でテロに関与している．ハンセン（Stig Hansen）［Hansen 2013: 216］はアル・シャバーブのメンバーの約 10%が非ソマリ系ケニア人であると推計している．アル・シャバーブ以外にもケニアにはさまざまな武装組織が存在し，ソマリア難民の中にテロに関与する者がいないと断言することはできない．だが，大半のソマリア難民はソマリアでアル・シャバーブや他の武装組織が起こしたテロの被害者であり，アル・シャ

バーブの勧誘を逃れるためにソマリアから避難してき人も少なくない．また拉致，誘拐，脅迫などにより非自発的に武装組織のメンバーになった人やテロに関与することを強要された人がいることも考慮すべきである［Rawlence 2016］．ソマリアからアル・シャバーブや他の武装勢力のメンバーが難民になりすまして入国する可能性はあるが，これは国境警備と出入国管理の問題として対策を講じる必要がある．

(2)　ソマリア難民の「安全保障化」がもたらすパラドックス

　上記のように，大半のソマリア難民は「直接的脅威」ではないにもかかわらず，安全保障上の脅威とみなされてきた．ここで留意したいのは，ケニアにおいてすべての難民が「安全保障化」しているわけではないことである．たとえば，2011 年までケニアに居住する難民の中でソマリア難民に次いで多かったのが南部スーダン難民である．スーダン政府と対峙していたスーダン人民解放軍（Sudan Peoples' Liberation Army）の兵士や幹部がケニアで難民として居住している家族や親戚に会うため，頻繁にケニアの難民キャンプを訪問したり，南部スーダン難民を兵士として勧誘していたことは公然の事実であった［Crisp 2000: 5-6; 9-10; 23-24］．それにもかかわらず，南部スーダン難民が「安全保障化」することはなかった．なぜソマリア難民は「認識的脅威」と位置づけられているのだろうか．

　アユーブ［Ayhoob 1995: 7］はグローバル・サウスの政治指導者達が懸念する安全保障の脅威は外的脅威ではなく内的脅威であると指摘している．植民地宗主国の行政単位を継承したアフリカ諸国では，特定のアイデンティティを有する集団は国家の安定を脅かす存在とみなされ，弾圧された．久保山［2017：155-156］は，難民危機が主張される背景には，難民自体の危機ではなく，難民受入社会に内在する問題が増大し，「難民」をスケープ・ゴート化することで問題が顕在化すると論じている．ケニアでソマリア難民が「認識的脅威」となるのは，ケニアの根幹を揺るがす内的な脅威と考えられる重要な問題がソマリア難民の有する属性と絡められていることにある．

　ケニア政府が内的脅威とみなす第 1 の問題は，ソマリ系ケニア人問題である．ソマリ系ケニア人とケニア政府との対立・確執は，植民地時代から続く問題であり，1963 年以降，ケニア政府は分離独立運動を阻止するためにソマリ系ケニア人が多く居住する旧北東部州に対して軍事的弾圧や人権侵害を行い，差別

的な政策を行ってきた．そのことは非ソマリ系ケニア人とソマリ系ケニア人の間の差別意識や相互不信感を醸成させることになった［戸田 2015: 130-34; 154-57］．第2の問題は，1990年代以降，イスラーム政治運動が影響力を拡大し，イスラーム過激主義思想を信奉する武装組織が求心力を高めていることである［Botha 2014］．ムスリムが多く，歴史的にケニア政府と確執がある旧コースト州では分離独立運動が活性化している［Willis and Gona 2012］．さらにアル・シャバーブの越境攻撃やケニアにおけるテロや爆発事件も2000年代半ば以降，多発している．これらのことが，ソマリア難民がテロに関与しているという誤解とソマリア難民のステレオタイプを助長することとなった．またソマリア難民には参政権等の政治的権利は認められておらず，市民権を獲得することも難しい．法的地位がきわめて脆弱であることから，ソマリア難民は絶好のスケープ・ゴートとして政治的に利用されている［Milner 2009: 105］．

　では，安全保障化した難民政策は，ケニアの安全保障やテロ対策に貢献しているのだろうか．難民の「安全保障化」は少なくとも2つのパラドックスをもたらしている．第1にソマリア難民の「安全保障化」は，ケニアの国家安全保障を悪化させ，治安を不安定化させる可能性がある．ケニア政府がテロ対策を強化した2013年以降もテロは続き，2013年から2018年に起きた479件のテロのうち357件がアル・シャバーブによる犯行であり，テロ対策があまり成果を収めていない．紙幅の都合上，ケニアの対テロ対策の問題を詳細に分析することはできないが，警察や軍などの治安維持当局の未然防止措置，被害管理措置，実行犯や組織の特定などに関する組織としての対策の不備やキャパシティの問題，腐敗・汚職の問題とともに，アル・シャバーブなどの武装組織に加入し，テロを実行する青年達に対して有効な措置がとられていないことが指摘されている．武装組織のメンバーとなった青年達に対する調査から，青年達がテロに関与した背景には，貧困や失業などとともに，ケニア政府への反発，社会的疎外による孤独感や憤りなどが暴力的過激思想に共鳴・感化される素因となったことが報告されている［Botha 2013; IGG 2018; Speckhard and Shajkovic 2019］．ケニアでは歴代の政治指導者達は特定の民族や地域出身者を優遇し，利益誘導を行ってきた．その結果，経済や教育における地域間格差が拡大し，差別や疎外されてきた人々の不満が高まっている．アル・シャバーブの幹部はケニア社会が分断され，民族間の対立や分断があることを熟知しており，マイノリティが政府に対して抱く不満や妬みを巧みに利用してアル・シャバーブのメンバーや

協力者をリクルートしてきた [ICG 2018: 6].

　第2のパラドックスは強制的にソマリアへ帰還させることが難民問題の解決にならず，新たな難民問題の原因になることである．2014年末に「自発的帰還プログラム（VRP）」が策定され，UNHCRは帰還を希望する難民の登録を開始した．2014年以前からソマリアへ帰還したり，一時的な訪問を行う難民はいたが，2014年末以降，VRPに登録し，帰還したソマリア難民は2014年で486人，2015年では5679人だった．なお，UNHCRの帰還支援プログラムに登録せず，ソマリアへ帰還した難民もいるが，その数は把握できていない[20].

　2016年に政府がダダーブ難民キャンプの閉鎖を発表すると，2016年から2019年末までに約15万4336人がUNHCRの支援によって帰還した[21].だが，その大多数が非自発的帰還である．2016年半ばに行われたUNHCRの調査では，ダダーブ難民キャンプに住むソマリア難民の約74％は帰還を拒否しており，国境なき医師団の調査では86％が帰還に躊躇していた．帰還を拒む主な理由は，安全に対する懸念や住居が確保できないことである [IDMC 2017: 6].それにもかかわらず，VRPでソマリア難民が帰還したのは，ダダーブ難民キャンプが閉鎖される可能性と帰還する際に提供される資金や支援プログラムであった [AI 2017: 19-22].VRPでは，1人につき200米ドルが1回限り渡され，世帯ごとに6ヶ月間生計支援として毎月200米ドルが提供され，6ヶ月分の食料購入代金，および就学児童一人につき25米ドルが1年間支給される．その他に条件付きであるが住宅資金や自立・生計手段プログラムなども用意されている[22].ダダーブ難民キャンプでの支援が縮小され，食糧の配給などが減少したこともソマリア難民が帰還を決断する原因となった．さらに2015年以降，ケニア政府は新規に到着したソマリア庇護希望者の登録手続きを中止しており，法的地位が不安定な状態が続いている [AI 2017: 19-22].持続可能な多様な選択肢からソマリア難民が帰還を決意したわけではないことが理解できるだろう．

　結果として，ソマリア難民の帰還は持続しておらず，難民の第二次，第三次移動が発生している．ケニアから帰還した難民の多くは，中・南部の出身者で，治安が不安定であるため出身地へ戻ることができず，国内避難民（IDP）になっている．その結果，2018年末に，IDPは過去最大の264万800人になった[23].IDPキャンプは過密状態で，新規のIDPはキャンプに住むことができない．中・南部に比べ，北西部のソマリランドや北東部のプントランドの治安は安定しているが，中・南部出身の多くがこれらの地域で社会統合することは難

しい[24]。

　帰還難民が自立的な生活を送るために必要な経済・社会的インフラはソマリアでは整備されておらず，UNHCR が約束した帰還後の支援も十分に提供されていない[25]。ケニアから帰還した元難民の多くは帰還を後悔し，再び国外へ移動している。ケニアからの帰還難民が「リサイクラー（Recycler）」としてどのくらいケニアへ戻ってきたかは定かではない。2020 年初めの UNHCR の調査では，ダダーブに 1 万 5696 人の未登録の「自主的定住難民」がおり，その 97% がソマリア人で，そのうち 3682 人が VRP でソマリアへ帰還し，ケニアへ戻ってきた「リサイクラー」であると報告している。実際の「リサイクラー」の数は確認された数をはるかに越えると推測されている [Manji 2020: 25]。「リサイクラー」は難民として再登録ができないため，法的地位がきわめて不安定で，UNHCR や NGO などから食料援助，医療，教育などの支援を受けることができない [Manji 2020: 33-37]。脆弱な立場に置かれている人が多いため，暴力的過激思想に傾倒したり，武装組織や犯罪組織にリクルートされることが危惧されている [Eleftheriadou 2020]。

　国家安全保障を理由として難民を帰還させることは短期的には自国の難民数を削減し，積極的に国境管理や安全保障問題にコミットしているというパフォーマンスになる。だが，それは新たな難民の発生要因にもなりうることを示唆している。

おわりに
──越えられるアポリアと越えられないアポリア──

　ここまで難民保護の文脈におけるアポリアとして，ノン・ルフールマン原則に違反する帰還に焦点をあて，国家が果たすべき難民保護の義務と国家安全保障の対立・相克を検討してきた。アポリアの実態を考察してわかることは，難民と安全保障の因果関係は希薄であるにもかからず，ケニアでは難民の「安全保障化」が進み，そのことが安全保障のパラドックスが生み出していることである。従来提起されてきた難民対安全保障という構図が誤った認識に成り立ち，「似非」アポリアがまことしやかに語られてきたことは明らかであろう。したがって，安全保障のパラドックスを解消するには，正しい事実認識のうえで，難民を「非安全保障化」し，受入国の社会に包摂することが最も憂慮されてい

る対テロ対策には有効になるかもしれない.

　このことを裏付ける一例として，ウガンダの事例を紹介したい．ウガンダは2007年からアフリカ連合ソマリアミッション（Africa Union Somalia Mission: AMISOM）へ兵士を派遣し，アル・シャバーブはウガンダに対する報復を警告していた．実際に2010年6月に首都のカンパラでテロが発生し，74名が死亡した.だが，その後大規模なウガンダでテロは発生していない．その一因として，ウガンダではムスリムやソマリ系ウガンダ人（およびソマリア難民）が疎外されておらず，ウガンダ社会に包摂されていることに鍵があると考えられている[ICG 2018: 23-24]．2010年のテロ後もソマリ系ウガンダ人やソマリア難民が安全保障化することはなかった．特にソマリ・コミュニティを代表し，各クランの長老8名が中心となり形成されている「ウガンダ・ソマリ・コミュニティ連合（Somali Community Association in Uganda: SCAU）」はウガンダ政府と緊密な関係を築いてきた．SCAUは独自のネットワークを活用した情報収集能力に長けており，SCAUによるウガンダの諜報機関や治安維持機関への情報提供はウガンダの治安やテロ対策，ウガンダのソマリアでのPKO活動に関して重要な貢献をしていると評価されている[Izzolino and Hersi 2019: 377-378]．

　ソマリア難民とソマリ系ケニア人をアル・シャバーブに対する戦いの重要な当事者とみなし，包摂することがテロの脅威を緩和する施策になるとフリーマンらは論じている[Freeman 2019; Rutere and Muthahi eds. 2018]．アル・シャバーブのリクルートや幹部の動向などの情報収集には一般市民からの情報提供が必要である．そのためには一般市民と治安当局との信頼関係が不可欠である．国内外の批判から，ケニア政府も強硬な姿勢からソフト路線へ対テロ政策を転換した．2015年9月にマーティン・キマニ（Martin Kimani）が国家対テロセンターのディレクターに就任し，コミュニティのリーダー，宗教指導者，市民社会組織との協働をめざした包括アプローチを導入し，地元のコミュニティやウラマーなどとの関係を改善してきた．2015年4月にナカイセリ内務大臣はアル・シャバーブに参加しているケニア人に対して，離脱希望者には恩赦を与え，社会復帰プログラムを用意すると発表し，2016年2月までに約1500人が投降した[26]．2015年以降，アル・シャバーブの勧誘は失速し，モンバサなどで治安の改善がみられ[ICG 2018: 10-11]，治安機関改革は一定の成果を収めてきていると評価されている．しかし，警察等がテロの容疑者を射殺する（Shoot-to-kill approach）超法規的な措置は継続している[27]．2020年3月以降，新型コロナ感染

症拡大に伴い，政府の移動や夜間の外出制限などを含むロックダウンを行うと，警察による超法規的な殺害や恣意的な逮捕が増加し，民衆の警察に対する不満が高まっている．このことは武装組織にとってメンバーのリクルートやテロを正当化する格好のプロパガンダとなる[28]．

　序章，第7章，第11章等で指摘されているように，アポリアと向き合い，実体を精査し，問題の本質を見据えることでアポリアを解消したり，回避することは可能な場合がある．ケニアの事例でもアポリアとみなされていた難民保護と国家安全保障の相関関係はジレンマやアンチノミーではないことがわかる．他方，アポリアを精査することで問題の深層が掘り出されることがあるが，難民保護の場合にもアポリアの諸相を精査すると，解決や代替策を見出すことが難しい「真」のアポリアが浮かびあがる．それは，今日の国際難民レジームにおいて難民保護を担う第一義的主体が国家であり，難民の権利を保護するのも，侵害するのも主権国家であることだ．このことは難民の権利を保護する規範にみられる遵守ギャップに端的に表れており，ノン・フルールマン原則に違反した国家を処罰したり，同原則の違反を賠償させる法的拘束力は国際レベルでは存在していない．

　土佐［2003: 220-221］は，難民という概念には主権国家体系に内在する政治的力学が働くと述べ，難民概念の社会的構築過程は，難民に対する主権国家体系にもとづく国際社会の対応の変遷であるとともに，主権国家体系形成の歴史でもあると論じている．山岡［2019: 13-32］は難民というカテゴリーが生まれ，実体的なものへと固定されたのは，①国民国家における構成員の特定と，②国際関係における主権国家体系が成立していることに依拠している指摘している．国家の構成員である国民であることは市民としての地位と権利が法制度によって（少なくとも）形式的に保障されることを意味する．そして，すべての人間が特定の国の国民であり，それが国際関係の基本的な原理となっているからこそ，国家との絆が途切れたものが難民となる．地球上の（ほぼ）すべての領域の国境性が画定し，内的主権と外的主権を有する近代国民国家が存在するから難民が生まれ，どこかの国に属さないからこそ難民の庇護が必要とされる．難民問題の恒久的解決策として提示されている庇護国定住，第三国定住，帰還は，いずれも避難状態が終了し，難民がいずれかの政治的共同体の一員もしくはそれに準じた成員になることが難民問題の解決であると想定されている［山岡 2019: 247-248］．

　では，難民保護に内在する根源的なアポリアを解決したり，回避する手段や方法はあるのであろうか．これに関する3つのシナリオが考えられるだろう．第1は，領域性と国民というメンバーシップを所与のもとして構築されてきた主権国家間関係を解体し，コスモポリタニズムが提起する世界政府や世界市民社会を形成することである．人類の長い歴史において主権国家体系にもとづく国際関係が成立した歴史は浅く，この体系が未来永劫続くものではないかもしれない．ただし，直ちに主権国家体系がコスモポリタニズム的な世界政府やグローバルな市民社会へ移行することは難しいだろう．また，主権国家が消滅し，全世界を統合する世界政府または世界帝国が樹立されたとしても，特定の集団や個人が疎外されたり，排除されたり，強制的な移動を余儀なくされる人々がいなくなるかは定かではない．

　第2のシナリオは，現行の主権国家間関係と並存（並立）するパラレルなシステムを構築することである．たとえば，コーヘンとヴァン・ヒア［Cohen and Van Hear 2020: 1-6; 80-101］は「Refugia 構想」を提示している．彼らは主権国家（Somewhereland とよばれている）とともに，難民が居住する refugium から構成される Refugia が存在し，両者が共存・共生するグローバルな政治システムを構想している．ここでいう refugium とは，Somewhereland 内に設けられた難民キャンプ，難民経済特区，難民居住地などの難民が居住する領域で，各 refugium では世界各地から来た難民による自治が行われる，政体である．そして世界の多様な場所に存在する refugium はトランスナショナルに結ばれ，連邦制をとる Refugia を形成している．Refugia の構成員は渡航やさまざまな諸権利や特典が付与されている Sesame Pass や「Sesame アプリ」を所持し，基本的人権などの諸権利が保障された生活を送ることが可能である．Refugia を統括し，統治する母体となるのは，Refugia を構成する refugium に住む全メンバーが選んだ「Refugia トランスナショナル・ヴァーチャル議会」である．また Refugia は Somewhereland とさまざまな協定を結び，政治，経済，文化，社会的交流を行い，国連にも加盟している．

　Refugia は現時点で存在していないフィクションである．この構想にはさまざまな問題があるが，特に refugium を設置する土地の確保や統治形態に関して多くの疑義が寄せられ，空虚なユートピアニズムだと批判されてきた［Cohen and Van Hear: 102-117, Barbelet and Benett 2018: 186-89］．また Refugia の建設は，難民の「二級市民化」や事実上の難民封じ込め政策や隔離政策へ転化する

可能性があり，倫理的にも実効性においても懐疑的にならざるをえない．だが，国際難民レジームに内在する構造的な問題を直視し，既存の制度にとらわれない自由な発想から代替案を考案し，議論を活性化させたことは評価できよう．

　第3のシナリオは，現行の主権国家体系と国際難民レジームの間にある矛盾を受け入れつつ，少しでも難民の諸権利が保護される方策を模索する取り組みである．1990年代以降，グローバル化の進展とともに，主権を相対化する「人間の安全保障」や「保護する責任」といった概念が提起されてきた．また「破綻国家」・「崩壊国家」などと称される国で国連や地域機構などが主導する人道的介入や平和構築支援が展開している．これらの動向は従来の内政不干渉原則から国家主権を相対化するひとつの過程ととらえることができるかもしれない．ただし，このことが直ちに主権国家体系に代わる新たな国際秩序の形成をもたらすものではないことは留意しておく必要がある．また「保護する責任」の名のもとで行われた介入は庇護希望者を「封じ込める」こととなり，必ずしも紛争や人権侵害に直面している人々の救済にならない可能性がある［土佐：256］．

　今日の国際難民保護に関与する主体は国家に限定されるわけではない．UNHCRなどの国際機関，EUなどの地域機構，NGO，民間企業，そして一般市民がトランスナショナル・ネットワークを形成し，連携し，直接または間接的に難民保護や難民支援にかかわり，時として国家の難民政策に変更を促してきた．たとえば，EU司法裁判所や欧州人権裁判所が下した判決は[29]，EU各国の難民政策に変更を促し，ノン・ルフールマン原則の実効性を担保するうえで一定の役割を果たしている［大道寺 2020：117-33］．カナダでは一般市民の要請をうけ，個人または民間団体が第三国定住難民のスポンサーとなる民間難民支援（Private Sponsored Refugee）プログラムが導入され，多くの難民を受け入れてきた［杉木 2018：158-63］．また難民の排斥や追放が高まる中で，難民の送還に反対したり［Rosenberger and Winkler 2014］，移民・難民の権利を含む国際的な人権の保護を求める一般市民の運動も活性化している．欧米諸国に比べるとその規模は小さく，関与する一般市民も少ないが，ケニアにおいても難民保護に関与する弁護士，市民社会組織等がケニア政府の難民政策に異議を唱え，法案に対する違憲審査を求めたからこそ，いくつかの問題ある難民政策を阻止することができた．非国家主体の影響力は国家主権体系と国際難民レジームの間にある矛盾を解消するという点では限定的であるが，難民保護に寄与してきことは

事実である.

　現在の国際難民レジームは単なる理想や道義的責任だけでなく，現実主義的かつ政治的要因が複雑に絡み合い，変化・変容してきた．領域性とメンバーシップを前提とする主権国家体系が続く限り，難民保護のアポリアは存続する．そこで求められるのは，アポリアを否定したり，軽視することでなければ，アポリアを嘆き，絶望することでもない．難民保護の根源的なアポリアを認識することは，難民保護の可能性と限界を理解することにつながる．そのうえで，少しでも難民保護に適した方策を模索し，実践を積み重ねていくことが肝要である.

付記　本章は，日本学術振興会科学研究費（課題番号 19H0436,20H01467）による研究成果の一部である．また本章の一部の考察は 2020 年 3 月にケニアで行った聞き取り調査にもとづいている．現地での調査に協力してくださったすべての方に心からお礼を申し上げたい.

注

1）ここでは国際難民レジームを「難民問題の領域においてアクターの期待が収斂するような明示的あるいは暗黙の原理，規範，ルールおよび意思決定手続きの総体」と定義する.

2）本章ではある国の出入国管理法などの法律に違反し，当該国が退去強制の事由に該当すると認定した人を出身国または第三国へ送り返すことを送還と記述する．難民が出身国へ戻ることを帰還とし，難民受入国が難民の意思に反して強制的な手段を用いて出身国または第三国へ追放することを強制的帰還とする．また難民が帰還に合意した場合でも，多様な選択肢の中から帰還を選択したと言い難い帰還を非自発的帰還と記す.

3）ここでは，迫害等から逃れ，難民として認定され，法的な地位を得る意思を持ち，国境を越えて移動し，庇護（認定）申請を提出していない人を庇護希望者，庇護申請をしたものを庇護申請者とする．ただし，便宜上，庇護希望者，庇護申請者，又は難民と認定された人を難民と表記する場合がある.

4）代表的な安全保障化論にはコペンハーゲン学派による言説アプローチとパリ学派の社会学的アプローチがある．両プローチでは「安全保障化」の進展する条件やメカニズムに関する見解には相違がみられるが，「我々」と「他者」が区別され，「他者」である「敵」に対抗するため，多大な資源とエネルギーが費やされ，「安全保障化」が進展することを論じている点では共通している.

5）グローバル・テロリズム・データベース（GRD）の定義を利用し，テロリズムを「政治的，経済的，宗教的，社会的目的を恐怖，強制，威嚇を通して実現するために非政府主体が不当な武力や暴力を行使することを脅迫又は実際に行使すること」とする.

6) イギリス植民時代の北部辺境地域は 1963 年に北東部州となり，現在の行政区分で該当するのは 6 つのカウンティである．

7) たとえば，2007 年にスウェーデン政府は帰還に合意した場合，アフガニスタン難民に対して 1 世帯当たり 7150 米ドルを渡すことを約束した．2009 年にデンマークはイラク，イラン，ソマリアへ帰還する難民へ 18700 米ドルを提供した［Gerver 2018: 124］．

8) Tripartite Agreement between the Government of the Republic of Kenya, the Government of Federal Republic of Somali, and the United Nations High Commissioner for Refugees, Governing the Voluntary Repatriation of Somali Refugees living in Kenya, 2013.

9) Human Rights Watch, "Kenya: Halt Crackdown on Somalis" April 11, 2014, （https://www.hrw.org/print/253369 /, 2016 年 10 月 2 日閲覧）.

10) Paul Ogemba, "Security Laws Illegal, Declares High Court", 23 February 2015, *Daily Nation*, （http://www.nation.co.ke/news/politics/Security-laws-illegal-declares-High--Court/1064-2633342-jw2qp1/index.html/, 2016 年 12 月 15 日閲覧）.

11) BBC, "Kenya al-Shabaab attack: Security Questions as Dead Mourned", 4 April 2015, （http://www.bbc.com/news/world-africa-32177123/, 2016 年 12 月 15 日閲覧）.

12) Susan Muhindi, "Court Nullifies Nkaissery Order to Close Dadaab Refugee Camp", *The Star*, 9 February 2017, （http://www.the-star.co.ke/news/2017/02/09/court-nulli-fies-nkaissery-order-to-close-dadaab-refugee-camp_c1503490/,2017 年 3 月 2 日閲覧）

13) Global Terrorism Database （GTD）, （https://start.umd.edu/gtd/, 2020 年 12 月 20 日閲覧）.

14) 2012 年にケニアは AMISOM に合流した.

15) Aggrey Mutambo, "Kenyans Posing As Refugees in Dadaab-Agency", *Daily Nation*, 3 October 2016 （http://www.nation.co.ke/news/Ojodeh-and-Raila-differ-over-bor-der-reopening--/1056-1205054-7r1nhl/index.html/, 2017 年 3 月 20 日 閲覧）; Global Legal Monitor, "Kenya: Government's Attempt to Close Refugee Camps Found Unconstitutional", Library of Congress, （https://www.loc.gov/law/foreign-news/arti-cle/kenya-governments-attempt-to-close-refugee-camps-found-unconstitutional/, 2020 年 12 月 3 日閲覧）.

16) "Westgate Mall Attacker Lived in Kenya Refugee Camp", *News 24 Kenya*, 11 November 2013 （http://www.news24.co.ke/National/News/Westgate-Mall-attack-er-lived-in-Kenya-refugee-camp-20131111-2, 2017 年 2 月 24 日閲覧）.

17) "Kenya's Previous Terror Arrests and Prosecution", *Standard Digital*, 23 September 2013 （http://www.standardmedia.co.ke/mobile/? articleID=2000094163&story_title=kenya-s-previous-terror-arrests-and-prosecution/, 2017 年 2 月 4 日閲覧）.

18) Fred Makana, "Four Kenyans Found Guilty of Uganda Bombing", *Standard Digital*, 27 May 2016 （https://www.standardmedia.co.ke/article/2000203140/four-kenyans-fo-

und-guilty-of-uganda-bombing/, 2017 年 2 月 4 日閲覧).

19) GTD（https://start.umd.edu/gtd/, 2020 年 12 月 20 日閲覧).

20) ソマリア難民が VRP に登録しない理由は多様だが，最も多い理由は VRP に登録した場合，難民の地位を失うことである.

21) UNHCR Refugee Data Finder（https://www.unhcr.org/refugee-statistics/, 2020 年 12 月 26 日閲覧).

22) UNHCR, Somalia: Voluntary Repatriation, 2019（https://reporting.unhcr.org/sites/default/files/UNHCR%20Somalia%20Update%20on%20VolRep%20-%20June%202019. pdf, 2020 年 12 月 26 日閲覧).

23) UNHCR, Refugee Data Finder（https://www.unhcr.org/refugee-statistics/ 2020 年 12 月 27 日閲覧).

24) ［杉木 2019: 217-221］参照.

25) Tonny Onyulo, "Somalis Who Returned Home Flee to Kenya a Second Time", *The New Humanitarian*, Jan 10, 2018（https://deeply.thenewhumanitarian.org/refugees/articles/2018/01/10/somalis-who-returned-home-flee-to-kenya-a-second-time/, 2018 年 10 月 5 日閲覧).

26) Richard Downie, "Kenya's Strategy Amnesty Experiment: The Policy Challenge of Rehabilitating Former Terrorists", Commentary, Center for Strategic and International Studies, 2018, Commentary,（https://www.csis.org/analysis/kenyas-struggling-amnesty-experiment-policy-challenge-rehabilitating-former-terrorists/, 2019 年 8 月 3 日閲覧).

27) Karen Allen, "Kenya's Counter-Terrorism Trade Off", *ISS Today*, 2020（https://issafrica.org/iss-today/kenyas-counter-terrorism-trade-off, 2021 年 1 月 6 日閲覧).

28) Human Rights Watch, "Kenya: Police Brutality During Curfew", April 22, 2020,（https://www.hrw.org/news/2020/04/22/kenya-police-brutality-during-curfew, 2021 年 1 月 6 日閲覧).

29) 該当する判例として，N.S. 事件判決，M.S.S v. Belgium and Greece，Hirsi v. Italy などがある.

◆参考文献◆

<邦文献>

川村真理［2019］『難民問題と国際法制度の動態』信山社.

久保山亮［2017］「ヨーロッパの難民受け入れと保護に関する現在的課題──「難民危機」という神話を超えて──」，人見康弘編『難民問題と人権理念の危機──国民国家体制の矛盾──』明石書店.

来栖薫子［2013］「安全保障──多国間フォーラムにおける概念の普及過程──」，大矢根聡編『コンストラクティヴィズムの国際関係論』有斐閣.

杉木明子［2018］『国際的難民保護と負担分担──新たな難民政策の可能性を求めて──』

第Ⅱ部　事例からのアプローチ

法律文化社.
─────［2019］「国内移動と国際移動」，小泉康一編『「難民」をどう捉えるか──難民・強制移動研究の理論と方法──』慶應義塾大学出版会.
大道寺隆也［2020］『国際機関間関係論──欧州人権保障の制度力学──』信山社.
塚田哲也［2013］『ヨーロッパ統合正当化の理論』ミネルヴァ書房.
土佐弘之［2003］『安全保障という逆説』青土社.
戸田真紀子［2015］『貧困，紛争，ジェンダー──アフリカにとっての比較政治学──』晃洋書房.
山岡健次郎［2019］『難民との友情──難民保護という規範を問い直す──』明石書店.

＜欧文献＞

Adelman, H and Abdi, A. M. [2003] "How long is too long? Durable Solutions for the Dadaab Refugees," *Report Prepared for CARE Canada*, Toronto, Centre for Refugee Studies, York University.

Amnesty International (AI) [2017] *No Time Go Home: Unsustainable Returns of Refugees to Somalia.*

Ayoob, M. [1995] *The Third World Security Predicament: State Making, Regional Conflict, and the International System*, Boulder : Lynne Rienner.

Anzalone, C. "Kenya's Muslim Youth Center and Al-Shabab's Recruitment," *CTC Sentinel*, 5(10).

Barbelet, V. and Benett, C.[2018] "Refugia: A Place Where Refugees Survive, But Do Not Thrive," *Migration and Society: Advances in Research*, 1.

Black, R. and Koser, K. [1999] "The End of the Refugee Cycle?," in R. Black and K. Koser eds., *The End of the Refugee Cycle? : Refugee Repatriation and Reconstruction*, New York: Beghahn Books.

Botha, A. [2013] "Assessing the Vulnerability of Kenya Youths to Radicalisation and Extremism," *ISS Paper*, 245.

───── [2014] "Radicalisation in Kenya: Recruitment to Al-Shabaab and the Mombasa Republican Council, " *ISS Paper*, 265.

Buzan, B., Wæver, O., and De Wilde, J. [1998] *Security: A New Framework for Analysis*, Boulder: Lynne Reinner.

Camarena, K. R. [2016] "Returning Home and Worsening the War: The Causal Effect of Refugee Return on Civil Conflict Intensity," Draft January 2016 (https://scholar.harvard.edu/files/kara_ross_camarena/files/ww_201609.pdf, 2021年3月29日閲覧).

Cohen, R. and Van Hear, N. [2020] *Refugia: Radical Solutions to Mass Displacement*, London: Routledge.

Crisp, J. [2000] "A State of Insecurity: The Political Economy of Violence in Kenya's Refugee Camps," *African Affairs*, 99 (397).

Eleftheriadou, M. [2020] "Refugee Radicalization/Militarization in the Age of the European Refugee Crisis: A Composite Model," *Terrorism and Political Violence*, 32 (8).

Freeman, L. [2019] "They're All Terrorists: The Securitisation of Asylum in Kenya," in A. Tschiudin et al.eds. , *Extremism in Africa*, Vol.2, Gouteng: South Africa Tracey McDonald Pub.

Gerver, M. [2016] "Refugee Repatriation and the Problem of Consent," *British Journal of Political Science*, 48(4).

───── [2018] *The Ethnics and Practice of Refugee Repatriation*, Edinburgh: Edinburgh University Press.

Hammerstad, A. [2014] *The Rise and Decline of A Global Security Actor: UNHCR, Refugee Protection and Security*, Oxford: Oxford University Press.

Hansen, S. J [2013] *Al-Shabaab in Somalia: The History and Ideology of A Militant Islamist Group, 2005-2012*, London: Hurst.

Hathaway, J.C. [1997] "The Meaning of Repatriation," *International Journal of Refugee Law*, 9(4).

───── [2005] *The Rights of Refugees under International Law*, Cambridge: Cambridge University Press.

Internal Displacement Monitoring Centre (IDMC) [2017] "Somalia: Retuning Home from Dadaab Camp," *Global Report on Internal Displacement*, IDMC& NRC.

International Crisis Group (ICG) [2014] "Kenya: Al Shabaab ───── Closer to Home," *Africa Briefing*, 102.

───── [2018] "Al-Shabaab Five Years After Westgate: Still a Menace in East Africa," *Africa Report*, 265.

International Refugee Rights Initiative, The Conflict Research Group, Actions pour la promotion Rurale, and Goupe D'Etudes sur les Conflits et la Sécurité [2019] "Returning to Stability? Refugees Returns in the Great Lakes Region".

Izzolino, G., and Hersi, M.[2019] "Shelter from the Strom: Somali Migrant Networks in Uganda between International Business and Regional Geopolitics, " *Journal of Eastern African Studies*, 13(3).

Licher, S. K. [2000] "Refugee Involvement in Political Violence: Quantitative Evidence From 1987-1998," *New Issues in Refugee Research* , Working Paper, 26.

Long, K. [2013] *The Point of No Return: Refugees, Rights and Repatriation*, Oxford: Oxford University Press.

Manji, F.[2020] "Circular Refugee Returns between Kenya and Somalia : A Rapid View," *Research & Evidence Facility*.

Milner, J. [2009] *Refugees, the State and the Politics of Asylum in Africa*, Hampshire: Palgrave Macmillan.

Nzes, F. [2012] "Terrorist Attacks in Kenya Reveal Domestic Radicalization," *CTC Sentinel* , 5(10).

Rawlence, B. [2016] *City of Thorns: Nine Lives in the World's Largest Refugee Camps*, London: Portobello.

Refugee Consortium of Kenya (RCK) [2012] *Asylum under Threat: Assessing the*

Protection of Somali Refugees in Dadaab Refugee Camps and Along the Migration Corridor, June.

Regional Mixed Migration Secretariat (RMMS) [2013] "Mixed Migration in Kenya: The Scale of Movement and Associated Protection Risks," *Mixed Migration Research Series* 2.

Republic of Kenya (RoK) [2016a] *The Kenya Gazette*, Vol.CXVIII No.46, Nairobi, 29 April, 2016, Gazette Notice No.3017.

────── [2016b] Government Statement on Refugees and Closure of Refugee Camps, May 16.

Rosenberger, S., and Winkler, J. [2014] "Com/passionate Protests: Fighting the Deportation of Asylum Seekers," *Mobilization: An International Quarterly*, 19(2).

Rutere, M. , and Mutahi, P. eds. [2018] *Confronting Violent Extremism in Kenya: Debates, Idea and Challenges*, Centre for Human Rights and Policy Studies.

Sahyan, I. and Gleditch, K. S. [2006] "Refugees and thee Spread of Civil War," *International Organization*, 60.

Speckhard, A. and Shajkovic, A. [2019] "The Jihad in Kenya: Understanding Al-Shabaab Recruitment and Terrorist Activity inside Kenya-in Their own Hand," *African Security Review*, 12(1).

Stein, B.N.[1994] "Ad Hoc Assistance to Return Movement and Long-Term Development Programmes," in T. Allen and H. Morsink eds., *When Refugees Go Home*, London: UNRISD, Africa World Press, and James Currey.

Sugiki, A. [2020] "Conclusion: Rethinking Repatriation as a Durable Solution for Refugees," in M. Yonekawa and A. Sugiki eds., *Repatriation, Insecurity and Peace: A Case Study of Rwandan Refugees*, Singapore: Springer.

Tegenbos, J. and Vlassenroot, K. [2018] "Going Home? A Systematic Review of the Literature on Displacement, Return and Cycles of Violenace," *Politics of Return Working Paper*, 1.

UNHCR [1996] *Handbook on Voluntary Repatriation: International Protection*.

Willis, J., and Gona, G. [2012] "Pwani C Kenya? Memory, Documents and Secessionist Politics in Coastal Kenya," *African Affairs*, 112(446).

＜ウェブサイト＞

Global Terrorism Database (https://start.umd.edu/gtd/, 2020 年 12 月 20 日閲覧).

UNHCR, Refugee Data Finder (https://www.unhcr.org/refugee-statistics/, 2020 年 12 月 26 日閲覧).

第 *10* 章

核兵器の非人道性をめぐるアポリアの再検討

佐 藤 史 郎

はじめに

　被爆者達は，核兵器のない世界に向けて，核兵器の非人道性を国際社会に語りかけている．国際政治において，核兵器の非人道性を語ることは，どのような意義と課題があるのだろうか．

　この問いについて，筆者はかつて「核兵器——アイロニーとパラドクス——」と題する小論のなかで検討し，次のように指摘した．

> 核兵器使用の道義性を語ること，とりわけ核兵器の非人道性を語ることは，核兵器の使用は道義に反するとの規範を広め，そのモラル・パワーの結果として，核兵器が使用されにくい状況を生み出す．しかし，核兵器の非人道性を語ることは，核兵器の使用は道義に反するからこそ，自国の国民を守るために，自国の安全を核兵器に依存するという核のアイロニーをもたらす．[佐藤 2014：122]

　すなわち，核兵器の非人道性を語ることで，「核禁忌」という規範が醸成・強化される反面，「核武装」論や「核抑止」論が正当化される可能性がある，という逆説である[2]．筆者は，このような核兵器の非人道性をめぐる状況を，解決「困難」という意味で，「アポリア」と呼んだ．

　初瀬龍平は，この核兵器の非人道性をめぐるアポリアを引用しながら，次のように述べる．

> 　第二に，世界で多くの人々が，広島，長崎の惨状を二度と繰り返さないために，真剣に核兵器廃絶を訴えている．反核の声を高めることは，反人

道兵器として，核兵器使用を抑制する力（タブー）を強めることである．
このことは，とりわけ核先制使用の抑制について言えることである．しか
し，他方で核武装を進める傾向は，いまでも世界で続いている．これは，
反核の声がまだ弱いからなのか．実は，ヒロシマ，ナガサキの惨状を説く
ことには，アイロニーとパラドックスが内在している．たとえば，自分た
ちが二度と同じような惨状に巻き込まれないためには，自らが核武装して
自衛せよ，という発想も生まれてくる．［初瀬 2017：18-19］（傍点は筆者）

　つまり，核禁忌という規範があるにもかかわらず，核兵器を保有する国が存
在していること，それは「反核の声が弱いからなのか」と反語形で問いかけて
いるのである．本章は，この問いかけに反応して，あらためて核兵器の非人道
性をめぐるアポリアを検討したい．なぜなら，この問いかけには，後述するよ
うに，国際社会における核禁忌の浸透度を踏まえたうえで，核兵器の非人道性
をめぐるアポリアを検討しなければならないという，重要な示唆が含まれてい
ると考えるからだ．

　はたして，核兵器の非人道性をめぐるアポリアは，本当にアポリアであると
いえるのだろうか．近年，国際社会では，核兵器禁止条約の成立過程が示して
いるように，核兵器による惨禍を二度と繰り返さないために，安全保障を重視
するアプローチよりも，人道性を重視するアプローチが注目されている．核兵
器の非人道性をめぐるアポリアを考えること，それは，人道性を重視するアプ
ローチをあらためて考えることでもある．それゆえ，核兵器の非人道性をめぐ
るアポリアを再検討することは，意義のある作業といえよう．

　このような背景のもと，本章は，用語の確認と議論の範囲を確認することか
ら始める．続く第2節では，核禁忌の概念を述べたうえで，あらためて核兵器
の非人道性をめぐるアポリアの内容を紹介する．第3節は，核兵器の非人道性
をめぐるアポリアを再検討する．ここでは，筆者が主張した核兵器の非人道性
をめぐるアポリアが，① アポリアの可能性があると同時に，アポリアではな
い可能性もあること，② 核兵器の非人道性をめぐっては別のアポリアが存在
していることをそれぞれ述べる．

1 用語の確認と議論の範囲

議論を展開する前に，用語の確認と議論の範囲を記しておきたい．

(1) 用語の確認——被爆者，核兵器，主体，使用——

まず，被爆者である．本章でいう「被爆者」とは，1945年8月に広島と長崎に投下された原爆の被害者を指す．被爆者は次の2つに分類することができる．核兵器の非人道性を〈語る〉被爆者と，差別や偏見への恐れから，または罪悪感やトラウマの苦しみなどから，核兵器の非人道性を〈語らない／語れない〉被爆者である．本章では，〈語る〉被爆者に焦点を当てて，議論をおこなっている．

次に，「核兵器」である．本章で扱う核兵器とは，爆風，熱線，放射線の相乗効果により甚大な被害をもたらすと同時に，多くの無辜の人達を無差別に殺害する兵器を指す．なお，核兵器には低出力のものもある．この核兵器は，核兵器使用の敷居を実際に上げるか下げるかはさておき，核兵器の非人道性を不可視化する危険性がある以上，核兵器を使用してはならないという核禁忌を打ち破る可能性がある．

続いて，核兵器を使用する「主体」である．冷戦の終結後，とりわけ2001年の9.11同時多発テロ事件以降，テロリストによる核兵器使用の危険性が「恐怖のシナリオ」として懸念されている［Allison 2004］．しかし本章は，核兵器を使用する主体を国家に限定して，議論を展開していく．

最後に，核兵器の「使用」とは何かである．核兵器の使用は2つの文脈で考えることができる．1つは，核兵器を実際の戦闘で使用するというものである．もう1つは，核兵器を実際の戦闘で使用しないものの，外交（特に威嚇型外交）において使用するというものである．具体的には，核兵器の使用を「行使（use）」するという「威嚇（threat）」，つまり核抑止として核兵器を使用するという意味である．本章では，これら2つの文脈をふまえながら，核兵器の非人道性の語りを通じて，核兵器が実際の戦闘で使用されにくくなる一方，他方で外交において使用される可能性が高まるという点を述べていく．

(2) 議論の範囲——アポリアの限定——

　つぎに，核兵器の非人道性をめぐる「アポリア」について，どのようなアポリアを取り扱うのかを明らかにしておきたい．本章で考察する核兵器の非人道性をめぐるアポリアとは，核兵器の非人道性が語られることで，核禁忌が醸成・強化される反面，核武装論や核抑止論が正当化されてしまうという逆説である．

　だが，被爆者が核兵器の非人道性を語ることには，もうひとつのアポリアが内在している．被爆者達は，核兵器による惨劇は人類共通の克服すべき課題であるという普遍主義[7]に基づいて，ヒロシマ・ナガサキという核兵器の非人道性を訴えている．けれども，その声がナショナル・ヒストリーというフィルターを通して日本以外の国の人達に届いてしまうと，ヒロシマ・ナガサキの普遍主義が相対化されるというアポリアに直面することがある．たとえば，栗原貞子の有名な詩『ヒロシマというとき』の一節にあるように，「〈ヒロシマ〉といえば〈パールハーバー〉〈ヒロシマ〉といえば〈南京虐殺〉」という具合で，ヒロシマ・ナガサキの普遍主義が相対化されてしまうのだ．被爆者が日本の被害者としての側面を強調して，核兵器の非人道性を訴えてしまうと，日本以外の国の人達からすれば，日本の加害者としての側面が不問にふされているのではないかととらえられてしまうのである［川崎 2018：95］．

　しかしながら，本章では，この普遍主義とその相対化に関するアポリアには少し触れるものの，核兵器の非人道性の語りと核武装・核抑止との関係性をめぐるアポリアを中心に考察していく．

2　核兵器の非人道性をめぐるアポリア

　それでは，核兵器の非人道性をめぐるアポリアを，あらためて説明したい．

(1) 核禁忌の醸成・強化

　ニーナ・タンネンワルド（Nina Tannenwald）は，核禁忌という概念を用いて，核兵器使用に対する道義的な抑止の重要性を主張した．禁忌とは，「してはいけない」「触れてはいけない」という社会的規範である．タンネンワルドは，核兵器の使用を同兵器の投下もしくは発射と定義づけたうえで（ただし，核実験による核兵器の投下と発射を除く），核禁忌を「核兵器の先行使用（first use）に対す

る強力な事実上の禁止」[Tannenwald 2007：10]として概念化した．この核禁忌は，広島に投下された原爆と被爆者の語りに起源をもつ[Tannenwald 2007：Ch. 3]．彼女によれば，被爆者による核兵器の非人道性の語りは，核兵器の使用が道義上許容できない行為であるとの認識を高める結果，核禁忌という規範が醸成・強化されていくという[8]．

　そして，タンネンワルドは，朝鮮戦争，ベトナム戦争，湾岸戦争といった事例を取り上げて，核兵器使用をめぐる政策決定者達が，核兵器の使用は道義に反することから，同兵器の使用を思いとどまったとの事実を明らかにしていく．そのうえで，1945年8月以降，核兵器が使用されていないのは，核抑止だけでなく核禁忌という規範が存在していたからだと主張した．

　要するに，被爆者による核兵器の非人道性の語りは，核禁忌という規範を醸成・強化する結果，核兵器が使用されにくい状況を作り出している，ということである．この意味で，核兵器の非人道性を語る被爆者達は，国際政治において，大きな影響を与えているといえよう[佐藤 2014：116]．

　このように，核禁忌は核兵器の道義的抑止という肯定的インパクトをもたらす．だが，それだけではない．核兵器に悪の烙印を押す（stigmatize）ことで，核禁忌をさらに強化することができ，その結果として，核兵器を非合法化／非正当化する（delegitimize）ことが可能となる[9]．つまり，核禁忌は，核兵器を禁止する法的確信の形成を促すという肯定的インパクトをもたらすのだ．2017年に採択された核兵器禁止条約は，その証左といえよう．この条約の前文には，「核兵器の使用による被害者（ヒバクシャ）」の「受け入れ難い苦痛と危害に留意し」と明記されている．これは，被爆者による核兵器の非人道性の語りが，条約の締結をもたらしたひとつの大きなパワーであったことを意味している．

(2) 核武装論・核抑止論の正当化というアポリア

　とはいえ，被爆者による核兵器の人道性の語りは，皮肉にも，核武装論と核抑止論を正当化させるという否定的インパクトをもたらしうる[佐藤 2014：118-20]．すなわち，核兵器は非人道的結末をもたらすがゆえに，敵対国による核兵器の使用から自国の国民を守るために核兵器が必要であるというものである[10]．たとえば，1998年のパキスタンによる核実験があげられよう．パキスタンが核実験をおこなった理由のひとつは，当時のシャリフ首相が述べているように，インドが核兵器を使用することで，パキスタンがヒロシマ・ナガサキの

二の舞になりたくなかったというものであった．被爆者による核兵器の非人道性の語りは，核禁忌という規範を通じて，核武装と核抑止の重要性を高めてしまうという危険性を伴っているのである．

　なお，上記の否定的なインパクトは，核兵器を保有することで，核兵器の使用という脅威から安全保障を確保するというアプローチをとることを前提に，起こりうるものである．他方で，核兵器禁止条約の前文には，「いかなる場合にも核兵器が再び使用されないことを保証する唯一の方法として，核兵器を完全に廃絶することが必要であることを認識し」と述べられている．つまり，核兵器禁止条約は，核兵器を廃絶することで，核兵器の使用という脅威から安全保障を確保するというアプローチをとっているのである．これら２つのアプローチは，核兵器を保有するか廃絶するかという手段で異なるものの，核兵器使用の脅威から安全保障の確保を試みるという同じ目的をもっている．

3　核兵器の非人道性をめぐるアポリアの再検討と再提起

　前節では，核兵器の非人道性をめぐるアポリアとは何かを確認した．すなわち，被爆者による核兵器の非人道性の語りは，核禁忌を醸成・強化する反面，核武装論や抑止論を正当化してしまう恐れがある，ということである．

　だが，このアポリアについては，国際社会における核禁忌の浸透度をふまえたうえで，あらためて検討する必要がある．もし，核禁忌が国際社会に強く浸透しているという状況のなかで，核兵器の非人道性をめぐる語りが核武装論と核抑止論を正当化させているのであれば，この逆説は解決「困難」という意味で，アポリアとして成立する．しかし，そうではなく，国際社会における核禁忌の浸透度がまだ弱いという状況において，核兵器の非人道性の語りが核武装論と核抑止論を正当化させているのであれば，この逆説は解決「可能」という意味で，アポリアではないとなる．なぜなら，反核の声を強めることで，核禁忌が国際社会に深く浸透していけば，核武装論と核抑止論の主張が弱まっていく可能性があるからだ．以下，核兵器の非人道性をめぐるアポリアを再検討していこう．

(1) 核兵器の非人道性をめぐるアポリアの再検討

　筆者がかつて提起した核兵器の非人道性をめぐるアポリアは，被爆者による

ヒロシマ・ナガサキという核兵器の非人道性という語りを通じて，核禁忌という規範が国際社会において広く行き渡っていることを前提に議論を展開していた．したがって，筆者のいう逆説がアポリアとして成立するためには，① 核禁忌が，被爆者の語りを通じて，国際社会において強く浸透していること，② にもかかわらず，被爆者による核兵器の非人道性の語りは，核禁忌を通じて，核武装論と核抑止論を正当化していることを明らかにしなければならない．だが，管見のかぎり，これを証明するデータや文献は今のところない．また，何より，国際社会における核禁忌の浸透度はどのような基準で計るのかという，重要な問題を抱えている．

とはいえ，国際社会において核禁忌が強く浸透していない点と，核兵器の非人道性を語る被爆者の声がまだ弱い点を指摘することはできる．核禁忌の概念を提起したタンネンワルドさえ，核の禁忌が ① 国際社会に広く行き渡っておらず，十分に強固な規範となっていないこと，② 米軍には受け入れられていないことを述べているからだ [Tannenwald 2007 : 59]．また，被爆者自身も，核兵器の非人道性を語る自らの声がまだ弱いと考えている．たとえば，読売新聞社と広島大学平和センターが実施した「爆心 2 キロ　被爆者アンケート」(『読売新聞』2018 年 7 月 28 日付) によれば，広島と長崎の爆心地から 2 キロ以内にいた「近距離被爆者」の 100 名のうち，「核兵器の脅威に関する次世代への継承」について，「ほとんど伝わっていない」が 22 人，「あまり伝わっていない」が 42 人となっている．つまり，約 6 割の被爆者達は，核兵器の非人道性とその語りの継承に問題があると認識しているのである．

このように，被爆者の語りを通じて，核禁忌という規範が国際社会のなかでまだ強く浸透していないととらえるのであれば，核兵器の非人道性の語りが核武装論や核抑止論を常に正当化させると言い切ることはできない．核禁忌を通じて核兵器の非人道性に対する国際社会の認識が一層強まれば，核武装論と核抑止論が否定される可能性があるからだ．したがって，核兵器の非人道性をめぐる逆説は，論理上，アポリアではない可能性がある．いいかえれば，偽アポリアの可能性があるということだ．

しかし，である．核の禁忌という規範が国際社会で強く浸透していくためには，少なくとも以下の 3 つの課題を克服しなければならないであろう．1 つ目は，核禁忌と相いれない核兵器使用の政策や計画が存在しているという課題である．たとえば，米国の「単一統合作戦計画 (Single Integrated Operational Plan)」

があげられる．国際社会には，核禁忌という規範が存在していると同時に，核兵器を実際の戦闘で使用できるという認識も存在しているのである［Eden 2010］．2つ目は，核兵器に対する「絶対悪」と「必要悪」という認識ギャップである．この認識ギャップをどう埋めていけばいいのか．たとえば，米国のテレビドラマでは，相手を「完膚なきまでに痛めつける」という意味で，naga-saki が動詞として使用されている［宮本 2020：33-34］．核兵器を絶対悪とみなさない社会も存在しているのである．3つ目は，ヒロシマ・ナガサキがもつ普遍性の相対化という課題である．日本の被害者としての側面がばかりが強調されてしまうと，ヒロシマ・ナガサキという普遍性は相対化されることとなり，その結果として，核の禁忌が国際社会で深く浸透していくことが困難となる可能性がある．これら3つの課題を克服することができないのであれば，筆者が提起した核兵器の非人道性をめぐる逆説は，アポリアの可能性がある，ということになろう．

(2)　核兵器の非人道性をめぐるアポリアの再提起

　ここで，議論の視点をずらして，もう少し深く考えたい点がある．それは，たとえ核禁忌が国際社会で広く深く浸透したとしても，そもそもとして，核武装論と核抑止論が完全に否定されることは難しいのではないだろうか，という点である．核禁忌は常に遵守されるとはかぎらない．そのため国家は，敵対国による核兵器の使用という脅威に対して，核禁忌だけでは不安を払拭することができず，自国の安全保障を核兵器に依存し続けようとするかもしれない．核武装論と核抑止論が正当化される背景のひとつには，国家安全保障の確保という点がある．これは，国家安全保障を確保するためには，核兵器が必要不可欠であるという認識である．それゆえ，核兵器を保有している国やその同盟国は，核禁忌が国際社会に広く深く浸透していたとしても，核禁忌が常に遵守されるとはかぎらないという可能性がある以上，加えて，主権国家を軸とする国家安全保障の考えが強くあるかぎり，核武装論や核抑止論を正当化し続けるのではないだろうか．被爆者による核兵器の非人道性の声は，国家安全保障という名のもとで，かき消されてしまうのではないかという恐れである．

　だとすれば，核兵器の非人道性をめぐる真のアポリアは，主権国家システムとそれにもとづく国家安全保障概念そのものに見出せる，とも指摘できよう．すなわち，被爆者が語る核兵器の非人道性は，核禁忌を通じて核兵器が使用さ

れない状況を作り出す反面，主権国家にもとづく安全保障の考えが強くあるかぎりにおいて，核武装論や核抑止論を正当化させてしまうのではないか，という逆説のアポリアである．

　ただし，このアポリアに関しては，留意点がひとつある．それは，アポリアが生じているのは，被爆者による核兵器の非人道性の語りが，あくまで主権国家をベースとする安全保障観に埋め込まれているからである，という点だ．逆にいえば，脱主権国家にもとづく安全保障を模索することで，このアポリアを解消できるのかもしれない．この点，坂本義和による論考は，よい出発点を提供してくれる．なぜなら坂本は，核の時代を終焉させるためのひとつの方途として，「従来の閉鎖的な『主権国家』や『国民国家』や『民族国家』を変革」して，「トランスナショナルな市民の権利と利益を表出し，またそれが国家を国家間（インターナショナル）の協力へと方向づける」ような「市民国家（civic state)」という脱主権国家へと移行しなければならないと指摘しているからだ［坂本 1999：61］．核兵器のない世界を実現するためには，主権国家そのものを変革する必要があるというわけである．しかし問題は，① この「市民国家」と核兵器をめぐる安全保障がどのような関係にあるのか，また，② 「市民国家」に移行する実効性はいかなるものか，という点にあろう．この2つの問題を克服しなければ，筆者が本章で新たに提起した核兵器の非人道性をめぐるアポリアは，解決「困難」な逆説として存在しつづけることになるのではあるまいか．

おわりに

　本章の目的は，筆者がかつて提起した核兵器の非人道性をめぐるアポリアを再検討するという点にあった．核兵器の非人道性をめぐるアポリアとは，核兵器の非人道性が語られることで，核禁忌が醸成・強化される一方で，核武装論や核抑止論が正当化されてしまうという逆説である．しかし，このアポリアについては，国際社会における核禁忌の浸透度をふまえたうえで，あらためて検討する必要があった．

　筆者が指摘する逆説がアポリアとして成立するためには，① 核禁忌が，被爆者の語りを通じて，国際社会において強く浸透していること，② にもかかわらず，被爆者による核兵器の非人道性の語りは，核禁忌を通じて，核武装論

と核抑止論を正当化していることを明らかにしなければならない．しかしながら，これらの2点を明らかにすることができなかった．他方で，核兵器の非人道性を語る被爆者の声がまだ弱いことと，国際社会において核禁忌が広く浸透していないことを指摘することは可能である．したがって，現時点においては，核兵器の非人道性の語りが核武装論や核抑止論を常に正当化させるとまでは断言できない．核兵器の非人道性に対する国際社会の認識が一層強まれば，核武装論と核抑止論が否定される可能性があるからだ．そのため，筆者が提起した核兵器の非人道性をめぐる逆説は，論理上，アポリアではない可能性（偽アポリアの可能性）があるということになる．しかし同時に，核禁忌と相いれない核兵器使用の政策や計画が存在しているという課題，核兵器に対する絶対悪と必要悪という認識ギャップが存在しているという課題，そしてヒロシマ・ナガサキの普遍性が相対化されるという課題を克服しなければ，核の禁忌が国際社会で強く浸透しないため，核武装論と核抑止論が完全に否定されることは難しいと指摘した．したがって，核兵器の非人道性をめぐる逆説は，アポリアである可能性も残っているのである．

　さらに本章は，たとえ核禁忌が国際社会で広く深く浸透したとしても，核兵器を保有している国やその同盟国は，核禁忌が常に遵守されない可能性がある以上，加えて，国家安全保障の考えが強いかぎりにおいて，核武装論や抑止論を正当化し続けるのではないかと指摘した．すなわち，被爆者が語る核兵器の非人道性が，核禁忌を通じて核兵器の道義的抑止をもたらす反面，主権国家にもとづく安全保障の考えが強く存在するかぎり，核武装論や核抑止論を正当化させてしまうのではないか，という新たなアポリアを提示した．

　このアポリアは，脱主権国家にもとづく安全保障を模索することで，解消することができるのかもしれない．アポリア解消の道は見えているのだ．しかしながら，その道程に現実性が伴うまで，核兵器の非人道性をめぐる逆説は，アポリアとして存在しつづけることになろう．核兵器の非人道性をめぐるアポリアは，主権国家システムを基盤とする国家安全保障概念のもとでは解決することが困難であるということを教えてくれるのである．

注

1）ここでいう「核武装」論とは，（まだ核兵器を保有していない国が）核兵器を保有しなければならないという主張と，（すでに核兵器を保有している国が）核兵器を保有し

続けなければならないという主張を指す．そして，「核抑止」論とは，ここでは限定的な意味で用いており，核兵器を使用するとの威嚇を通じて，相手国による核兵器の使用を思いとどまらせることができる，と主張するものである．

2）また，筆者は，核兵器の非人道性が語られることにより，核兵器のさらなる拡散が生じる危険性があるという逆説も指摘した．詳細については，佐藤［2014：120-121］を参照のこと．

3）「ひばくしゃ」の漢字には，原爆の被害者である「被爆者」と，原発事故などで被害を受けた「被曝者」がある．「ばく」の漢字表記が異なるものの，両者は放射線による被害を受けたという点で共通している．そのため，被爆者と被曝者を区別せずに「被ばく者」と書き表すこともある．ただし，「被曝者」のなかには「被爆者」と同じカテゴリーに分類されることに拒否感を示す人達もいる（逆もしかり）．また，「被爆者」と「被曝者」のあいだには不協和音が生じている．たとえば「被爆者」は，2011年の福島第一原発事故後，反原発を含む社会運動を展開している人達から，反原爆のみを主張しているとの批判にさらされているという［直野 2015：5］．

4）〈語る〉被爆者と〈語らない／語れない〉被爆者については，さしあたり，佐藤［2021］を参照のこと．

5）そのほか，存在を忘れられている被爆者のほか，サーロー節子氏のように名前を知られている〈有名〉な被爆者と〈無名〉の被爆者といったように，さまざまな被爆者達がいる．この被爆者の多様性については，稿をあらためて論じたい．

6）なお，指摘だけにとどめておくが，もしテロリストを非合理的主体であるとみなすのであれば，核抑止や核禁忌による核兵器使用の抑制という試みは功を奏さない．

7）もちろん，ヒロシマの普遍主義は，「普遍主義でありつつも，広島という地域で（しかし，他の地域や国の人々との相互作用や社会状況の影響の中で）形作られてきたこと，そしてそれが地域主義的な側面を持っていることを反映する」［根本 2018：14］．

8）核禁忌の疑問点や批判点については，佐藤［2014：113-116］を参照．

9）核兵器に関する stigmatize と delegitimize については，黒澤［2019］を参照のこと．

10）また，タンネンワルド自身も，核禁忌が「核抑止の実効を安定させ，正当化することを促進している」［Tannenwald 2007：18］と述べている．

◆参考文献◆
＜邦文献＞

川崎哲［2018］『核兵器はなくせる』岩波書店．

黒澤満［2019］「核兵器のない世界に向けて―― Stigmatization と Delegitimization ――」，山口響監修『核兵器禁止条約の時代――核抑止論をのりこえる――』法律文化社．

坂本義和［1999］「近代としての核時代」，坂本義和編『核と人間Ⅰ　核と対決する20世紀』岩波書店．

佐藤史郎［2014］「核兵器――非人道性のアイロニーとパラドクス――」，高橋良輔・大庭弘継編『国際政治のモラル・アポリア―戦争／平和と揺らぐ倫理』ナカニシヤ出版．

───── ［2021］「ヒバクシャと時間──ヒロシマ・ナガサキをめぐる時間資源と回帰的
　　時間──」，高橋良輔・山崎望編『時政学への挑戦──政治研究の時間論的転回──』
　　ミネルヴァ書房．
直野章子［2015］『原爆体験と戦後日本──記憶の形成と継承──』岩波書店．
根本雅也［2018］『ヒロシマ・パラドクス──戦後日本の反核と人道意識──』勉誠出版．
初瀬龍平［2017］「原爆・核抑止・核ガバナンス」，菅英輝・初瀬龍平編『アメリカの核ガ
　　バナンス』晃洋書房．
宮本ゆき［2020］『なぜ原爆が悪ではないのか──アメリカの核意識──』岩波書店．

＜欧文献＞

Allison, G. T.[2004] *Nuclear Terrorism : The Ultimate Preventable Catastrophe*, New York:
　　Times Books（秋山信将・戸崎洋史・堀部純子訳『核テロ──今ここにある恐怖のシ
　　ナリオ──』日本経済新聞社，2006 年）．
Eden, L.［2010］ "The Contingent Taboo," *Review of International Studies*, 36(4).
Tannenwald, N.［2007］ *The Nuclear Taboo: The United States and the Non-Use of Nuclear
　　Weapons since 1945* , Cambridge: Cambridge University Press.

第 11 章

兵役拒否をめぐるアポリア
——アポリアの認定・無視・粉飾と回避・緩和・解決——

市川ひろみ

はじめに

　徴兵制の下では，自らの良心（信仰・信条）のために武器を手にすることができない人は深刻なアポリアに陥る．彼らのうち兵役を拒否しようとした人は，強大な権力を有する国家に一人で対峙しなければならない．アポリアに陥った個人は，全くの無力な存在のように見えるが，歴史的には兵役を拒否するという良心に従った決断こそが，制度を変える契機となってきた．個人の内面の自由（良心）と国家の追求する価値とが原理的にアンチノミー（アポリア）であったからこそ，国家も兵役拒否者の良心を否定することはできなかった．アポリアに直面し，苦悩し，自分の行動によってアポリアを作り出している社会状況を変えることも困難である時，それでもなお，アポリアに身をすくめるのでもなく，どうせ変えられないと諦めるのでもなく，そのアポリアと向き合い，解こうとした行動が社会を動かしてきた．

　兵役拒否をめぐっては，個人と国家の双方にとって複数の解きがたいアポリア（ジレンマ，アンチノミー）を発見することができる．しかし，そのすべてがアポリアとして認識されているわけではない．社会においてアポリアだとされているものは，なんらかの意図によってアポリアとして選定・認定されている．さらには，現実にはアポリアではないものがアポリアとして設定されることもある（似非アポリア）．本章では，誰がアポリアを認定／無視／粉飾しているのか，現実には誰にとってのアポリアなのか，現実のアポリアは回避／緩和／解決することができるのかという観点から論じる．

　「似非アポリア」の場合，その作為性に気づくことでアポリア状況にあると

思い込んでいた当事者は，その呪縛から解放される．誰が似非アポリアを作っているのか，その意図は何かを発見することで，問題の本質にたどり着くことが可能となる．ジレンマ，アンチノミーというアポリアにあっては，どちらか一方が正しいと決めることはできないが，個人としてはどちらかに「決断」することでアポリアを「克服」することは可能である．社会としてはどちらかひとつを選択することはできないので，根本的なジレンマはそのままに残しつつ，妥協したり，現実のアポリアの対立を別のレベルにずらしたり，そのアポリアをもたらしている状況から離れたり，対立しているレベルからより大きな枠組みで捉えたりすることで，アポリアを回避・緩和・解消することが可能になる．

　なお，本章で論じるアポリアは，個人と国家のレベルでのジレンマ（相反する事柄の板挟み），アンチノミー（二律背反）ある．

▌ 1　兵役拒否とは

　狭義では，個人が，自らの信仰や信条よって軍隊での役務を拒否することを指す．歴史的には，古代ローマ時代にキリスト者が帝国軍への従軍を拒否した例にさかのぼるが，兵役拒否が社会問題として顕在化したのは，二つの世界大戦時である．欧米諸国において何万人もの人々が武器を手にすることを拒否して投獄や重労働などを科せられ，処刑された人も少なくなかった．この経験を経て第二次世界大戦後，兵役拒否は，世界人権宣言や国際人権規約等にもとづく権利として尊重されるべきと考えられるようになった．さらに，すでに軍務に就いている個々の軍人・兵士についても，違法／非人道的な命令を拒否する国際法上の権利および義務があるとされるに至っている[1]．

　兵役拒否の制度は，歴史，文化，時代によって異なるが，次の四つの類型（**表11-1**）に整理することができる［市川 2007: 79-103］．大きく分けると，徴兵制の下での内面の自由を尊重しようとする自由主義的兵役拒否と，軍隊内での兵士・軍人による選択的兵役（命令）拒否がある．

　それぞれの兵役拒否制度を簡単に説明すると，①免除型は，兵役拒否者を兵役から免除するものであり，②代替役務型では，兵役拒否者は戦闘任務ではない別の代替任務に就くことが求められる．その代替の役務が軍隊とは切り離された内容（福祉分野など）である場合は，③民間役務型となる．④選択的兵役（命令）拒否は，兵士・軍人による特定の命令拒否であり，抗命権である

表 11-1　兵役拒否類型

	徴兵制の下での兵役拒否（自由主義的）＊			軍隊内での命令拒否（正戦論的）
類型	① 免除型 　　兵役拒否	② 代替役務型 　　兵役拒否	③ 民間役務型 　　兵役拒否	④ 選択的 　　兵役（命令）拒否
権利・義務	良心（信仰・信条）の自由	良心（信仰・信条）の自由	良心（信仰・信条）の自由	良心（信仰・信条）の自由 抗命権および抗命義務
動機	信仰 平和主義 非暴力	信仰 平和主義 非暴力	信仰 平和主義 非暴力	個々の命令の正当性への懐疑
実態	軍隊外	軍隊内・外 非戦闘役務	軍隊外 民間役務	軍隊内 個別に判断した命令
武力行使についての態度	武力行使の否定	兵士との連帯 戦争遂行協力	戦争に批判的	戦争・武力行使は否定しないが，その方法・目的に批判的
政治・社会との関わり	できる限り距離をもつ	積極的に関わる	積極的に関わる	積極的に関わる
政策・命令の正当性への批判	なし	なし	なし	あり

＊ 良心（信仰・信条）は変化しうるので，入隊後であっても，兵士・軍人に良心的兵役拒否の制度（非戦闘役務への異動や除隊が可能）をもつ軍隊もある．

出所）筆者作成

と同時に違法な命令には従わない抗命義務でもある．

　これら 4 つの兵役拒否のありようについては，ドイツの例にみることができる．ドイツは二度の世界大戦を引き起こし，その結果 45 年間にわたって東西に分断されていたことから，兵役は東西両ドイツ国民にとって重要なテーマであった．西ドイツ建国時の 1949 年に制定された基本法第 4 条 3 項は，「何人も，その良心に反して武器を持ってする戦争の役務を強制されてはならない」と，再軍備以前に兵役拒否権が憲法上の基本権として世界の憲法史上初めて保障した．東ドイツでは，東欧圏では唯一の兵役拒否制度として建設部隊が徴兵制開始 2 年後の 1964 年に導入された．東西ドイツ統一後は，軍人による選択的兵役拒否の事例もある．

本章では，ドイツの例を中心として，アポリアに直面した個人の良心の決定がアポリア状況を変化させてきたダイナミズムについて論じる．そして，米軍を中心とする「対テロ戦争」以降，そのダイナミズムの契機を取り除く国家によるアポリア外しが進められていることを指摘する．

2　アポリアの認定・無視・粉飾

(1)　無視・粉飾されるアポリア

　武器をもって国を守るのは国民の義務であり，崇高な使命であるという論理の下にある徴兵制には，長らくアポリアは認識されてこなかった．近代国家においては，国防の義務を負うものが国家を構成し，国家の保護を受けることができる「国民」の資格を手に入れることができるのであり，兵役を果すことが許されない障害者や女性，マイノリティーの人々が二級市民扱いされることも正当化されてきた．ところが，一級市民であるはずの兵士は，軍隊内，戦場では過酷な状況に追いやられる．国家の保護を受けることのできる国民になるためには国防の義務を負わねばならないが，その義務を遂行するにあたって，兵士は自身の安全を保障されない．兵士となった人は，任務遂行にあたって自身の命を投げ出すことさえも求められ，そのことによって守ろうとする自身の家族を窮地に追い込むという逆説（パラドックス）に陥る．

　　　個人レベル　　国民としての義務 ⇔ 命の危険
　　　国家レベル　　国家安全保障 ⇔ 国民の生命

　国家が政策として武力行使する限り，守るべき国民の生命を危険にさらす／消耗するという最も根源的なアポリアは解決されることはない．だからこそ，国家はアポリアであることを認めることができない．そこで，国家は，兵士を「祖国・家族を守る英雄」として賞賛することで兵士を彼らが直面する現実のアポリアを無視し，苦役（精神的にも肉体的にも社会的にも）である兵役を崇高な使命として粉飾し，戦死を名誉として称えることによってこのアポリアを隠蔽し，国民を保護する国家の義務から自らを免責してきた．

　このアポリアの無視／粉飾／隠蔽は武力行使の際に傷つき，殺される個人によっても強化されてきた．たとえ「崇高な使命」に胡散臭さを嗅ぎ取っていたとしても，国家の方針に背くことが困難であると，それを進んで受け入れよう

とする人は少なくない．現実のアポリアから目をそらし，作られたアポリア言説の方に順応しようとするのである．

　さらに，兵士として追いつめられた個人は，自分の置かれた状況を「アポリアではない」と思い込もうとする．典型例は，太平洋戦争末期の日本軍による特攻攻撃であろう．兵士は戦うことではなく，「散華」すること，すなわち死ぬことを求められた．特攻隊員は，現実には上官の命令と自ら命のジレンマに直面していたのであるが，「お国のため」を「家族のため」にずらすことで，自身が強いられているアポリアを解消（昇華）しようとした［城山］．そして，不本意ながらも「尊い犠牲」を「選択」した彼らの行いは，後に続く人々にも現実のアポリアを強いるものだった．

(2)　似非アポリア

　この徴兵制をめぐる最も根源的なアポリアは，兵士を英雄とするフィクションによって無視／粉飾／隠蔽されてきた．この兵士像を受け入れない兵役拒否者はフィクションを突き崩しかねない存在であった．だからこそ，国民の義務を果たさない彼らは国家の保護を受ける資格のない「非国民」として処罰されるべきであるだけでなく，他人に苦役を押しつける「卑怯者」と非難された．兵役拒否者の内面の自由と他者の犠牲が二律背反の関係にあるとの前提にもとづくと，自らの良心が武器を持つことを許さない個人は，自分の良心の自由のために他の誰かを危険にさらすことになってよいのかと悩みジレンマに陥る．[2]

　　個人レベル　内面の自由 ⇔ 他の誰かの犠牲（戦場に派遣される）

　これは，似非アポリアである．このアポリアは，国民の安全確保のためには国家の安全保障が必要であり，そのために大規模な軍隊が必要であり，国民は等しく軍隊での任務に就く必要があるとの前提にもとづく．しかし，この前提が妥当であるかどうかは，自明ではない．徴兵軍による戦争で敗北するかも知れないし，そもそも国民全員が徴集されるわけでもない．徴兵制による大規模な軍隊を，「相手」国が脅威と認識して軍備を増強すれば，返って安全保障は脅かされるという「安全保障のパラドックス」に陥る．もとより，兵士である国民が死傷することは作戦毎の「消耗率」として常に想定されている．

　この似非アポリアは，権力者によって準備されるが，一般の人々との共同作業によって強化される．自分の家族が出征している場合，兵役拒否者に厳しい

眼差しを向ける人もある．現実には，軍事作戦の計画・派兵の決定は国家によってなされるのであって，他の誰かを戦場に追いやる責任がその兵役拒否者にあるわけではない．この似非アポリアは，先のアポリアの粉飾と対をなすもので，国家の政策に同調しない人々は罰せられるのだと人々に示す機能を担っている．

　個人は，似非アポリアの作為性に気づくことで，そのアポリアから解放される．

3　徴兵制に内在するアポリア

　兵役は，それが課せられる個人にとっては，自身の生命・自由を失いかねない重大な問題である．さらに，軍隊で武器を手にすることが，自らの良心に反する人にとっては，自分が自分としての人格を保てなくなるような危機的状況に追い込まれることを意味する．そのような人々は，自らの良心と国民としての義務との深刻なアポリアに直面する．

> 個人レベル　国民としての義務 ⇔ 良心（信仰・信条）
> 国家レベル　政策遂行（義務の公平性）⇔ 国民の権利保障（内面の自由）
> 　　　　　　国家安全保障 ⇔ 国民の生命

　兵役拒否の制度が準備されていなければ，兵役拒否者は，自らの良心と国民としての義務のどちらかを「選択」することでアポリアを「克服」してきた．古代ローマ時代までさかのぼることのできる兵役拒否の歴史の中で，多くのキリスト者が，「少しだけ早く神のもとに行く」ことを選択した．同様に，ナチスドイツでは，多くのエホバの証人が兵役を拒否して処刑された．徴兵制に兵役免除の規定があれば，徴兵対象者はこれを利用してアポリアを回避することができる．たとえば，冷戦時代の西ドイツの徴兵対象者は，西ベルリンに移住することで合法的に徴兵を免れることができた．そのような規定を欠いていて合法的に逃れる方法も，入隊することも，処罰されることも選ばない人は，アポリアを作り出している状況がおよぶ範囲の外に逃れることでアポリアを回避しようとした．ベトナム戦争時には，多くの若者がアメリカ合衆国から国境を越えてカナダに入国した．行方をくらましたとしても，徴兵制がおよぶ範囲内に留まっている場合には，常にアポリア状況に引き戻される危険性があった．

戦時中の日本で，徴兵を逃れるため山林などに潜んだ人は，逮捕される危険性と隣り合わせだった．国家は，彼らを逃亡者（＝犯罪者）として対処し，元のアポリアについては度外視することが可能となり，当初のアポリアを「解消」することができる．

(1) アポリアの回避・緩和・解消方法としての兵役拒否制度

　国家は，国民の人権を尊重し国民一人ひとりの福祉のために存在することをその存在意義とするならば，自国民に良心に反する行いを強制することは，国家が国民に保障すべき自由権を侵害することになるというアポリアに直面する．そこで，国家は国民に対して兵役に就くことを強制する一方で，個人の内面の自由は国家権力によって侵されてはならないとする自由主義的観点から，特定の宗派の信者に対して兵役の義務を免除するようになった．厳格な非暴力の平和主義的信仰をもつ人々は，常に少数であり，権力に対して敵対的であったことはなく，ただ信仰上の理由から武器を手にすること，「敵」とされる人を傷つけることができなかった．彼らは，国家権力に反逆するわけでも戦争を批判するわけでもなく，自らの信仰が守られればよかったのである．それゆえに国家にとっても，彼らを兵役から免除することに問題はないばかりか，国民の自由主義的権利を保障しているとして，自らの正当性を強化することができた．

　この規定によって免除された人の中に，個人の信仰生活を守るだけでなく国家にも貢献したいという人が登場し，兵役拒否者も武器を持たない任務に就くことを可能にする制度が整えられるようになった．これは，兵役の免除か処罰かの二者択一ではなく，兵役の役務を武力行使から別ものに「ずらす」という，個人と国家の双方にとっての妥協である．この代替役務／民間役務は，国家にとっては国民に課す義務の公平性と国民の内面の自由の保障を同時に可能にするものでのアポリアを回避する手段となる．兵役拒否者にとっては，良心の負担の少ない任務に就くことで，国民としての義務を果たすことができ，自らの良心と国民としての義務とのアポリアを緩和／解消する効果があった．第二次世界大戦時の沖縄戦での功績に対して米軍史上初の良心的兵役拒否者として名誉勲章が授与された衛生兵デズモンド・ドス（Desmond Doss）[3]は，武器を手にすることなく国家に貢献することができた．ただし，兵役免除のための良心の審査が厳しかったり，代替／民間役務自体が可罰的である場合に，ジレンマは残る．代替／民間役務をも拒否する絶対的兵役拒否者は，処罰の対象となる．

表 11-2 徴兵制に内在するアポリア

	個人(当事者)レベル	国家レベル	
ジレンマ アンチノミー	良心(信仰・信条) ⇔ 国民としての義務	政策遂行(義務の公平性) ⇔ 国民の権利保障(内面の自由)	国家安全保障 ⇔ 国民(兵士)の生命
処罰・処刑	アポリアの「兄脱」 どちらかを選択する/強制される事で「兄脱」される 例)ナチス時代のエホバの証人	アポリアの無視 アポリアは存在しないものとするフィクション	
制度上の免除	アポリアの回避合法的抜け道 例)明治時代の徴兵養子、西ドイツ時代の西ベルリンへの移住	アポリアの回避 自由権を保障する国家としてアピールできる制度	
忌避 軍隊からの無許可離隊/脱走も同じ	アポリアの回避 アポリアをつくり出している状況(範囲)から逃れられた場合 例)ベトナム戦争時にカナダに逃れた米軍徴兵対象者 アポリアの暫定的回避アポリアをつくり出している状況(範囲)から逃れられないと処刑・処罰される危険性 例)日本で第二次世界大戦中に行方をくらました徴兵対象者	アポリアの「解消」 尊重すべき良心をもたない逃亡者として対処できる(人権保障制度の不整備については不問)	
免除型兵役拒否	アポリアの緩和・解消 申請が認められ兵役免除、あるいは代替・民間役務に良心上の問題を感じない場合 例)「ワシントン」の衛生兵	アポリアの「解消」 一部の例外を認めることで表向きの「回避」良心の審査による内面への介入は残る	
代替・民間役務制度	アポリアの継続 代替・民間役務も拒否する(絶対兵役拒否)、申請の却下、軍に関わる代替役務/懲罰的な良心の審査・役務期間である場合 例)東ドイツ国家人民軍建設兵士		アポリアの継続

出所)筆者作成

彼らのアポリアは緩和されない.

　現在, 徴兵制を採用している国の多くは, 代替／民間役務を整備している[4]. この制度によって, 国家は, 国民の内面の自由を尊重するという権利を保障しつつ, 国家が求める義務を対象者全員に課すことができる. このことは, 国家が, 徴兵制に対する批判を制度内に取り込むことに成功したことも意味する. 敷衍すれば, 兵役拒否制度は潜在的な「反乱分子」や「弱虫」を軍隊の外にとどめ, 軍隊内で「車輪のなかの砂粒」となりうる人を取り除くフィルターの役割を果たし, 反乱者や殉教者の発生を防ぐ効果もある [Bröckling 2009: 57].

(2)　新たなアポリア

　自由主義的な兵役拒否権の承認は, 少数者にも配慮する国家像を示すことのできる方法であり, 国家にとっては何らのアポリアも生み出さないはずであった. そして, 非暴力の信仰・信念をもつ国民にとっても, アポリアは解消されたはずであった. しかし, この制度は, 兵役拒否者数が増えることで維持できなくなった. 第一次・第二次世界大戦期, 参戦国は, 十分な兵員を確保する必要に迫られていた. 多数の国民が徴兵の対象とされるようになると, キリスト者のみならず社会主義者らもが兵役を拒否するようになった.

　戦時期の兵役という国民の命に関わる義務に, 一部の人々のみ「特権的」に取り扱うのであれば, 国民の「崇高な義務」を建前とする徴兵制度そのものの正当性がゆらぎかねない. 国民が果たすべき義務は国民に遍く課せられるべきであり, 良心の審査は厳格になされる必要があった. だが, 厳格な審査は, 尊重すべき個人の内面の自由を脅かすことにもつながった. そもそも, 個人の「内面」について, 「良心」と「良心でないもの」を国家機関が申請書や聴聞によって判断することは, 「個人の内面の自由を権力が犯してはならない」とする理念に対して原理的に矛盾する. 現実には, 多くの兵役拒否申請者が国家によって「良心」的であるとは認められず, 個人も国家も再びアポリアに直面するようになった.

　兵役拒否が承認された人にとっては, 自らの良心と国民としての義務とのアポリアは解消されるが, 「承認を得ることが容易かどうか」という観点からすると, アポリアの緩和としてとらえることができる. しかし, せっかくの兵役拒否制度であっても, 懲罰的な良心の審査が行われたり, 役務の内容が軍に関わるものであったりすると兵役拒否者のアポリアは解消されないばかりか, 苦

悩を深めることもある.

(3)　回避・緩和・解消されないアポリアのダイナミズム

　東ドイツ時代の兵役拒否者は，充分に良心の自由を尊重される制度がないだけでなく，拒否することによって大学進学や就職の際に著しい不利益を被るというアポリア状況にあった. それでもなお，彼らは，軍隊での役務につくことは自分の良心が許さないアポリアとして捉え，行動した. 彼らの存在が，東欧諸国では唯一の兵役拒否制度である建設部隊の設立につながった. しかし，その制度はきわめて不十分かつ懲罰的であった. 建設部隊は，国家人民軍内に設立されており，上官から日常的に侮蔑的に扱われ，自らの信仰生活も尊重されなかった. そのことが，彼らを軍隊の外での活動に追いやった. 兵役がなければ体制に順応していたであろう人々が，内面の自由が尊重される社会をめざして，除隊後，それぞれの居住地で平和や人権をテーマとして活動を始めた. 1960 年代半ばから各地で小規模なグループの活動として継続され，女性や環境問題などをテーマとして活動していた人々と連携するようになっていた. 政権政党の方針と異なる活動が厳しく制限されていた東ドイツ社会にあって，彼らの活動は政策変更など何らかの「成果」を期待できる状況ではなかった. しかし，それでもなお活動を続けたことが，1980 年代後半に大きな広がりを見せる市民運動の基盤となった［市川 1997: 82-91; 2016: 166-92］. 一応の兵役拒否制度である建設部隊によって，国家は，国家の方針とは異なる考えをもつ若者を国家人民軍内に取り込むことで社会主義体制の安定化を図ろうとしたのだが，建設部隊は，全国から集まった暴力のない社会を望む若者同士が出会う場となったのである. たとえ少数であったとしても，彼らを国家が深刻なアポリアへと追いつめてしまったことが，市民運動への契機を与えることになり，全国各地の活動へとつながったのだった.

▌　4　軍隊に内在するアポリア

(1)　アポリアの解消方法としての選択的兵役（命令）拒否

　国家にとっては，個人の内面の自由の尊重と国家の課す義務とのアンチノミーというアポリアが生じるのは，徴兵制で強制するからであり，志願制とすることで解消できるはずであった.

しかしながら，徴兵制であるか志願制であるかにかかわらず，軍隊にはアポリアが内在する．軍隊では，上官の命令に部下は服従しなければならない．厳格な命令服従関係は，破壊力・殺傷力を行使できる組織には必須であり，軍の秩序のためには根幹となる原理である．しかし，兵士からすると軍に入隊していても，どんな命令にも良心に葛藤なく従えるわけではない．入隊当時は武力行使に良心の危機を感じなかった人も，軍隊での経験や戦場を体験することで，信念や信仰が変わる場合もある．自らの良心が違法と考える戦争や作戦への命令が下されると，その兵士は上官命令と自らの良心とのジレンマに陥る．

　　　個人レベル　　内面の自由 ⇔ 上官の要求する義務
　　　国家レベル　　命令服従関係 ⇔ 兵士の人権

　このジレンマは，選択的兵役（命令）拒否権が承認され，随時，非戦闘役務への配置転換や不利益（不名誉除隊など）なく除隊することが可能になることによって解消される．
　選択的兵役拒否権は，命令が違法・非人道的である場合，「違法な命令に従うことを自らの良心が許さない」という意味では，個人の内面の自由を保障するという観点から位置づけることができると同時に，違法な命令への不服従は，命令への正統な対応，職務を果たすよき軍人の行為としても位置づけられる．すなわち，非人道的あるいは非合法な命令を拒否する義務（＝抗命義務）である．敷衍すれば，選択的兵役拒否は，個々の命令の違法性を問うものであり，兵士一人ひとりが，大義のない戦争，国際人道法違反の命令，非人道的な作戦ではないかを吟味するため，国家の政策を批判する潜在的な可能性を有している．

(2)　抗命権・抗命義務 ＝ 批判的服従

　抗命権・抗命義務を指導理念としているのがドイツ連邦軍である．連邦軍は，ワイマール時代の「国家の中の国家」となってしまった帝国国防軍（Reichswehr）とも，ナチス時代の国防軍 Wehrmacht とも異なる存在でなければならず，「民主的」な軍隊であるべきであった．そのため，1957 年に設立された連邦軍では，国民は軍隊内にあっても自由な人格として責任をもった市民でありつづけるべきだという理念が打ち立てられた．兵士の「指導像（Leitbild）」は，「制服を着た市民（Staatsbürger in Uniform）」であり，「原理上，他の国民と同様の権利・義務をもつべきであって，それは一定の職務上の必要によって制限さ

れるにすぎない」とされる．そして，「専門家としての軍人は，能動的かつ良心にもとづく服従，すなわち批判的服従をなさなければならない」のである[5]．

軍人法第11条１項は，「兵士は上官に従わねばならない．兵士は，上官の命令を最善を尽くして完全に，誠実に，即座に遂行しなければならない」としている一方で，「命令が人間の尊厳を傷つける，あるいは任務外の目的のためになされた場合は，命令に従わなくても不服従にはあたらない．誤解が避けられない場合であり，兵士にとって知りうる状況ではその命令を法的救済によって抵抗することが期待できない場合にのみ，責任を負わない」として不服従の権利を明記している．このように軍人法は，兵士に「共に考えてなす服従（mit-denkenden Gehorsam）（＝批判的服従）」を求めている．「制服を着た市民」としての兵士は，下された命令の実行可能性や意味についての意見，あるいは命令の修正が可能となるような反対意見を提起するよう求められる．この批判的服従は，兵士にとっては，違法・非人道的な命令に従うことを強制されることによる良心の危機を回避する手段となる．上官にとっては，命令の権限の確認，意図しない法律違反を防ぐ（運転を命じられた兵士が運転免許証を携帯していない場合など）という効果がある．

これを実践したのが，連邦軍少佐フローリアン・プファフ（Florian Pfaff）である．米軍によるイラク侵攻後の2003年，彼は戦場での情報管理をより効果的にするためのソフトウエアの開発に携わっていた．このソフトウエアが完成すれば，連邦軍のみならず米軍も利用する．彼は，自分が違法であると考える米軍のイラク戦争を支援することはできないとして，このソフトウエア開発に携わることを拒否した［Pfaff 2008;パフ 2009］．プファフは，初め精神科医に送られ，一週間の検査の後，健康であるとされた．部隊服務裁判所は，2004年2月，「イラク戦争との因果関係はない」と判断して，命令違反により大尉に降格の判決を下した．これに対し，彼は，兵士に違法な命令に従わないことを求めている軍人法に基づき，連邦行政裁判所に控訴した．2005年6月裁判所は，「国連憲章および国際諸法の禁じる武力行使にかんがみ，イラクに対する戦争には重大な法的懸念がある」として，良心の自由に基づいた命令を拒否する権利を認めた［Urteil 2005;市川 2009: 5-12］．判決は，軍人法の定める服務義務は，兵士が従うべき中心的な義務であるが，それは「絶対的な」服従を求めるものではないとして，次のように明確な判断を示した．軍人法第11条第1項1文および2文によって根拠づけられる，与えられた命令を「誠実に（最善の力で完

全に直ちに）」執行しなければならないという個々の連邦軍軍人の中心的な義務は，無条件の服従ではなく，共に考える，特に命令を執行した結果——とりわけ自身の良心についての権利と倫理的な限界の制約を考慮した——をよく考えてなす服従を求めている」.

　この最終審判決によって，軍隊内でのアポリアを連邦レベルに移し，より大きな枠組みでとらえることによって，プファフと国家が直面していたアポリアは解消された.

　しかしながら，それは多分に「公式」に留まるものであった．連邦軍は，批判的服従を指導理念としているにもかかわらず，現実には，兵士・軍人がそれを実行することに対してきわめて制限的である．プファフに対しても連邦軍内では昇進させないなどの嫌がらせが続いた．2002年にアフガニスタンのクンドゥスに非戦闘員として派遣されたクリスティアーネ・エルンスト＝ツェットゥル（Christiane Ernst-Zettl）衛生兵は，赤十字の腕章をつけずに警備の任務に就くよう命令された．彼女は，戦時人道法によれば，衛生兵は戦闘任務についてはならないのに，武器を持っての警備任務は，非常時には武力行使する可能性があるとしてこの命令に文書で疑問を呈した．これに対し，国防省は，クンドゥスは戦争状態にはなく，戦闘員と非戦闘員を区別する必要はないという見解を示した．エルンスト＝ツェットゥルは，任務に疑問を呈したことで上官の安全を脅かし，仲間のことを考えずに行動したとして，懲罰的に本国に帰国させられ，800ユーロの罰金を科された．連邦軍服務裁判所は，当該命令が国際法違反であることを認めつつも，その点について指摘したことで処罰された兵士を救済しなかった［Rose 2008］.

　「航空兵器システム電子戦センター」に勤務していたフィリップ・クレーファー（Philip Klever）中尉は，2012年12月，アフガニスタンのマザリシャリフにあるNATOでの任務に就くよう命令を受けた．彼は，自分が支援することになる空爆が国連の安全保障理事会から委任されたISAF任務だけでなく，米軍が主導する「不朽の自由作戦」を支援する可能性があり，そのような「国際法的に懸念のある任務には寄与しないことを表明します[6]」としてこの派遣命令を拒否した［Rose 2013］.彼は，連邦軍病院精神科による検査の1週間後，「兵士は健康で，彼は良心を持っている．良心は病気ではない」という結果が出された．その後，彼の命令拒否は公式に承認された．これは，形式的には，連邦軍内で選択的兵役拒否を承認したケースのように見えるが，現実には，彼

表 11- 3　軍隊に内在するアポリア

	個人（当事者）レベル	国家レベル		
ジレンマ アンチノ ミー	良心（信仰・信条）⇔ 上官命令	命令服従関係　　　　⇔　　　　兵士の人権		国家の存続 ⇔ 国民（兵士）の 生命
不服従に 対する処 罰	アポリアの「克服」 どちらかを選択する／強制される事 で「克服」される 　例）占領地への爆撃を拒否し処罰 　　　されたイスラエル空軍パイロット	アポリアの無視 アポリアは存在しないものとするフィク ション （すべての命令は合法であるとする）		
選択的兵 役拒否制 度（＝批 判 的 服 従）	アポリアの「解消」 命令拒否が正当であると認められる 場合 　例）ドイツ連邦行政裁判所で勝訴 　　　した連邦軍少佐・「批判的服従」が 　　　承認された連邦軍中尉　但し，現 　　　実には連邦軍から嫌がらせを受け 　　　た アポリアの継続 命令拒否が正当であると認められな い場合 　例）アフガニスタンで命令に疑問 　　　を呈したドイツ連邦軍衛生兵	アポリアの解消 軍隊の外での裁判によって国家による一 方的な内面への介入を回避する （公正な裁判が保障されることが前提と なる）		アポリアの継続

出所）筆者作成

の命令拒否権は保障されなかった．彼に対する職務上の嫌がらせは，あからさ
まで執拗だった．彼はかつての自分のオフィスに立ち入ることも，同僚と話を
することも禁じられた．クレーファーがテレビ番組に出演後には，連邦軍は彼
に対して二つの懲戒手続きを起こした．クレーファーと連邦軍は，当初の契約
期間である 2016 年を前に，2013 年 9 月 30 日で除隊することに合意した
[Jolmes 2013]．

　批判的服従を指導理念とするドイツ連邦軍であるが，現実には，この 3 つ
ケースに明らかなように，選択的兵役（命令）拒否は認められないとの強力な
メッセージを発している．

(3)　抗命義務をめぐるアポリア

　人を殺傷できる能力を有する兵士には，違法な・非人道的な命令には従って

はならない義務・責任がある．戦時人道法は，兵士が無辜の民間人を殺すこと
よりも，個人的なリスクを負うことを要求する．敵に直面した時にさえ，兵士
は，自らが生き残る可能性を高めるために，無辜の民間人を犠牲にすることは
許されない．たとえそれが強制されたものだったとしても，彼らが従事してい
る行為から直接にその義務が生じるのだとされる［Walzer 2006: 邦訳 551-53］．兵
士は，戦争について意思決定をする立場になく，下された命令をひるがえす権
限ももたないが，武力行使を遂行する主体として，その責任を追及される[7]．敷
衍すれば，兵士個人には，個々の国家より課された義務を越える国際的な義務
があると考えられているのである［佐藤 2010: 7］．

　自衛隊も，隊員に違法な命令には従わないことを求めている．自衛隊法第
57条は，「隊員は，その職務の遂行にあたっては，上官の命令に忠実に従わな
ければならない」とするが，命令の内容は法令上命令を受ける者の職務に属し，
適法で，実行可能なものでなければならない．命令に明白かつ重大な違法があ
ると認められる場合，その命令は無効とされる．命令は，国内の軍事法制上合
法であるのみならず，国際人道法をはじめとする国際法上の規程にも合致した
命令でなければならない．自衛隊員が，命令の違法性を知りながら，あるいは
違法であることが命令を受けた者の知ることのできた状況から明白であるにも
かかわらず，犯罪命令を遂行した場合，刑事責任を問われる．

　旧ユーゴスラビア国際刑事裁判所（ICTY）初期の判例では，戦争犯罪の場合
は，一般犯罪よりも，より一層，国際法の規範性を重視すべきであると考えら
れており，戦争犯罪に加担するような命令には，兵士は自身の安全が脅かされ
ようとも従わないことが求められている．一兵卒であっても，軍人である以上
一般人とは異なり，死ぬことを覚悟しているはずであって，殺害される現実の
可能性に直面していたという事実を過大視してはならないとされる．ジェノサ
イドの罪が問題となる場合には，脅迫ないし強制による犯行として免責される
ことはなく，刑の軽減の情状として考慮されるにすぎない［多谷 2006：139-140］．
つまりは，兵士にとって「民間人を撃つよう命令された時，あるいは自分自身
が死の危険にさらされたとき，（戦争犯罪者とならないためには）兵士は自らが死
ぬことを選ぶ義務がある」［Epps 2003: 987-1013］ことになってしまう．

　選択的兵役拒否権が保障されていないと，命令を執行する当事者である兵士
にとっては，命令を拒否することで自らの生命を危険にさらすことになるが，
命令に従うと犯罪行為の責任を負うというジレンマに陥る．ドラジェン・エル

表 11-4　戦場での抗命義務に内在するアポリア

	個人（当事者）レベル	国家レベル	
ジレンマ	生命・処罰の危険　⇔　　戦争犯罪 （違法な命令）	命令服従関係　⇔　　兵士の人権	国家安全保障 ⇔ 国民（兵士）の生命
選択的兵役（命令）拒否制度	アポリアの解消 命令拒否が正当であると認められる場合 アポリアの深刻化 命令拒否が正当であると認められない場合 　例）ムスリムの虐殺を拒否できなかったセルビア軍兵士	アポリアの拒絶 アポリアは存在しないものとするフィクション （すべての命令は合法であるとする） アポリアの解消 軍隊の外での裁判によって国家による一方的な内面への介入を回避する （公正な裁判が保障されるという前提）	アポリアの継続

出所）筆者作成

　デモヴィッチ（Drazen Erdemovic）は，ボスニアで「スレブレニツァ虐殺」が起こった時，セルビア共和国軍の兵士だった．1995 年，彼は，ブラニェボ農場で一列に並ばされたムスリム人を銃殺するよう命じられた．彼は，「自分は（銃殺に）参加したくない．上官，あなたは正常ですか」と抗議の声をあげたが，上官に「嫌なら，お前も銃をこちらに渡して，向こうに並べ」と言われ，仕方なく命令に従い 70 人から 100 人を殺害した．エルデモヴィッチは，「自らの意思に反して殺害に加わったので自分の良心に従って証言したい」と，1996 年に旧ユーゴ国際刑事裁判に出頭した[8]．エルデモヴィチは，家族のことを思い戦争犯罪者となることを選び，1998 年に禁固 5 年の刑が言い渡された．

　兵士が戦争犯罪を意図せずに犯してしまう可能性が高い戦場であっても，国は，開戦の決定や戦略・作戦の違法性を問おうとはしない．つまり，国は交戦規定を兵士に携帯させることで，自らを免責し，その命令を執行するかどうかについて実質的には権限のない末端の兵士に責任転嫁している．このことには，その原因を作り出した人々——上官や政策決定者ら——を相対的に免責してしまう側面がある．

(4)　国家によるアポリア外し

　国家にとって兵役拒否をめぐるアポリアは，国民に武力行使を強制することからジレンマが生じる．この状況そのものを変えれば，国家はアポリアを回避

表 11-5　民営化された軍隊でのアポリア

	個人（当事者）レベル	国家レベル
ジレンマ アンチノ ミー	良心（信仰・信条）　⇔　雇用主からの命令	国家安全保障　⇔　国民（兵士）の生命
	アポリアの錯誤（アポリアを認識できない） 契約関係であることから，アポリアは存在しえないものと思い込む	アポリアの無視・粉飾 アポリアは存在しないものとするフィクション （契約関係への逃避） 　例）米軍の民間軍事会社社員 アポリアの無視・粉飾（国民以外） 国家が守るべき対象の埒外として 　例）アフガニスタンの米軍による現地採用要員

出所）筆者作成

できる．軍の任務を民営化すれば，国はもはや国民に命令／強制する必要はない．委託契約であるので，業務は発注側の国と受注する「民間人」との「同意」に基づいて行われる．たとえそれが兵士が行っていたのと同じ業務であっても，民間軍事会社社員が行うのであれば，国との直接の雇用関係にはなくアポリアは生じ得ない．さらに，任務につく要員を戦場となっている現地で採用すれば，彼らは国家が守るべき国民でもなく，アポリアが生じうる範囲の外の存在である．今や，ドローン（無人機）やロボット（開発が進められている自律型致死兵器も）によって，人員の消耗を回避することも可能である．このようにして，国は，これまでずっと解決されることのなかった国家安全保障と兵士としての国民の生命のジレンマから自らを解放することができる．

　業務を請け負う個人の側からしても，受託することで（発注者と受注者が対等であるというフィクションのもと）契約内容に「同意」しているのであるから，アポリアとしてとらえることができないと思い込む．実際には，たとえ「民間人」や「外国人」であっても，委託業務が違法な内容を含む場合には，選択的命令拒否の課題はあるはずだが，雇用者となった国は，「嫌なら辞めればよい」と切り捨てることができる．もはや，兵士は，主権者ではなく単なる被雇用者であり，たとえ良心の危機に陥る事態に追いやられたとしても，異議申し立てする相手はいないとされる．

おわりに

　兵役拒否者は，国民が担うべき義務から免除される恩恵を受ける存在であり，「真っ当な国民像」からの逸脱として捉えられてきた．兵役拒否をアポリアの観点からとらえることで，そのような位置づけは原理的に当たらないことが明らかになった．国家が，個人の内面に介入することは許されるべきではなく，個人の良心は尊重されるべきである．つまり，国家の政策と個人の内面の自由は，理念的には対等な対立関係にあるととらえることができる．

　国家の要求する義務と自らの良心がジレンマ状況にある時，そこから目をそらさず，「それでもなお」そのアポリアを解こうとした人々の行動は，兵役拒否をめぐるアポリア状況を変容させてきた．当初，国家の課す兵役を拒否することは処刑されることさえ意味するジレンマ（自分の生命か良心の自由か）であったが，今日では，（現実には理念上に留まるものであるとしても）軍隊内での命令拒否さえ制度化されている．この変化をもたらしたのは，国民はあまねく兵役を果たすべきであるという国家政策が，重大なアポリアを孕むものであることをその行動によって示してきた人々の営みである．アポリア状況に追いつめられていたからこそ，人々は行動を起こさざるを得なかった．

　兵役拒否権を保障する制度が整備されたことによって，多くの人々にとってアポリアは緩和・解消されてきた．そのことは，とりもなおさず兵役拒否が体制内化されることであり，アポリアとして問題提起の契機となる機会が失われることでもある．選択的兵役拒否権を保障することは，下された命令に対する審査権を個々の兵士に保障することとなり，ひいては上官の判断を部下が評価することを意味する．厳格な命令服従関係を根本的な原理とする軍隊としては，受け入れ難い権利とみなされている．

　現在では，軍隊業務の民営化が急速に拡大している．業務の請負契約という形によって国家と切り離されることで，同意にもとづく契約関係にあるとされ，異議申し立ての契機としてのアポリアは存在しえないとされる．個人が直面する現実のジレンマは自己責任とされ，ジレンマと認識されない．国防という国家の存在意義として最も根源的な政策の遂行を民営化することで，国家はアポリアの範囲から自らを解放し，主権者である国民の生命を守る責務を曖昧にすることに成功した．個人の側からすると「請け負った」任務が良心に反する場

合には「辞めればよい」ことになる．任務が違法なものである場合にも，主権
者として国家に対して異議申し立てすることはできない．戦争犯罪を裁く国際
刑事裁判所に申し立てることは現実的には難しいし，裁判所が十分に機能して
いるわけでもない．ここにも，新自由主義化された国際関係に特有のアポリア
（解くことが困難な難問）がある．国家によるアポリア外しは，「契約」によって
雇用される側と雇用する側の違いによって守るべき生命かどうかが決められて
よいのか，「国家安全保障」を「外注」することは許されるのかという倫理的
なアポリアから目をそらしている限りにおいて可能である．このような「アポ
リアがない」とされている状況にあって，どこにどのようなアポリアを発見す
るのかが問われている．

付記

本章は，「兵役拒否をめぐるアポリア—アポリアの認定・無視・粉飾と回避・緩和・解決
—」『京女法学』（16，2019 年，1-31 ページ）に加筆・修正したものである．

注

1）兵役拒否の理念と実践は，西洋近代諸国家においてキリスト教の伝統の中で発生・発
　展してきたものであり，歴史的・地理的に限定されていた．第二次世界大戦以降，韓国
　をはじめ非西洋諸国においても，兵役拒否が社会問題として認識されるようになった．
2）兵役拒否者に向けられる社会からの批判，当事者が直面する良心の葛藤については，
　キム［2017］ほか参照．
3）彼の生涯は，2016 年に『ハクソー・リッジ』（メル・ギブソン監督）として映画化さ
　れた．
4）但し，多くの場合，兵役拒否者は，手続きの煩雑さや，厳格な良心の審査，軍隊での
　兵役よりも代替・民間役務の方が長期であるなどの不利益を覚悟しなければならない．
　兵役拒否権の問題は，国連の少数者差別防止・保護小委員会，人権委員会によって検討
　されてきた．
5）そのためには軍人・兵士の基本権保障（17a 条）が重要であり，軍人法などによって
　保障されるようになった．すなわち，① 軍人・兵士の選挙権を含む公民権の保障，②
　上官の命令権限および懲戒権の制限，③ 軍法会議の廃止，④ 勤務と余暇の分離，⑤ 下
　された命令に対する審査権，⑥ ドイツ連邦議会の防衛監察委員の投入にいたるまでの
　調停者の参加などである［水島 1995: 60-61］．
6）この文面は，兵士の良心の自由を認めた 2005 年 6 月 21 日の連邦行政裁判所判決にお
　いて示されたように，本人の良心の危機が明確になるように配慮されていた．
7）もちろん命令を下す人についても，その責任が追求される．上官は，彼の指揮下にあ

る部下の行った戦争犯罪に対して，彼がそれに関連する命令を下しているか，その行いの計画を知っていながら，それが実行されることを阻止しなかった場合，通常責任を負う（ICC 規定第 28 条）.

8）ブラニェボ農場での虐殺の後，ピリツァ文化センターでの殺害については，彼はこれを拒否し免除されたようだが，詳細は不明である［長有 2009: 165-166］.

◆参考文献◆

＜邦文献＞

市川ひろみ［1997］「東ドイツにおける兵役拒否──その原理と社会的展開──」『平和研究』22.

─────［2007］『兵役拒否の思想──市民的不服従の理念と展開──』明石書店.

─────［2016］「東ドイツ『平和革命』と教会──建設兵士の活動を中心に──」，川越修・河合信晴編『歴史としての社会主義──東ドイツの経験──』ナカニシヤ出版.

─────［2019］「良心に基づいて命令を拒否する兵士──ドイツ連邦軍における『共に考えてなす服従』の理念と実践──」『研究紀要』（京都女子大学宗教・文化研究所），33.

キム・ドゥシク［2017］『「平和主義」とは何か──韓国良心的兵役拒否から考える──』（山田寛人訳），かんよう出版.

佐藤宏子［2010］『違法な命令の実行と国際刑事責任』有信堂.

城山三郎［2001］『指揮官たちの特攻』新潮社.

多谷千香子［2006］『戦争犯罪と法』岩波書店.

長有紀枝『スレブレニツァ──あるジェノサイドをめぐる考察──』東信堂，2009 年.

パフ，F.［2009］「講演　軍人の抗命権・抗命義務──イラク戦争への加担を拒否したドイツ連邦軍少佐に聞く──」市川ひろみ訳，『法学館憲法研究所報』創刊号.

水島朝穂『現代軍事法制の研究──脱軍事化への道程──』日本評論社，1995 年.

＜欧文献＞

Bröckling, U.［2009］"Sand in the wheels? Conscientious objection at the turn of the twenty-first century," in O. H. Cinar and C. Usterici, *Conscientious Objection: Resisting Militarized Society*, Zed Books

Epps, V.［2002-2003］, "The Soldier's Obligation to Die When Ordered to Shoot Civilians or Face Death Himself," *New England Law Review*, 37（4）.

Jolmes, J.［2013］Ende der Schikane: Verweigerer Klever verläßt Bundeswehr, *Panorama* （ARD）, 5, September.

Pfaff, F. D.［2008］*Totschlag im Amt: Wie der friede vernanten wurde*, HWK Verlag.

Rose, J.［2008］Dienst an der Waffe, statt Menschen: Der Fall Christiane Ernst-Zettl Burch der Genfer Konventionen am Hindukusch- eine gemaßregelte Sanitätssoldatin bleibt ohne gerichtlichen Beistand, *der Freitag*, 04.01.

─────［2013］Gewissen ist keine Krankheit, *Ossietzky*, 16/2013.

Walzer, M.［2006］*Just and Unjust Wars : A Moral Argument with Historical Illustrations*,

4th ed., New York : Basic Books（荻原能久監訳『正しい戦争と不正な戦争』風行社，2008 年）.

<ウェブサイト>

Urteil des 2. Wehrdienstsenats vom 21. Juni 2005 BVerwG 2 WD 12.04（http://www.bverwg.de/media/archive/3059.pdf, 2021 年 3 月 30 日閲覧）.

終章

難問への向き合い方としての
アポリア的思考

市川ひろみ

■　は じ め に

　本書の各章で論じられているアポリアは概念も位置づけもそれぞれ異なっているが，どの章にも共通しているのは，どのようにアポリアを認識し，どう向き合うのかを考える際，理想や規範・善への希求が原動力となっていることである．この章では，アポリア状況を解決する道筋に焦点を当てて各章を振り返り，国際関係をアポリアの観点から論じる意味を確認したい．

　私達が生きている国際社会には，アポリアが無数にあり，常に多方面からギシギシときしむ音が聞こえている．アポリアは，人々・動植物・自然環境（生類）からの叫びであり，この社会に潜在する緊張関係を見つけ出す糸口である．それらのアポリアは「正義／自明／所与／普遍的／合理的とされるもの」からの逸脱あるいは脅威として認識されており，根源的な問題提起を内包するアポリアとしては認識されない．そればかりか，敢えて無視され，さらには敵視されることもある．このように「ないことにされている／見えない」アポリアには事欠かない．アポリア的発見は自明視されていることが実際はそうではないことに気がつくことである．

　本書では，国際関係において自明視されているからこそ，「ないことにされている／見えない」アポリアを掘り起こそうとした．アポリアの視点から考えること（アポリア的思考）は，「ないことにされている／見えない」アポリアを特定することで，事態を変動させるダイナミズムを胚胎する．解くことのできない難問（アポリア）の解決への道筋を示すためには何がアポリアとなっているのかを注意深く見つけ出し，慎重に特定することが第一歩となる．その際，

決定的に重要なのは，誰にとってどのような時間軸でのアポリアなのかという視点である．本書のすべての章では，国際関係の下で生きる脆弱な立場にある人々に視点をおいてアポリアを論じている．

1 アポリア的思考

　国際社会は強制力の不在，連帯の不在，価値多元性（文明・宗教・文化）という国内社会とは異なる構造的特徴を有する．そこここにアポリアが常在しており，換言すれば，アポリアのダイナミズムが秘められている社会である．国際社会においては，すべての人にとっての理想が完全に達成されることはあり得ず，理想が阻害されている現実と折り合いをつけていかねばならない．それでもなお，アポリアに取り組む際に「あるべき」社会の理想像を描き，規範的に探求し続けることが求められる（非理想理論／過渡的理論）（第Ⅰ部第1章）．

　アポリア的思考は，変化し続けている国際社会にあって，常に問い直され続ける過渡理論として機能する．たとえアポリアを解決できたとしても，それは過渡的なものに留まらざるをえない．紛争被災者に対する人道支援は，中立性と公平性といった行動規範に基づいて実施されてきたが，人道支援が紛争当事者間の対立と緊張，紛争地域における支配と従属の関係に結びついたとき，紛争を激化・長期化させるアポリアが生じる．このアポリアを解消するために，これらの伝統的な行動規範を放棄し，欧米諸国や国連の安全保障政策に追随した「新しい人道主義」が登場したが，これも人道コミュニティーの分断という新たなアポリアを招いた（第Ⅱ部第3章）．常に問い直し続けるアポリア的思考は，兵役拒否権保障の制度化がヨーロッパ中世の恩恵的な兵役免除から近代国家による人権保障としての代替・民間役務，さらには，現在の正規軍内での兵士による選択的兵役拒否権が提起されるに至るまで変化していることにも見ることができる（第Ⅱ部第6章）．

　では，アポリアはどのように立ち現れるのか．精神史の観点から見ると，アポリアとは，「善が貫徹できなくなる状況」ととらえることができる（第Ⅰ部第2章）．そのような状況に陥るのは，善が屈服した場合と，善自身のもつ論理が破綻して内的に自壊する場合である．善は，その成立と実践において力を伴い，ある価値や行いを優遇し，別の価値・行いを排除する作用があるからである．「あらゆる人々のあらゆる善意の行為が一つ一つ積み重ねられて，恐ろしい悲

劇へと進行する」という指摘は，国際社会における数多のアポリアに当てはまる．人権侵害をやめさせることを目的とした空爆による「付随的被害」が悲劇的なアポリアの典型例であることは，アフガニスタンやイラクで200万人を超える人々が命を落とし，家族・故郷を失い，当地の治安が回復される兆しもない現状を見れば否定のしようがない．善の名のもとに行われる人道支援，平和構築，人権外交，経済制裁，開発援助が内包するアポリアは，善意の主体側ではなく，脆弱な立場におかれている人々に視点を据えれば自ずと顕となる．

　冷戦時代，自由（資本主義）の理念と平等（共産主義）という相容れることのない相手との対立関係（アンチノミー）があった．広範な地域・分野に及ぶ厳しい対立関係にあったが故に，一方で両陣営間は協調もせざるを得なかった．ところが，冷戦終結から一世代が経つ現在の国際社会で憂慮されているのが，「相容れない相手との対立」ではなく，「相容れない存在」として，自らの「相手」とは捉えない考え方が広がっていることである．つまり，「相容れない相手」とのアポリアとして捉えないため，「相手」とはみなさず，難題として取り組む契機も生じない．それぞれが自らが正しいとすることを主張するばかりで，相互の溝が深まりつづける状況は，アリストテレス的なアポリアとしてとらえることができる．現在の国際社会では市場の万能性（完全性）を主張する新自由主義的経済学の主張を巡って，アポリア的な状況が生じている．そこで求められるのが，ソクラテス的な対話（問答）である．「相容れない主張をする相手」とこそ対話し，両者にとっての「あるべき社会」像を描いていく必要がある（第Ⅰ部第4章）．

　アポリア的思考によって，敢えてアポリアを両立できない命題として設定することで問題解決のための方向性を鮮やかに示すことも可能である．「戦時性暴力撲滅はアポリアか」（第Ⅰ部第5章）では4つの命題が論じられている．軍の司令官は，国際法を遵守すべきであり，戦時性暴力は国際法違反である中で（命題1命題2），最も有効な戦術を選択すべき（命題3）であるが，レイプは有効な手段であるという命題4が，司令官にとってのアポリアを引き起こしている．しかし，現状では，司令官は自らがおかれた状況をアポリアとして認識する必要性に迫られていない．戦略的に有効であれば，司令官はこの手段を使い続けるであろう．だからこそ，この戦略の有効性を下げることが肝要となる．当該地域における家父長制を弱体化させ，女性の尊厳・人権を尊重すること，性暴力を重大な犯罪として処罰することが求められる．戦時性暴力への処罰はこの

アポリアを強め，アポリア状態を解決しようとするインセンティブを強化することにつながる．

アポリアをアポリアとして見極められないことは，危機的状況の端緒を見逃し，とるべき行動を誤ることになる．京都学派第二世代の哲学者達は，西欧による暴力的な支配体制からアジアを解放すると謳いつつ朝鮮半島と台湾を植民地化し抑圧するというアポリア，また，近代を超克するための「大東亜建設」という「ユートピア」が有する普遍性が他者に対する暴力となるというアポリアから眼を逸らした．むろん，これらの矛盾は「知識人」らに罪悪感をもたらしていたが，真珠湾攻撃を奇貨として，西洋に対する戦争としての第二次世界大戦を称賛した（第Ⅰ部第3章）．

ケニアでは難民が国内の安全保障を脅かすとして，難民政策が「安全保障化」されている．しかし，その政策は，難民や一旦強制帰還させられたが再び入国してきた「リサイクラー」の青年達を，貧困・失業など困難な状況へと追いつめ，社会的に孤立させることで，彼らのケニア政府への憤りや不満を高めてしまっている．彼らは，テロ事件を起こしている暴力的過激思想に傾倒したり，武装組織や犯罪組織にリクルートされることが危惧されており，ケニアの治安を脅かすというパラドックスがもたらされている．このパラドックスを見極めない限り，安全保障は達成されない．難民を「安全保障化」の対象としてではなく，テロに対する戦いの重要な当事者としてみなし，包摂することがテロの脅威を緩和するために鍵となることが示唆される（第Ⅱ部第4章）．

本書で示される事例が示しているのは，アポリアとされているものが実は似非アポリアであり，それらがいかに「大きな顔」をして，「正義／自明／所与／普遍的／合理的とされるもの」とされているのかということである（表2参照）．各章では，それらのアポリアは客観的に「見えない」のではなく，力をもっている人々や国・機関によって「ないことにされている」ことが詳らかにされている．このことは，アポリアとされているものを似非アポリアであると見抜くことで，その解くことができない難問は瞬時に解消されることを意味する．何をアポリアとしてとらえるのか，慧眼が求められる．

2　アポリア的思考による解決への道筋

(1)　アポリアとして受け入れる

　個人にとってのアポリアとは異なり，国際社会におけるアポリアは何が善でどちらが正しいかを客観的に決められない状況にある，解くことができない難問である．まずはそのことを受け入れ，その難問に取り組み続けるしんどさに耐える覚悟を決めなければならない．アポリア状況を嘆いたり，絶望したり，ましてや，アポリアを否定したり軽視したり，見ないふりをすることは，解決への道筋を示すどころか，糸口さえ見つける可能性を奪う．アポリアを見くびることなく直視し，取り組み続けることによってしか，難問解決の可能性とその限界を知ることはできない．

(2)　アポリアの認定（見極め）

　現実のアポリアを解決するためには，まず，アポリアだとされるものについて，誰が，何をアポリアと認定しているのかを確める必要がある．そして，現実には何がアポリアとなっているのかを特定することができれば，解決への糸口が見えてくる．誰にとって，どのように解決すべきアポリアなのかという視点から捉え直すことで，似非アポリアを見破ることもできる（第Ⅱ部）．解決への道筋を考える場合に有効なのは，アポリアの中でも，両立しない二者として，問題を鋭角に位置付けるジレンマとアンチノミーである．原理的な問いを突き詰めることで，現状における力関係や慣習に惑わされることなく透徹した眼で問題をとらえることが可能になる．お行儀よくその時々の自明とされる価値観や法的枠組みにとどまる必要はないからこそ，根源的（ラディカル）でダイナミズムを有する思考となる．これによって，「正義／自明／所与／普遍的／合理的とされるもの」を主張する国や有力な考え方によって，「とるに足りない存在」とされていた人々や「例外的／特異」とされてきた信仰・信条や少数者が，国や優勢な体制と対等な存在として前景化される．

　国際社会のアポリアは国際関係自体の変動によって左右されるため，どの時間軸や期間で，アポリアとしてとらえるべきなのかも問われる．そして，アポリアの見極め自体もつねに問い直し続けることが求められる．

(3)　解決の手段

① アポリアの位相（レベル／範囲）をずらす／拡大する

　解決すべきアポリアがどのレベル／範囲でアポリア（詰んでいる／硬直状態）なのかが特定できれば，そのレベル／範囲をずらしたり，拡大したりすることでアポリアを解決／緩和することができる（第Ⅱ部）．新自由主義は多方面で深刻な格差・被害をもたらしていることはもはやだれの目にも明らかである．

　しかし，この問題を新自由主義的な経済政策のレベルだけで捉えようとしても現実の格差や被害を解決する方法は見えてこない．経済政策を実施する政治の課題として認識することで初めて現状を改善する道筋を示すことができる（第Ⅰ部第4章）．日韓の歴史認識をめぐって，元慰安婦の方々への補償・救済をめぐっては法的枠組みでは膠着してしまっており，解決の糸口は閉ざされている．政治的な枠組みへと範囲をずらしつつ拡大することによって，元慰安婦の方々を中心に考えた解決を模索するべきである（第Ⅱ部第6章）．人道支援，難民保護，平和構築についても国家単位でとらえるのではなく，ローカルなレベル，トランスナショナルなレベルにずらし，アクターを国家に限定せず国際組織や地域機構，NGO，民間企業，弁護士，政治家，市民などに拡大することで現実のアポリアを緩和する可能性を見いだすことができる（第Ⅱ部第7〜9章）．

　価値や理念をめぐるアンチノミーやジレンマの場合，その概念自体を問い直し，ずらしたり，拡大したりするという方法もある．平和構築を実現するにあたってジレンマだとされてきた平和とデモクラシーは，「リベラルな平和」や「リベラルデモクラシー」という概念自体を再考することがアポリア解決の方法として示されている（第Ⅱ部第7章）．

② 妥協する（歩み寄る）

　対立する双方が妥協することは，特に強制力の不在，連帯の不在，価値多元性という構造的特徴を有する国際社会においては不可欠である．国家間の外交交渉を見れば一目瞭然である．相容れない原理のために生じるアポリアであっても，妥協は現実の解決として有効である．兵役拒否者のための代替・民間役務制度はその一例である．これらの制度は，武力行使できないという自らの内面の自由のために軍隊や国家の命令に従うことはできないと考える人にとっては，武力行使とは全く切り離された「完全な解決」ではないが，良心の負担が大幅に緩和される選択肢である．国家にとっては，兵役を全員に課すことはで

表1　各章がアポリアによって希求するもの／解決への手立て

Ⅰ．思索から

	論じられているアポリア・希求するもの	アポリアの意味・認識視角
1．国際政治哲学はいかなる「理想」を語りうるか	非理想理論（過渡期の理論）としての正戦論・リアリズム 規範的思考「あるべき」社会の理想像	次善・次悪の探求 「あるべき」姿を規範的に探求し続けること 変革の緒となる　世界政府・国際機関
2．国際政治におけるアポリアの起源――精神史的序説――	アポリアは「善」をめざすなかで起こる善の貫徹に失敗する状況	善の屈服・善の自壊
3．京都学派哲学者の第二世代の言説における多元主義的アポリア――関係性論・時間論から見る非西洋主義――	西洋的な近代を超克しユートピアをめざして陥ったアポリア（善の自壊）	アポリアを認識できていなかったために，自らの矛盾に気づくことができなかった
4．新自由主義経済学における市場万能論のアポリア――ソクラテス的対話の必要性――	新自由主義的経済学における市場万能論のアポリア（パラドックス）（「最善」とされる方法の自壊）	市場万能論という「誤った前提」に起因する「偽アポリア（偽パラドックス）」の解消ソクラテス的な対話（問答）の必要性
5．戦時性暴力撲滅はアポリアか？――思索と事例の狭間で――	戦時性暴力被害者の救済・被害予防	両立できない命題一つを否定することで回避できる

出所）筆者作成

きないが，武力行使や暴力について軍隊／国家の命令には従えない国民さえも国家政策の一部に取り入れることが可能となる（第Ⅱ部第11章）．

③ アポリアを生じさせている枠組みから離れる

　どうしても解消も解決もできず，代替策も見いだすことができないアポリアであっても，諦めることはない．解くことのできない難問であることを見極め，そのアポリア状況にある脆弱な立場の人々の状況が少しでも改善される方法を

	希求するもの	論じられているアポリア	解決への手立て
6．歴史認識をめぐるアポリア問題と歴史和解——日韓「歴史問題」をめぐる論点を中心に——	被害者の救済（謝罪と補償）	アポリア隠し　アンチノミー（植民地支配の正当性をめぐる政府見解）	偽アポリアからの解放
		膠着状態（行き詰まり）　自国中心の歴史認識による齟齬（善の屈服）　公式謝罪と補償を求める韓国と請求権問題は解決済みとする日本	アポリアのレベルをずらす／範囲を拡大する　法的解決から政治的解決へ
7．平和とデモクラシーの間のジレンマの検証——神話」は崩壊したのか？——	平和とデモクラシーを実現する平和構築	「神話」からのジレンマ　偽ジレンマ（平和とデモクラシー）	偽アポリアからの解放
			国家規模からローカルにずらす　平和／デモクラシー概念の再考
8．人道支援のアポリア——人道支援の行動規範に対する擁護と反発の観点から——	紛争被災者の救済	偽アポリア　人道支援団体の行動規範ではなく紛争当事者の行動に起因する	偽アポリアからの解放
9．難民保護のアポリア？——ノン・ルフールマン原則と国家安全保障——	難民保護　再難民化回避	本国帰還によるパラドックス　安全保障化によるパラドックス（不安定化）　リサイクラーによるパラドックス（テロにリクルートされやすい脆弱さ）	偽アポリアからの解放
			国家以外のアクターによる難民保護
10．核兵器の非人道性をめぐるアポリアの再検討	核兵器のない世界の実現	核兵器の非人道性の語りは，核禁忌という規範を醸成・強化させる反面，核武装論や核抑止論を正当化させるという逆説	偽アポリアの可能性（核禁忌のさらなる浸透）
			アポリアのレベルをずらす（脱主権国家に基づく安全保障の模索）
11．兵役拒否をめぐるアポリア——アポリアの認定・無視・粉飾と回避・緩和・解決——	内面の自由の保障	内面の自由と他の誰かの犠牲という似非アポリア（アポリア隠し）	偽アポリアからの解放
	戦争犯罪の予防	ジレンマ・アンチノミー（国民としての義務と良心，良心と国家／上官の命令，政策遂行と国民の権利保障，命令服従関係と兵士の人権，生命・処罰の危険と戦争犯罪）	アポリアのレベルをずらす／範囲を拡大する　代替・民間役務　兵役拒否権・選択的兵役拒否権保障　死をもって善を貫徹する必要がない仕組み

考えればよい．国際関係が主権国家体系である限り，難民保護の根源的なアポリア－地球上のほぼすべての領域の国境が画定し，人は国家に所属する国民としてその地位と権利が法制度によって保障される－は存続する．そのアポリアを座視するのではなく，現実の難民が置かれた状況を直視し，UNHCR などの国際機関，地域機構，NGO，民間企業，市民によるトランスナショナルなネットワークが難民保護・支援を行っている．彼らの活動は，アポリア自体を解くことを目指すものではないが，国家の難民政策変更にも影響を与えていることは特筆しておきたい（第Ⅱ部第 9 章）．

　被爆者が語る核兵器の非人道性は，核禁忌を通じて核兵器が使用されない状況を作り出す反面，主権国家にもとづく安全保障の考えが強くあるかぎりにおいて，核武装論や核抑止論を正当化させてしまう．この核兵器の非人道性をめぐる真のアポリアは，主権国家システムとそれにもとづく国家安全保障概念そのものにあるのであれば，脱主権国家にもとづく安全保障こそ模索すべき方向性となる（第Ⅱ部第 10 章）．

(4)　非理想理論としてのアポリア的思考

　アポリアを解決した先に何を求めるのか．まずは，絶対的な「善」を求めることは，意図せず悲劇を招いてしまうという指摘を思い出そう．何らかの価値にもとづく理想的な社会を実現することが構造的に阻まれている国際社会では，次善・次悪の探求にとどまらざるを得ず，しばしば，その解決は「妥協の産物」である．先述したように妥協はアポリアを解決・緩和するものとして評価されるべきである．しかし，それは同時に，アポリアを見えにくくさせる効果を伴っており，解決としては両義的である．次なるアポリアを胚胎している可能性もある．

　徴兵制の下では兵役拒否者として一人の個人が有していた異議申し立ての契機は，兵役拒否権を保障する制度や志願制軍隊によって奪われる．軍隊の民営化を進めることで兵士は，国からの委託事業を自由意志によって受注する単なる契約相手となり，厳然として存在する「国家安全保障と国民の生命」という根源的なアポリアを見えなくしてしまう（第Ⅱ部第 11 章）．

　アポリア的思考からみれば，「解決」は，その時々の「解決」でしかなく，ましてや「すべてを解決する善」とはなりえない．それでもなお，諦めないしぶとさ，妥協もいとわず考え続けるしたたかさ，「あるべき姿」を求めつつも

絶対善を主張しないしなやかさをもち合わせた思考が求められる.

■ おわりに

　「正義／自明／所与／普遍的／合理的とされるもの」からの逸脱あるいは脅威として認識され,「ないことにされている／見えない」アポリアは, おそらく, 実際には不可視ではない. 人は, アポリアとされているものに潜んでいる「あからさまなウソ」や欺瞞に気づきながら, アポリアという解決が困難な課題に対峙するという面倒を避け, 眼をそらしたり, 見て見ぬふりを決め込んだり, ウソや欺瞞の論理に自らを馴致することで生き残ろうとしたりする. そのような倒錯した態度によって, 人は—たとえそれが不本意であろうと—そのウソや欺瞞を強化する「共犯者」となる. アポリア的思考とは,「王様は裸だ」と揚言する態度を獲得することでもあろう.

＊＊＊＊＊

　国際関係をアポリアの視点から捉えなおそうした共同研究からは, アポリア的思考の限界も明らかになった. 国境を越えるグローバリゼーションが加速度的に深化・拡大している中, 国家がその存在意義を問われているが, 本書が提示する論考は, アポリアが頻発する国際社会にあって,「あるべき姿」の実現を目指すために国 (国際組織を含む) が重要であることを示している. 本書で論じられている事例はすべて, 国家がアポリアの原因になっていたり, 解決を阻む存在であったりしている. それはとりもなおさず, アポリアの解決においても国家が鍵となりうることを意味する. さらに踏み込んでアポリアの前提となっている主権国家体制そのものを見直すことが示唆されていることは (第II部第9. 10章) は, アポリア的思考のラディカルさダイナミックさを示している. だが, 何れの事例においてもそれが近い未来に実現可能な具体性をもっては語られていない.

　それほどに現在の主権国家体制は強固である. だからこそ, そこから生み出されているアポリア状況に,「それでもなお」取り組むことが肝要となる. 平和構築 (第II部第7章), 人道的介入 (第II部第8章), 難民の保護 (第II部第9章), 核兵器 (第II部第10章) 各章で示されていたように, 解決の主体となるのは,

国家に限定されないばかりか，完全な解決が望めない状況で，それでもなお，どうにかして脆弱な立場にある人々の困難を緩和しているのは，国際機関，地域機構，民間企業，NGO や市井の人々である．

　当然ながら，国際社会が直面している課題は，「国際」的な問題にとどまらない．人類のみならず動植物にとっての大きな脅威である地球環境，実体経済とは「別」とされている金融システム，インターネットの普及によるソーシャルネットワーク，情報通信技術・知識・ツール・サービスの偏在，異なる宗教・価値観から生じる人々の分断，今，まさに私達が直面している感染症対策などは，国家の枠組みのみではとらえることはできない課題である．本書が，これらの分野についての論考を掲載することができなかったのは，何が解かれるべき問題なのかを鋭角の対立（＝アポリア）として研ぎ出すことが困難だったからであろう．とは言え，難問を難問として受け入れ，自明視されていることを疑い，現実に目を凝らし，しぶとく，時にしたたかに，しなやかに考え続けることがアポリア的思考の根幹であることに変わりない．

あ と が き

　アポリア（難問）の観点から国際関係論を捉え直してみようという私達の共同研究は，京都女子大学法学研究科客員教授であった初瀬龍平先生の発案から始まりました．しかし，その作業は，共同研究のメンバーにとってまさしく難問でした．

　研究を始めると，アポリアはどこにでも，いくつでも見つけることができました．しかし私達はそこからどのように研究を進めることができるのかが分からず，当惑してしまいました．そこで，ピアレビュアーとして，竹中千春氏（立教大学），眞嶋俊造氏（広島大学），井上健氏（国際協力機構国際協力専門員），芝崎厚士氏（駒澤大学）をお招きし，本研究についてコメントをいただきました．また，日本国際政治学会 2018 年度研究大会では，平和研究分科会で「平和をめぐるアポリア」（報告者：市川ひろみ，杉浦功一，討論者：高橋良輔，定形衛，司会：松田　哲）と題するセッションを組み，会場から示唆に富む質問やコメントをいただくことができました．その後は，それらをもとに研究会メンバーの間で議論を重ね，共同研究の方向性を定めていきました．様々な機会に質問やコメント，ご助言を下さった方々に，この場を借りて深謝申し上げます．

　2020 年に入ると，コロナ禍によって対面の研究会や編集会議を行うことができなくなってしまいました．オンライン授業の準備に追われることにもなり，共同研究をまとめていく作業は停滞していきます．初めての経験に，共同研究のメンバーの皆が戸惑っていました．しかし，私達にもっとも大きな衝撃を与えたのは，本書の編集作業がほぼ終わろうとしていた 2021 年 3 月，共同研究者であった高橋良輔さんの訃報を受けとったことです．高橋さんは，政治理論，国際関係思想，政治社会学など幅広い分野を研究されておられたすばらしい研究者で，誠実で，優しく，思いやりにあふれた方でした．この共同研究では，アポリア研究の「先輩」として中心的な存在でした．国際協力 NGO でのご経験も長く，研究会では現実に困難な課題に取り組んでいる人々の視点からのコメントもしてくださいました．研究会，その後の懇親会，さらには学会における高橋さんのコメントや励ましの言葉がなければ，この共同研究を続けることはできなかったかも知れません．ご寄稿いただくことが叶わなかった高橋さん

のご論考に思いを馳せつつ，心よりの感謝の気持ちを込めて高橋さんに本書を捧げます．

　コロナ禍のもとで多くの方々が想像を超える大変な経験をされている中，こうして本書を刊行できることを大変に有り難く思います．本書が，私達が直面している困難な課題を乗り越える一助となり，よりよい社会の実現につながるものになることを，願ってやみません．

　最後になりましたが，晃洋書房の丸井清泰さんと坂野美鈴さんにお世話になりました．新型コロナの感染拡大に加えて，度重なる不測の事態によって本書の出版予定が大幅に遅れてしまいましたが，丸井さんは，その間も辛抱強く，優しく見守って下さいました．坂野さんは，編集作業の遅れにより時間が限られるなかで，細やかな配慮をもって編集作業に取り組んでくださいました．お二人に，感謝申し上げます．

　　2021 年 6 月 4 日

市 川 ひ ろ み

松 田　哲

※本書は，科研費・基盤研究 C（平成 28 年度−令和元年度）「国際関係のアポリア問題とその解決方策についての基礎的研究 − 理論と実践の架橋」（研究代表者：市川ひろみ，研究課題番号 16K03539）の研究成果である．出版にあたっては，2020 年度京都女子大学出版助成を受けた．

事 項 索 引

《執筆者紹介》（執筆順＊は編著者）

＊**初 瀬 龍 平**（はつせ　りゅうへい）［序章］

1937 年生まれ.

東京大学大学院社会学研究科博士課程単位取得退学，法学博士（神戸大学）.

神戸大学名誉教授.

主要業績

『国際関係論——日常性で考える——』法律文化社，2011 年.

『国際関係のなかの子どもたち』（共編著）晃洋書房，2015 年.

『国際関係論の生成と展開——日本の先達との対話——』（共編著）ナカニシヤ出版，2017 年.

上 野 友 也（かみの　ともや）［補論，第 8 章］

1975 生まれ.

東北大学大学院法学研究科博士課程後期修了.

現在，岐阜大学教育学部准教授.

主要業績

『戦争と人道支援——戦争の被災をめぐる人道の政治——』東北大学出版会，2012 年.

『日本外交の論点』（共編著），法律文化社，2018 年.

『膨張する安全保障——冷戦終結後の国連安全保障理事会と人道的統治——』明石書店，2021 年（刊行予定）.

松 元 雅 和（まつもと　まさかず）［第 1 章］

1978 年生まれ.

慶應義塾大学大学院法学研究科博士課程修了.

現在，日本大学法学部教授.

主要業績

『平和主義とは何か——政治哲学で考える戦争と平和——』中央公論新社（中公新書），2013 年.

『応用政治哲学——方法論の探究——』風行社，2015 年.

『公共の利益とは何か——公と私をつなぐ政治学——』日本経済評論社，2021 年.

池 田 丈 佑（いけだ　じょうすけ）［第 2 章］

1976 年生まれ.

大阪大学大学院国際公共政策研究科修了，博士（国際公共政策）.

現在，富山大学学術研究部教育学系准教授.

主要業績

China and International Theory（共著），Routledge, 2019 年.

『グローバル・ヒストリーと国際法』（共訳），日本経済評論社，2020 年.

Peacebuilding Paradigms（共著），Cambridge University Press. 2020 年.

清水耕介 (しみず こうすけ) [第3章]

1965 年生まれ.

ニュージーランド・ビクトリア大学政治学国際関係学大学院博士課程修了, Ph.D. (国際関係学).

現在, 龍谷大学国際学部教授.

主要業績

Multiculturalism and Conflict Reconciliation in the Asia-Pacific (共編著), Palgrave/Macmillan. 2014.

Critical International Relations Theories in East Asia (編著), Routledge. 2019.

Kyoto School and International Relations, Routldge (forthcoming).

＊松田 哲 (まつだ さとる) [第4章]

1968 年生まれ.

神戸大学大学院法学研究科博士課程後期課程単位取得退学.

現在, 京都女子大学現代社会学部教授.

主要業績

『人間存在の国際関係論——グローバル化のなかで——』(共編著), 法政大学出版局, 2015 年.

『国際関係のなかの子どもたち』(共編著), 晃洋書房, 2015 年.

『現代国際関係学叢書第 1 巻 国際組織・国際制度』(共著), 志學社, 2017 年.

戸田真紀子 (とだ まきこ) [第5章]

1963 年生まれ.

大阪大学大学院法学研究科博士課程後期単位取得退学, 博士(法学).

現在, 京都女子大学現代社会学部教授.

主要業績

『アフリカと政治 改訂版』, 御茶の水書房, 2013 年.

『貧困, 紛争, ジェンダー——アフリカにとっての比較政治学——』, 晃洋書房, 2015 年.

『改訂版 国際社会を学ぶ』(共編著), 晃洋書房, 2019 年.

菅 英輝 (かん ひでき) [第6章]

1942 年生まれ.

コネチカット大学大学院史学科博士課程単位取得退学, 法学博士 (一橋大学).

現在, 大阪大学大学院文学研究科招聘教授.

主要業績

『冷戦と「アメリカの世紀」——アジアにおける「非公式帝国」の秩序形成——』岩波書店, 2016 年.

『冷戦期アメリカのアジア政策——「自由主義的国際秩序」の変容と「日米協力」——』晃洋書房, 2019 年.

『競合する歴史認識と歴史和解』(編著) 晃洋書房, 2020 年.

杉 浦 功 一（すぎうら こういち）［第 7 章］

1973 年生まれ.

神戸大学大学院国際協力研究科博士課程修了，博士（政治学）.

現在，和洋女子大学国際学部教授.

主要業績

『国際連合と民主化──民主的世界秩序をめぐって──』法律文化社，2004 年.

『民主化支援── 21 世紀の国際関係とデモクラシーの交差──』法律文化社，2010 年.

『変化する世界をどうとらえるか──国際関係論で読み解く──』日本経済評論社，2021 年.

杉 木 明 子（すぎき あきこ）［第 9 章］

1968 年生まれ.

エセックス大学大学院政治学研究科博士課程修了，Ph.D.（政治学）.

現在，慶應義塾大学法学部教授.

主要業績

『国際的難民保護と負担分担──新たな難民政策の可能性を求めて──』法律文化社，2018 年.

『「難民」をどう捉えるか──難民・強制移動研究の理論と方法──』（共著）慶應義塾大学出版会，
　　2019 年.

Repatriation, Insecurity and Peace: A Case Study of Rwandan Refugees（共編著）Springer, 2020.

佐 藤 史 郎（さとう しろう）［第 10 章］

1975 年生まれ.

立命館大学大学院国際関係研究科博士後期課程修了，博士（国際関係学）.

現在，東京農業大学生物産業学部准教授.

主要業績

『日本外交の論点』（共編著），法律文化社，2018 年.

『安全保障の位相角』（共編著），法律文化社，2018 年.

『時政学への挑戦──政治研究の時間論的転回──』（共著），ミネルヴァ書房，2021 年.

＊市川ひろみ（いちかわ ひろみ）［第 11 章，終章］

1964 年生まれ.

神戸大学大学院法学研究科博士課程後期課程単位取得退学.

現在，京都女子大学法学部教授.

主要業績

『兵役拒否の思想──市民的不服従の理念と展開──』明石書店，2007 年.

「東ドイツ「平和革命」と教会──建設部隊兵士の活動を中心に──」川越修，河合信晴編『歴史とし
　　ての社会主義──東ドイツの経験──』ナカニシヤ出版，2016 年.

『国際関係論の生成と展開──日本の先達との対話──』（編著），ナカニシヤ出版，2017 年.

シリーズ 転換期の国際政治 15

国際関係論のアポリア

──思考の射程──

2021年10月10日　初版第1刷発行　　＊定価はカバーに
　　　　　　　　　　　　　　　　　　　表示してあります

　　　　　　　　　　　　　市　川　ひろみ
　　　　編著者　　　　　　松　田　　　哲 ©
　　　　　　　　　　　　　初　瀬　龍　平
　　　　発行者　　　　　　萩　原　淳　平
　　　　印刷者　　　　　　藤　森　英　夫

　　　発行所　株式会社　晃　洋　書　房

　〒615-0026　京都市右京区西院北矢掛町7番地
　　　　　　　電話　075 (312) 0788番㈹
　　　　　　　振替口座　01040-6-32280

装丁　尾崎閑也　　　　　印刷・製本　亜細亜印刷㈱
ISBN978-4-7710-3521-8

宮脇 幸生・戸田 真紀子・中村 香子・宮地 歌織 編著
グローバル・ディスコースと女性の身体
──アフリカの女性器切除とローカル社会の多様性──

A 5 判 188頁
本体1,980円(税込)

菅 英輝 編著
競合する歴史認識と歴史和解

A 5 判 338頁
本体5,280円(税込)

山尾 大 著
紛争のインパクトをはかる
──世論調査と計量テキスト分析からみるイラクの国家と国民の再編──

A 5 判 294頁
本体4,180円(税込)

菅 英輝・初瀬 龍平 編著
アメリカの核ガバナンス

A 5 判 328頁
本体4,950円(税込)

堀江 正伸 著
人道支援は誰のためか
──スーダン・ダルフールの国内避難民社会に見る人道支援政策と実践の交差──

A 5 判 260頁
本体5,720円(税込)

落合 雄彦 編著
アフリカ安全保障論入門

A 5 判 332頁
本体3,300円(税込)

初瀬 龍平・松田 哲・戸田 真紀子 編著
国際関係のなかの子どもたち

A 5 判 278頁
本体2,970円(税込)

戸田 真紀子・三上 貴教・勝間 靖 編著
改訂版 国際社会を学ぶ

A 5 判 322頁
本体3,080円(税込)

══════ 晃 洋 書 房 ══════